Stefan Ruenzi

Optimale Gestaltung von Fondsfamilien

Beiträge zur betriebswirtschaftlichen Forschung

Herausgegeben von

Band 112

Die „braune Reihe", wie die „Beiträge zur betriebswirtschaftlichen Forschung" häufig kurz genannt werden, ist eine der bekanntesten und angesehensten Buchreihen ihres Fachs. Seit 1954 erscheinen hier besonders qualifizierte, oft richtungsweisende Forschungsarbeiten (vor allem Dissertationen und Habilitationsschriften) der jeweils „neuen Generation" der Betriebswirtschaftslehre.

Stefan Ruenzi

Optimale Gestaltung von Fondsfamilien

Organisation und Intrafirmenwettbewerb

Mit einem Geleitwort von Prof. Dr. Alexander Kempf

Deutscher Universitäts-Verlag

Bibliografische Information Der Deutschen Bibliothek
Die Deutsche Bibliothek verzeichnet diese Publikation in der Deutschen Nationalbibliografie; detaillierte bibliografische Daten sind im Internet über <http://dnb.ddb.de> abrufbar.

Dissertation Universität zu Köln, 2005

1. Auflage Februar 2006

Lektorat: Brigitte Siegel / Sabine Schöller

Der Deutsche Universitäts-Verlag ist ein Unternehmen von Springer Science+Business Media.
www.duv.de

Umschlaggestaltung: Regine Zimmer, Dipl.-Designerin, Frankfurt/Main
Druck und Buchbinder: Rosch-Buch, Scheßlitz
Gedruckt auf säurefreiem und chlorfrei gebleichtem Papier
Printed in Germany

ISBN 3-8350-0253-8

Meinen Eltern

Geleitwort

Investmentfonds besitzen an Finanzmärkten eine immense Bedeutung. Es besteht weltweit ein ungebrochener Trend der Anleger, Anlageentscheidungen nicht selbst zu treffen, sondern in professionelle Hände zu delegieren. Angesichts dieser großen Bedeutung von Investmentfonds für Investoren überrascht es nicht, dass die wissenschaftliche Literatur zum Themengebiet 'Investmentfonds' sehr umfangreich ist. Sie konzentrierte sich lange Zeit auf die offensichtlich wichtige Frage, ob es professionellen Investmentfondsmanagern gelingt, überlegene Rendite-Risiko-Profile für das von ihnen verwaltete Vermögen zu erreichen. Kennzeichnend für diese Literatur ist die Tatsache, dass einzelne Investmentfonds Gegenstand der Analyse sind. Der Erfolg oder Misserfolg des Fonds wird dabei vollständig dem Fondsmanager zugerechnet. Diese Betrachtungsweise vernachlässigt aber, dass der Fondsmanager nicht alle erfolgsrelevanten Entscheidungen selbst treffen kann. Er ist vielmehr eingebunden in das organisatorische Umfeld seiner Kapitalanlagegesellschaft, deren Management bereits einen Teil der Entscheidungen getroffen hat. Zu nennen sind hier beispielsweise Entscheidungen über die Gebührenstruktur, die generelle Anlagepolitik und die Informationspolitik des Fonds. Diese Entscheidungen des Managements der Kapitalanlagegesellschaft sind erst in den vergangenen Jahren in das Interesse der Forschung getreten. Stefan Ruenzi trägt mit der vorliegenden Arbeit zu dieser noch relativ jungen Literaturrichtung bei.

Die Arbeit beschäftigt sich mit zwei Fragenkreisen: (i) Wie sollte eine Fondsgesellschaft die Gebühren für ihre Investmentfonds setzen? (ii) Wie verhalten sich Fondsmanager innerhalb des organisatorischen Rahmens, den die Fondsgesellschaft ihnen vorgibt? Konkret beschäftigt sich die Arbeit von Herrn Ruenzi hierbei mit dem Wettbewerb zwischen Fondsmanagern einer Gesellschaft, der sich aus den von der Gesellschaft gesetzten Anreizen ergibt. Während in der bisherigen Literatur die Manager einer Fondsgesellschaft stets als koordinierte Akteure verstanden wurden, zeigt Herr Ruenzi in seiner Arbeit, dass die Manager einer Gesellschaft gegeneinander konkurrieren und sich - möglicherweise zu Lasten der Gesellschaft und der Anleger - zu profilieren suchen.

Die Arbeit von Herrn Ruenzi ist dadurch gekennzeichnet, dass sie dem Leser nicht nur einen gelungenen Überblick über die noch junge Literatur zu Fondsfamilien bietet, sondern vor allem eine Reihe neuer wichtiger Erkenntnisse liefert. Der hohe Innovationsgrad der Arbeit ist das herausragende Merkmal der vorliegenden Dissertationsschrift. Sie erweitert den Wissensstand in der Literatur nicht dadurch, dass sie vorhandene Modelle geringfügig modifiziert oder kleinere Variationen empirischer Studien liefert. Vielmehr beinhaltet die Arbeit einen großen Schritt in Richtung eines besseren Verständnisses der Bedeutung von Fondsfamilien. Sie zeigt, dass Fondsfamilien als Zusammenschlüsse von miteinander im Wettbewerb stehenden Fondsmanagern verstanden werden müssen. Diese Sichtweise ist in der Literatur völlig neu.

Das Wissen um das Verhalten von Fondsmanagern innerhalb ihrer Fondsfamilie wirft eine Reihe neuer Fragen auf, wie beispielsweise: Welche Konsequenzen besitzt das Verhalten der Fondsmanager für die Fondsgesellschaft, für die Fondsanleger und letztlich auch für die Preise auf Kapitalmärkten? Welche Kontrakte zwischen Fondsgesellschaft und -manager sind geeignet, um ein solches - vermutlich unproduktives - Verhalten von Fondsmanagern zu unterbinden? Die Beantwortung dieser Fragen bleibt zukünftigen Arbeiten überlassen. Die Basis hierzu wurde in der vorliegenden Arbeit gelegt. Ich kann sie Forschern und interessierten Praktikern auf dem Gebiet der Investmentfonds nur zum Studium empfehlen.

Prof. Dr. Alexander Kempf

Vorwort

Die vorliegende Arbeit ist im Rahmen meiner Tätigkeit als wissenschaftlicher Mitarbeiter am Seminar für ABWL und Finanzierungslehre der Universität zu Köln entstanden. Mein erster Dank gilt meinem Doktorvater Herrn Prof. Dr. Alexander Kempf für die Betreuung der Dissertation, seine Unterstützung und für zahlreiche hilfreiche Kommentare und Verbesserungsvorschläge. Ebenso danken möchte ich Herrn Prof. Dr. Dieter Hess für wertvolle Diskussionen und für die Übernahme des Korreferats sowie Herrn Prof. Dr. Thomas Hartmann-Wendels für die Übernahme des Vorsitzes der Prüfungskommission.

Mein Interesse an ökonomischen Fragestellungen im Allgemeinen und an Fragen der Finanzwirtschaft im Besonderen wurde durch mein Studium der Volkwirtschaftslehre an der Universität Konstanz geweckt. Insbesondere möchte ich meinen dortigen akademischen Lehrern Prof. Dr. Günter Franke, Dr. Walter Krautwald und Prof. Albert Schweinberger, PhD, sowie Professor John van der Hoeck, PhD (University of South Australia, Adelaide) danken, die mich ermutigt haben, die Promotion anzustreben und von denen ich viel gelernt habe.

Mein Dank gilt auch meinen Kollegen und ehemaligen Kollegen am Seminar für Finanzierungslehre sowie Teilnehmern an verschiedenen Konferenzen. Insbesondere möchte ich an dieser Stelle den folgenden Personen für interessante Diskussionen und Anregungen namentlich danken: Professor Amanda Adkisson (Texas A&M University, College Station), Professor Vikas Agarwal (Georgia State University, Atlanta), Michaela Bär (Universität zu Köln), Silke Ber (Universität zu Köln), Professor Wolfgang Bessler (Universität Giessen), Professor Erica Carranza (Columbia University, New York), Carsten Conradi (MPI Magdeburg), Peter Delling (Boston Consulting Group), Professor Wolfgang Drobetz (Universität Basel), Professor Mila Getmansky (University of Massachusetts, Amherst), Professor Joachim Grammig (Universität Tübingen), Knut

Griese (Universität zu Köln), Professor Nikolaus Hautsch (Universität Kopenhagen), Alexander Hunzinger (Sal. Oppenheim), Professor Sheena Iyengar (Columbia University, New York), Katja Kaufmann (Stanford University), Professor Ajay Khorana (Georgia Tech, Atlanta), Professor Olaf Korn (WHU Koblenz), Cornelia Kuhnen (Stanford University), Dr. Christoph Memmel (Deutsche Bundesbank), Alexandra Niessen (Universität zu Köln), Peer Osthoff (Universität zu Köln), Professor Roger Otten (Maastricht University), Professor Martin Ruckes (University of Wisconsin, Madison), Professor Henri Servaes (London Business School), Professor Laura Starks (University of Texas, Austin), Dr. Tereza Tykvova (ZEW Mannheim), Dr. Ulf von Lilienfeld-Toal (Universität Frankfurt), Professor Russ Wermers (University of Maryland), Professor Youchang Wu (Universität Wien), Professor Pradeep Yadav (University of Oklahoma), Professor Josef Zechner (Universität Wien) und Professor Lu Zheng (University of Michigan, Ann Arbor).

Für das Korrekturlesen dieser Arbeit möchte ich insbesondere auch Silke Ber, Jie Yan Fang, Knut Griese, Alexandra Niessen und Peer Osthoff nochmals gesondert danken. Mein Dank gilt auch allen weiteren studentischen Hilfskräften am Seminar für Finanzierungslehre für ihre Unterstützung meiner Forschungstätigkeit in den vergangenen Jahren.

Dem Centre for Financial Research (CFR) in Köln möchte ich für die finanzielle Unterstützung zahlreicher Konferenzreisen danken, die zur Verbesserung verschiedener Teile dieser Schrift wesentlich beigetragen haben.

Ein ganz besonderer Dank gilt natürlich meinen Eltern, denen diese Arbeit auch gewidmet ist, sowie allen Freunden und Verwandten, die mich in den letzten Jahren immer auf vielfältige Weise unterstützt und ermutigt haben.

Stefan Ruenzi

Inhaltsverzeichnis

Abbildungsverzeichnis

Tabellenverzeichnis

Variablenverzeichnis

Variablen im Gebührenmodell (Abschnitt 2.2)

*	Superskript für gewinnmaximierende Gebührenparameter
c	Transaktionskosten pro Geldeinheit bei Direktanlage
C	Fixkosten der Fondsgesellschaft für die Verwaltung des Portfolios
f	laufende Gebühr p.a.
f^k	laufende Gebühr p.a. für kurzfristig orientierte Anleger
f^l	laufende Gebühr p.a. für langfristig orientierte Anleger
F	Ausgabeaufschlag
F^k	Ausgabeaufschlag für kurzfristig orientierte Anleger
F^l	Ausgabeaufschlag für langfristig orientierte Anleger
p	Renditevorteil des Fonds p.a.
r	Portfoliorendite eines Fonds p.a.
T	Haltedauer in Jahren
T^k	niedrige Haltedauer in Jahren
T^l	hohe Haltedauer in Jahren
$\pi()$	Gewinnfunktion der Fondsgesellschaft

Variablen in den empirischen Studien (Abschnitt 3)

$_i$	Subskript für Fonds i
$_t$	Subskript für Jahr t
$_k$	Subskript für kleine Segmente und kleine Familien
$_g$	Subskript für große Segmente und große Familien
$^{(1)}$ / $^{(2)}$	Superskript für ersten / zweiten Jahresteil
^{Fam}	Superskript für Familiengrößen
^{Seg}	Superskript für Segmentgrößen

D	Dummyvariablen
$D(J)$	Jahresdummies
$FV_{i,t}$	Anlagevermögen des Fonds am Ende des Jahres t
$FamRang_{i,t}$	Familienrang eines Fonds i in Jahr t
$FixGeb_{i,t}$	Einmalige Gebühren eines Fonds i in Jahr t
$Geb_{i,t}$	Gesamtgebührenbelastung eines Fonds i in Jahr t
$lfdGeb_{i,t}$	laufende Gebühren eines Fonds i in Jahr t
N	Anzahl Beobachtungen
$NZ_{i,t}$	Relative Nettozuflüsse eines Fonds i in Jahr t
R^2	Anpassungsgüte eines Regressionsmodells
$R_{i,t}$	Rendite von Fonds i in Jahr t
R_t^f	Risikoloser Zinssatz in Jahr t
$SegDX_{i,t}$ / $FamDX_{i,t}$	Quintil X Dummies (bezogen auf Segment- / Familienränge)
$SegRang_{i,t}$	Segmentrang eines Fonds i in Jahr t
$SegQX_{i,t}$ / $FamQX_{i,t}$	Hilfsvariablen für Performancequintil X in der stückweise-linearen Regression
$SR_{i,t}$	Sharpe Ratio eines Fonds i in Jahr t
$Star_{i,t}$	Anteil Top-5% Fonds in der Familie von Fonds i (Star-Ratio)
$std_{i,t}$	Standardabweichung der Rendite von Fonds i im Jahr t
$std_{i,t}^m$	Median-Renditestandardabweichung der Fonds im Segment von Fonds i in Jahr t
TNA	Verwaltetes Vermögen (Total Net Assets)
α, β, δ	Regressionskoeffizienten
$\Delta std_{i,t}$	Risikoänderung zwischen erstem und zweitem Jahresteil
$\Delta std_{i,t}^m$	Median-Risikoänderung zwischen erstem und zweitem Jahresteil
$\varepsilon_{i,t}$	Störterm für Fonds i in Jahr t

Abkürzungsverzeichnis

bzw.	beziehungsweise
bspw.	beispielsweise
ca.	circa
CFA	Chartered Financial Analyst
CRSP™	Centre for Research in Security Prices (Trade Mark)
d.h.	das heisst
GG	Gleichgewicht
ggf.	gegebenenfalls
GMAT	Graduate Management Admission Test
MBA	Master of Business Administration
Mrd.	Milliarden
p.a.	per annum
S.	Seite
SEC	Securities and Exchange Commission
sog.	sogenannte(n)
teilw.	teilweise
TER	Total Expense Ratio
TNA	Total Net Assets
u.a.	und andere
u.d.B.	unter den Bedingungen
USD	US-Dollar (amerikanische Dollar)
v.a.	vor allem
vgl.	vergleiche
vs.	versus
z.B.	zum Beispiel

Kapitel 1

Einleitung

1.1 Untersuchungsgegenstand und Motivation

Der Untersuchungsgegenstand der vorliegenden Arbeit sind Fondsfamilien. Unter einer Fondsfamilie wird die Gesamtheit aller von einer Fondsgesellschaft verwalteten Investmentfonds verstanden. Dabei besteht eine Fondsfamilie aus mindestens zwei Fonds.[1]

In vielen Ländern, insbesondere in den USA und zunehmend auch in Deutschland, spielen Fonds eine wichtige Rolle im Rahmen der Geldanlage von privaten Investoren. Dabei bilden Fonds oftmals einen wesentlichen Bestandteil der Altersvorsorge. Ein fundiertes Verständnis dieser Anlageform und ihrer Anbieter ist daher von großer Bedeutung. Dennoch finden sich in der wissenschaftlichen Literatur bislang nur wenige Arbeiten, die sich mit Fondsanbietern beschäftigen. Zu dieser Literatur leistet die vorliegende Arbeit einen wesentlichen Beitrag.

Eine genaue Untersuchung von Fondsfamilien ist insbesondere deshalb interessant, da fast alle Investmentfonds Teil von Fondsfamilien sind. Obwohl bis heute jeder einzelne Fonds theoretisch ein rechtlich selbstständiges Konstrukt ist, gibt es nur sehr wenige Fonds, die nicht einer Fondsfamilie angehören. Laut Nanda u. a. (2004) sind in den USA traditionell etwa 80% aller Fonds Teil einer Fondsfamilie.[2] Auch in den anderen großen Fondsmärkten ist die Situation ähnlich. So gehören z.B. auch in Deutschland nahezu alle Fonds zu einer Familie.

---

[1] Investmentfonds sind Instrumente zur delegierten Portfolioverwaltung. In einem Fonds werden in der Regel Gelder verschiedener Anleger gepoolt und dann professionell in Einklang mit den Anlagezielen des Fonds angelegt und verwaltet. Zur Definition von Investmentfonds vgl. auch Kapitel 1 in Hall (2001).

[2] Die Begriffe Fondsfamilie, Familie, Fondsgesellschaft und Gesellschaft werden in dieser Arbeit synonym verwendet.

In dieser Arbeit soll zunächst das Phänomen Fondsfamilie beschrieben werden. Insbesondere wird darauf eingegangen, welche Entscheidungen die Leitung einer Fondsfamilie trifft und in welcher Art und Weise sie dies tut. Dazu zählen Entscheidungen über die Produkt-, Preis-, Marketing-, Personal- und Informationspolitik der Fondsgesellschaft. Diese Entscheidungen determinieren den organisatorischen Rahmen, in dem die Fondsmanager der einzelnen Fonds agieren. Um das Verhalten von Fondsmanagern zu verstehen, muss man deren Entscheidungen daher innerhalb dieses von der Gesellschaft gesetzten Rahmens analysieren.

Die beiden Leitfragen, die in dieser Arbeit beantwortet werden sollen, lauten daher:

1. Welche Entscheidungen werden von der Leitung von Fondsfamilien getroffen und wie werden sie getroffen?

2. Wie wirken sich diese Entscheidungen auf das Verhalten von Fondsmanagern aus?

Das Ziel der Arbeit besteht darin, diese zentralen Fragen zu beantworten und somit zu einem besseren Verständnis des Phänomens Fondsfamilie und der in ihr handelnden Personen beizutragen.

Mit der Beantwortung der beiden Leitfragen liefert die vorliegende Arbeit einige wesentliche Beiträge zur bestehenden Literatur. Der zentrale Beitrag im Rahmen der Beantwortung der ersten Leitfrage ist die Entwicklung eines eigenen theoretischen Modells zur Preispolitik von Investmentfonds. Die bisherigen theoretischen Arbeiten in diesem Bereich haben einige interessante Fragen offen gelassen, die mit Hilfe dieses Modells untersucht werden können. So wurde bislang in keinem Modell untersucht, wie ein Fonds simultan laufende und einmalige Gebühren optimal bestimmen kann. Dies ist insbesondere deshalb erstaunlich, da in der Realität der Großteil aller Fonds sowohl laufende als auch einmalige Gebühren erhebt (Nanda u. a. (2005)). Ein weiteres inzwischen in den USA weit verbreitetes Phänomen ist die Tatsache, dass viele Fonds verschiedene Anlageklassen mit unterschiedlichen Gebührenstrukturen für einen Fonds anbieten. Wie die Gebührenstrukturen für solche Mehrklassenfonds ausgestaltet werden können, wurde bislang ebenfalls noch nicht untersucht.

Die zweite Leitfrage, wie sich Fondsmanager innerhalb des von ihrer Familie determinierten organisatorischen Rahmens verhalten, wurde bisher in der Literatur noch gar nicht betrachtet. Der wichtigste Beitrag der vorliegenden Arbeit besteht dabei darin, erstmals den Intra-Firmen Wettbewerb von Fondsfamilien zu untersuchen und gegen den Inter-Firmen Wettbewerb, in dem Fondsmanager mit anderen Fondsmanagern am Markt stehen, abzugrenzen. Es wird gezeigt, dass Fondsmanager dabei ihr Risiko anpassen, um eine möglichst gute Position innerhalb ihres Segments[3] und innerhalb ihrer Familie zu erreichen. Das Risikoverhalten von Fondsmanagern ist von besonderem Interesse, da sich daraus unter Umständen sowohl negative Auswirkungen für die Fondsanleger als auch für Fondsfamilien ergeben können. Darüber hinaus kann es durch solches Verhalten von Fondsmanagern zu verzerrten Kursen auf den Kapitalmärkten kommen (James und Isaac (2000)).

Die Ergebnisse aus diesem Teil der Arbeit bieten eine neue Sichtweise auf Fondsfamilien: Es wird gezeigt, dass die Fonds einer Familie in einem intensiven Wettbewerb miteinander stehen. Das widerspricht der bislang in der Literatur implizit getroffenen Annahme, dass die Fonds einer Familie koordiniert handeln. Es wird zudem in dieser Arbeit erstmals untersucht, wie das Verhalten von Fondsmanagern von der kompetitiven Situation innerhalb ihres Segments und innerhalb ihrer Familie abhängt.

1.2 Aufbau der Arbeit

Die beiden Leitfragen werden in den Kapiteln 2 und 3 analysiert. Im ersten Hauptteil der Arbeit (Kapitel 2) wird untersucht, welche Entscheidungen das Top-Management der Familie treffen kann. Dazu wird in Abschnitt 2.1 ein Überblick über die Literatur gegeben, bevor in Abschnitt 2.2 ein neuer Modellansatz zur optimalen Gebührensetzung von Fonds entwickelt wird. Die Gebührensetzung wird gesondert betrachtet, da die Literatur hier noch einige zentrale Fragen unbeantwortet gelassen hat.

Im zweiten Hauptteil der Arbeit (Kapitel 3) wird der Fokus der Untersuchung von den Entscheidungen der Leitung der Fondsgesellschaft auf die Entscheidungen der einzelnen Fondsmanager gelenkt. Zunächst wird in Abschnitt 3.1 wiederum ein Überblick über die verwandte Literatur gegeben. Die beiden Schwerpunkte dieses Kapitels bilden

[3] Unter einem Segment wird die Gesamtheit aller Fonds mit vergleichbarem Anlageziel verstanden, also z.B. alle Wachstumsfonds oder alle Fonds, die in Aktien aus dem Gesundheitssektor anlegen. Die Begriffe Segment und Marktsegment werden in dieser Arbeit synonym verwendet.

dann die Betrachtung der impliziten Anreizstrukturen und der sich daraus ergebenden Risikoanreize für Fondsmanager innerhalb ihres Segmentes (Abschnitte 3.2 und 3.3) und innerhalb ihrer Familie (Abschnitte 3.4 und 3.5).

Kapitel 4 fasst die zentralen Beiträge der Arbeit zusammen.[4]

[4] Detailliertere Angaben zum Gang der Untersuchung finden sich jeweils zu Beginn der einzelnen Kapitel und Hauptabschnitte.

Kapitel 2

Entscheidungen der Fondsfamilie

2.1 Stand der Literatur

In diesem Abschnitt wird die Literatur zu den vom Management einer Fondsfamilie zu treffenden Entscheidungen dargestellt. Die bisherigen Arbeiten, die sich mit den Entscheidungen von Fondsfamilien und ihren Auswirkungen beschäftigen, finden sich über sehr unterschiedliche Teilbereiche der wirtschaftswissenschaftlichen Literatur verstreut. So finden sich neben der finanzwirtschaftlichen Literatur bspw. auch Arbeiten aus den Bereichen Marketing, Preispolitik und Industrieökonomie, die alle zu einem besseren Verständnis von Fondsfamilien beitragen. Diese Literatur wird hier gemeinsam dargestellt.

Im Lebenszyklus einer Fondsgesellschaft muss ihre Leitung viele unterschiedliche Entscheidungen treffen. Zunächst muss eine Entscheidung über die grundsätzliche Ausrichtung der Gesellschaft getroffen werden. Soll das Produktangebot möglichst breit sein, oder soll sich die Gesellschaft auf wenige Bereiche spezialisieren? Die Leitung der Fondsgesellschaft muss sich also entscheiden, welche Produkte sie konkret anbieten will. Die Literatur zur Produktpolitik von Fondsfamilien, in der diese Fragestellung betrachtet wird, wird in Abschnitt 2.1.1 vorgestellt.

Steht die grundsätzliche Ausrichtung der Familie und die konkrete Produktpalette fest, so muss die Gebührenstruktur und die Gebührenhöhe für die einzelnen Fonds festgelegt werden. Diese Entscheidungen werden in der Literatur zur Preispolitik untersucht, die in Abschnitt 2.1.2 dargestellt wird. Dieser Abschnitt legt auch die Grundlage und Motivation für Abschnitt 2.2, in dem ein neuer Modellansatz zur optimalen Gebührenpolitik entwickelt wird. So können die dort gefunden Ergebnisse in die Literatur eingeordnet werden.

Nachdem die Entscheidungen zur Produkt- und Preispolitik getroffen sind, muss das Management entscheiden, welche Fonds in welchem Umfang durch Maßnahmen der Aussendarstellung und Absatzförderung unterstützt werden sollen. Diese im Rahmen der Marketingpolitik zu treffenden Entscheidungen werden in Abschnitt 2.1.3 betrachtet. Hier wird insbesondere auf die in letzter Zeit neu aufkommende Literatur zur Fondswerbung und ihren Auswirkungen eingegangen.

Arbeiten zu weiteren Entscheidungen, die auf der Familienebene zu treffen sind, etwa zur Personal- oder Informationspolitik, werden gemeinsam in Abschnitt 2.1.4 näher beleuchtet.

2.1.1 Produktpolitik

Im Rahmen der Produktpolitik legt die Fondsgesellschaft ihre Produktpalette fest. Sie entscheidet zunächst darüber, in welchen Segmenten des Marktes Fonds angeboten werden. Diese Entscheidung wird in Abschnitt 2.1.1.1 dargestellt. Im Lebenszyklus der Familie wird die Produktpalette später immer wieder erweitert und angepasst. In Abschnitt 2.1.1.2 wird die Literatur vorgestellt, in der untersucht wird, wie die Familie ihre Produktpalette durch Neugründungen, Fondsschliessungen und Fusionen anpasst.[1]

2.1.1.1 Grundsätzliche Ausrichtung der Produktpalette: Spezialisierung vs. Marktabdeckung

Eine Fondsgesellschaft muss sich zunächst grundsätzlich entscheiden, welche Strategie sie im Rahmen der Produktpolitik verfolgen will: Sie kann entweder ein sehr breites Produktspektrum anbieten und den Markt möglichst komplett abdecken, oder sich auf einige wenige oder sogar nur ein einziges Marktsegment konzentrieren.

Eine Reihe von Gründen spricht dafür, ein breites Produktspektrum anzubieten. Ein Vorteil einer möglichst kompletten Marktabdeckung liegt darin, dass die Fondsgesellschaft die Wünsche vieler unterschiedlicher Anlegergruppen befriedigen kann. Somit wird die

[1] Unter Schließung wird in dieser Arbeit die Einstellung des Anteilsvertriebs, Liquidierung des Vermögens und anschließende Ausbezahlung der Investoren verstanden, also die vollständige Liquidierung eines Fonds. Davon abzugrenzen ist der Wechsel der Organisationsform von einem offenen Investmentfonds zu einem geschlossenen Investmentfonds, der keine neuen Gelder mehr annimmt. Letzteres wird in Smaby und Fizel (1995), Manakyan und Liano (1997), Deli und Varma (2002), Zhao (2004) und Bris u. a. (2004) untersucht.

Nachfrage nach den Fonds dieser Familie und folglich der Zufluss neuen Geldes erhöht.[2] Dieses Argument liegt den theoretischen Papieren von Massa (1998) und Mamaysky und Spiegel (2002) zugrunde. In beiden Arbeiten wird argumentiert, dass die Heterogenität der Anleger durch eine möglichst weitgehende Produktdifferenzierung ausgenutzt werden kann.

Ein weiteres Argument, warum eine Fondsgesellschaft eine möglichst breite Produktpalette anbieten sollte, basiert auf Such- und Transaktionskosten. Viele Investoren möchten sich ein Fondsportfolio zusammenstellen, das aus Fonds unterschiedlicher Segmente besteht. Für diese Investoren sind die Transaktions- und Suchkosten bei Familien, die Fonds aus allen Segmenten anbieten, niedriger. Sie finden bei diesen Familien alle Arten von Fonds, für die sie sich interessieren. Somit sind die Suchkosten geringer, als wenn sie sich bei verschiedenen Familien über unterschiedliche Fonds informieren müssten. Ein weiteres Argument ist besonders für den amerikanischen Fondsmarkt relevant. Fondsanleger müssen nämlich bei einem breiten Produktangebot nur bei einer Gesellschaft ein Fondsdepot eröffnen. Werden dagegen Fonds von unterschiedlichen Fondsgesellschaften zusammengestellt, so können diese in vielen Fällen in den USA nicht in einem gemeinsamen Depot verwaltet werden. Stattdessen müssen die Anleger dann bei unterschiedlichen Gesellschaften Depots eröffnen. Dies führt zu zusätzlichen Transaktionskosten, die nicht entstehen, wenn nur Fonds einer Familie gekauft werden.

Außerdem bieten Fondsgesellschaften ihren Investoren oftmals die Möglichkeit, kostenlos zwischen den Fonds der Familie zu wechseln. Massa (2003) argumentiert, dass diese Wechseloption für einen Anleger umso wertvoller ist, je mehr Wechselmöglichkeiten aus verschiedenen Segmenten angeboten werden. Daher ist zu erwarten, dass ein breites Produktangebot zu höheren Zuflüssen in die Fonds der Gesellschaft führt.

Es gibt jedoch auch Vorteile eines auf wenige Segmente konzentrierten Produktangebots. Bietet eine Familie nämlich nur Fonds aus wenigen Segmenten an, so kann sie sich auf die Verwaltung dieser Fonds und die damit verbundenen spezifischen Aufgaben spezialisieren. Dies führt möglicherweise zu einer besseren Performance der Fonds solcher

[2] Es ist zu beachten, dass das eigentliche Ziel einer Fondsfamilie die Maximierung des Gewinns ist. Über Gewinne und die tatsächliche Kostenstruktur von Fondsfamilien sind in der Regel jedoch keine Informationen öffentlich verfügbar. Daher verwenden die meisten Arbeiten das verwaltete Vermögen als Proxy für das Gewinnpotential einer Familie, und konzentrieren sich folglich auf die Zuflüsse neuen Geldes.

Familien im Vergleich zur Performance von Fonds aus breit aufgestellten Familien.[3] Ein möglicher Grund hierfür sind bessere Prognosefähigkeiten durch Spezialisierung auf die Aktien bestimmter Branchen.[4] Ciccotello u. a. (2002) und Siggelkow (2003) liefern empirische Evidenz, dass die Performance der Fonds aus spezialisierten Familien tatsächlich besser ist als diejenige von Fonds aus sehr breit aufgestellten Familien.[5] Durch ein konzentriertes Produktangebot und der damit verbundenen besseren Performance können spezialisierte Fondsfamilien sich so eine Reputation in ihrem Bereich erarbeiten.

Ob die Vorteile eines breiten Produktangebots oder die Vorteile der Spezialisierung auf bestimmte Segmente aus Sicht der Fondsgesellschaft überwiegen, ist eine empirische Frage. Es gibt starke empirische Evidenz dafür, dass die Zuflüsse in eine Familie positiv von der Performance ihrer Fonds abhängen.[6] Dies spricht nach Ciccotello u. a. (2002) und Siggelkow (2003) dafür, dass spezialisierte Familien höhere Zuflüsse aufweisen, da deren Fonds eine bessere Performance liefern. Gleichzeitig wurde jedoch oben ausgeführt, dass Familien mit einem breiten Produtkangebot für Investoren aus verschiedenen anderen Gründen attraktiv sein können. Daher ist es nicht von vornherein klar, ob die Zuflüsse in spezialisierte Familien oder in breit aufgestellte Familien höher sind. Diese Frage wird von Siggelkow (2003) untersucht. Er präsentiert Evidenz dafür, dass Fonds spezialisierter Familien zwar eine bessere Performance aufweisen, sich dies jedoch nicht in höheren Zuflüssen in die Familie niederschlägt. Der positive Effekt eines breiten Produktangebots einer Fondsfamilie dominiert demnach den negativen Effekt einer schlechteren Performance im Vergleich zu Fonds aus Familien, die ihre Produktpalette auf wenige Segmente konzentrieren. Dennoch kann man am Markt neben vielen Familien mit einer breit gestreuten Produktpalette auch einige Familien beobachten, die sich auf eine Nische des Marktes konzentrieren. Diese Gesellschaften, die sich oft eine hohe Reputation in einem

3 Unter Performance wird in dieser Arbeit eine auf der Fondsrendite basierende und in geeigneter Weise risikoadjustierte Zahl verstanden, die den Erfolg eines Fonds widerspiegelt. Das kann z.B. die Sharpe Ratio (Sharpe (1966)), das Jensen's Alpha (Jensen (1968)) oder ein Alpha aus einem Mehrfaktor-Modell (Fama und French (1993) und Carhart (1997)) sein. Wenn die Wahl des konkreten Maßes einen Einfluss auf die berichteten Ergebnisse hat, so wird darauf an der entsprechenden Stelle gesondert hingewiesen.

4 Clement (1999), Jacob u. a. (1999), und Clement und Tse (2003) und (2005) zeigen, dass Analysten, die sich auf wenige Industrien beschränken, bessere Prognosefähigkeiten zeigen als Analysten, die viele unterschiedliche Industrien untersuchen.

5 Die empirische Evidenz aus dieser und den meisten folgenden zitierten Studien bezieht sich auf den US-amerikanischen Aktienfondsmarkt. Beziehen sich Ergebnisse auf andere Märkte, so wird darauf an der entsprechenden Stelle gesondert hingewiesen.

6 Vgl. Abschnitt 3.2 sowie Khorana und Servaes (2004), Siggelkow (2003), Nanda u. a. (2004) und Gallaher u. a. (2004).

bestimmten Anlagesegment erarbeitet haben, sind jedoch in der Minderheit (Ciccotello u. a. (2002)).

2.1.1.2 Anpassungen der Produktpalette: Neugründungen, Fondszusammenschlüsse und Fondsschließungen

Die Entscheidung über die Produktpalette wird nicht einmalig getroffen. Vielmehr wird das Produktspektrum im Lebenszyklus der Familie oft erweitert und angepasst. Bei der Gründung neuer Fonds spielen die bereits genannten Argumente eine Rolle. Außerdem werden oftmals neue Fonds in Segmenten gegründet, in denen die Familie bereits einen erfolgreichen Fonds anbietet (Khorana und Servaes (1999)). Der neue Fonds kann somit möglicherweise von der Erfolgsgeschichte des existierenden Fonds profitieren. Allerdings ist auch zu beachten, dass die Familie sich durch Neugründungen in Segmenten, in denen sie bereits Fonds anbietet, möglicherweise selbst Konkurrenz macht. Hinweise auf ein solches Kannibalisierungs-Phänomen finden sich in Ruenzi (2004) und für den deutschen Markt in Ber u. a. (2005). Dort wird gezeigt, dass die Zuflüsse in einen Fonds negativ von der Anzahl der Fonds, die von der Familie im gleichen Marktsegment angeboten werden, abhängen. Eine Umleitung von Anlagegeldern weg von dem bereits existierenden Fonds hin zu einem neuen Fonds kann jedoch auch im Sinne der Fondsgesellschaft sein. Sie kann nämlich damit verhindern, dass der existierende Fonds zu groß wird. Somit können negative Skaleneffekte, die laut Chen u. a. (2004a) für große Fonds eine wichtige Rolle spielen, verhindert werden.

Neben der Möglichkeit, neue Fonds zu gründen, kann eine Fondsgesellschaft auch einzelne Fonds aus ihrem Produktangebot entfernen. Dazu gibt es grundsätzlich drei Möglichkeiten: 1. Der Fonds wird liquidiert; 2. Der Fonds wird mit einem anderen Fonds der eigenen Familie fusioniert; 3. Der Fonds wird mit einem Fonds einer anderen Familie fusioniert.

Fondsschließungen werden in verschiedenen Studien untersucht.[7] Diese Papiere kommen zu dem Ergebnis, dass insbesondere Fonds mit schlechter vergangener Performance geschlossen werden. Damit kann die Fondsgesellschaft erreichen, dass ihr Name nicht mehr mit der schlechten Performance dieser Fonds in Verbindung gebracht wird. Ein weiterer Grund für die Schließung solcher Fonds ist, dass diese oftmals aufgrund von

[7] Vgl. Brown und Goetzmann (1995), Lunde u. a. (1999), Cameron und Hall (2003), Evans (2004) und Zhao (2005).

Abflüssen relativ klein sind und nicht mehr rentabel betrieben werden können. Wird ein Fonds geschlossen, so bietet die Gesellschaft den Fondsinvestoren in der Regel an, kostenlos in einen anderen Fonds der Gesellschaft zu wechseln. Damit wird versucht, die verwalteten Gelder in der Gesellschaft zu halten.

Anstatt den Fonds komplett zu schließen, kann die Fondsgesellschaft den Fonds auch mit einem anderen Fonds fusionieren. Jayaraman u. a. (2002) und Khorana u. a. (2005) untersuchen solche Fusionen. Sie stellen fest, dass innerhalb einer Familie meist ein Fonds mit schlechter vergangener Performance mit einem Fonds mit einer besseren Performance fusioniert. Der aus der Fusion entstehende Fonds wird dann unter dem Namen des vormals besseren Fonds weitergeführt. Damit kann ebenfalls eine schlechte Performancehistorie gelöscht werden. Außerdem kann durch die Fusion oft eine rentable Größe für den Fonds erreicht werden.[8]

Fusionieren können jedoch auch Fonds aus unterschiedlichen Familien. Diese Fusionen sind laut Jayaraman u. a. (2002) dadurch gekennzeichnet, dass die Fonds, die von Fondsgesellschaften im Rahmen einer solchen Fusion abgegeben werden, vorher keine schlechtere Performance aufgewiesen haben als vergleichbare Fonds. Dies legt den Schluss nahe, dass Inter-Familien Fusionen zur Bereinigung der Produktpalette und nicht zur Verschleierung einer schlechten vergangenen Performance durchgeführt werden, wie dies bei Intra-Familien Fusionen der Fall ist.

Nachdem die Produktpalette festgelegt ist, muss die Fondsgesellschaft weitere Entscheidungen bezüglich der Ausstattung der einzelnen Fonds treffen. Diese Entscheidungen werden in den nachfolgenden Abschnitten behandelt.

2.1.2 Preispolitik

Ist die Produktpalette bestimmt, so muss die Fondsgesellschaft die Preise für ihre Produkte festlegen. Unter der Preissetzung ist bei Fondsfamilien die Gebührensetzung für die einzelnen Fonds zu verstehen. Die Fondsgesellschaft muss die Höhe und die Struktur der Gebühren festlegen.

---

[8] Elton u. a. (1996b) berichten, dass Fonds, die fusioniert werden, vor der Fusion ein geringeres Volumen haben als ansonsten vergleichbare Fonds.

Die Entscheidung über die Gebühren ist für Fondsgesellschaften sehr wichtig, da die Gebühreneinnahmen die einzige wesentliche Einnahmequelle von Fondsfamilien darstellen. Insgesamt wurden am amerikanischen Fondsmarkt 2001 ca. 39 Mrd. USD Gebühren erhoben. In Abbildung 2.1 wird gezeigt, dass die Gebühreneinnahmen vor allem in den Neunziger Jahren des letzten Jahrhunderts mit steigenden Absatzzahlen und Anlagevolumina stark gewachsen sind.

Abbildung 2.1: Gebührenaufkommen amerikanischer Aktienfonds 1963-2001

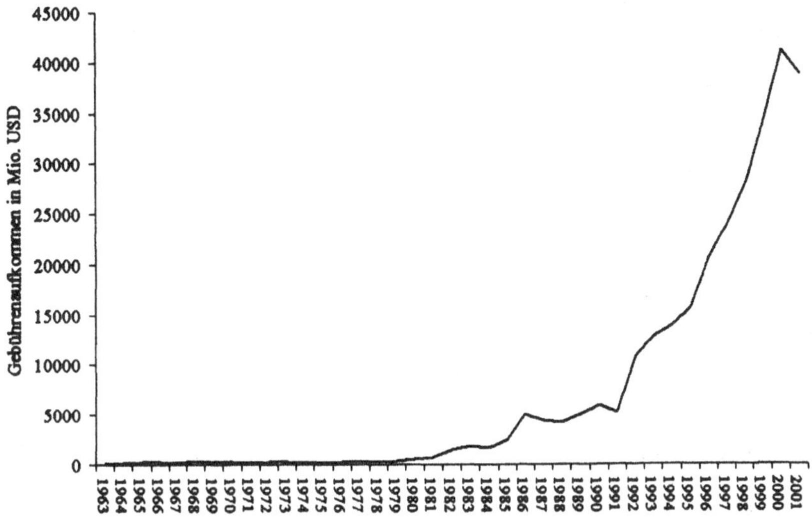

Quelle: Eigene Berechnung auf Basis der CRSP Fondsdatenbank.

Die unterschiedlichen Gebührenarten, die von einem Fonds erhoben werden können, lassen sich in performanceabhängige und nicht performanceabhängige Gebühren einteilen. Ein schematischer Überblick über die verschiedenen Gebührenarten findet sich in Abbildung 2.2.

Performanceabhängige Gebühren sind in der Regel so ausgestaltet, dass ein bestimmter Prozentsatz der Überrendite über eine Benchmark als zusätzliche Gebühr erhoben wird. Mit solchen Gebühren sollen Anreize gesetzt werden, um das Fondsmanagement zu hoher Leistung zu bewegen.[9] Im Investmentfondsbereich spielen solche Gebühren -

[9] Es gibt eine Vielzahl theoretischer Arbeiten zur Anreizwirkung von performanceabhängigen Gebühren und Entlohnungsschemata. Beispielhaft genannt seien hier Starks (1987), Kritzman (1987),

Abbildung 2.2: Schematischer Überblick über verschiedene Gebührenarten

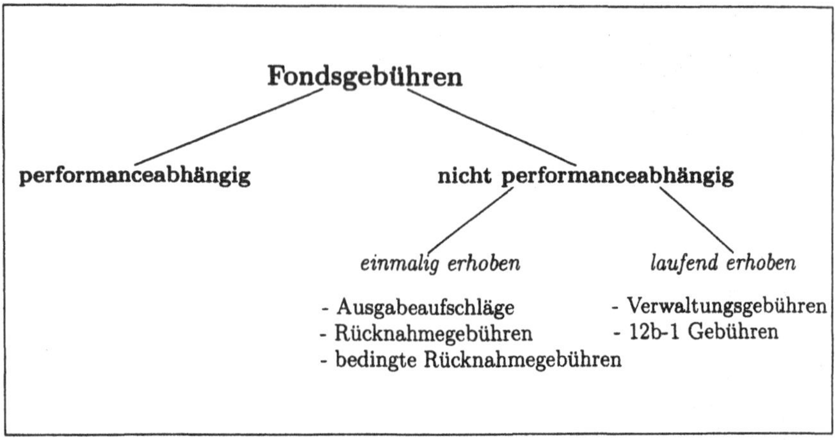

Quelle: Eigene Darstellung.

anders als etwa bei Hedgefonds - jedoch eine untergeordnete Rolle.[10] Laut Elton u. a. (2003) erheben weniger als 2% aller US-Investmentfonds überhaupt irgendeine Form von performanceabhängigen Gebühren.[11] Die folgenden Ausführungen beschränken sich daher auf die nicht performanceabhängigen Gebühren.

Die nicht performanceabhängigen Gebühren können in laufende und einmalige Gebühren eingeteilt werden (Abbildung 2.2). Die meisten Fonds erheben eine Kombination aus einmaligen und laufenden Gebühren. So erhoben etwa 60% aller amerikanischen Aktienfonds im Jahr 2001 sowohl laufende als auch einmalige Gebühren. Wird nur eine Gebührenart erhoben, so ist dies fast immer eine laufende Gebühr. Bei solchen als No-Load Fonds bezeichneten Fonds wird auf die einmalige Gebühr verzichtet. Praktisch nicht anzutreffen sind dagegen Fonds, die nur eine einmalige, aber keinerlei laufende Gebühr erheben.

Das Gesamtaufkommen an Gebühren setzt sich zu etwa zwei Dritteln aus laufenden Gebühren und zu einem Drittel aus einmaligen Gebühren zusammen (Stand 2001). In

Grinblatt und Titman (1987) und 1989, Stoughton (1993), Heinkel und Stoughton (1994), Stremme (1999), Reichling (1997), Maurer (1998), Carpenter (2000), Garcia (2001), Das und Sundaram (2002), Ou-Yang (2003), Palomino und Prat (2003), Rajan und Srivastava (2003), Henne (2004), Kuhnen (2004) und Farnsworth (2004).

10 Zu performanceabhängigen Gebühren bei Hedgefonds vgl. Agarwal und Naik (2000), Anson (2001), Goetzmann u. a. (2003), Hodder und Jackwerth (2004) und Panageas und Westerfield (2004).

11 Nach Kluß u. a. (2003) stellen erfolgsabhängige Gebühren auch in Deutschland die Ausnahme dar.

Abbildung 2.3 sind die prozentualen Anteile laufender und einmaliger Gebühren für die Jahre 1964-2001 abgetragen. Es ist zu erkennen, dass sich das Verhältnis in den letzten Jahren tendenziell in Richtung der laufenden Gebühren verschoben hat. Dies lässt sich zum einen durch einen Bestandseffekt erklären, da inzwischen die Anlagevolumina von Fonds sehr groß sind und auf den Bestand nur laufende Gebühren erhoben werden. Zum anderen haben in den letzten Jahren No-Load Fonds in ihrer Bedeutung stark zugenommen. Dennoch spielen beide Gebührenarten nach wie vor eine wesentliche Rolle.

Abbildung 2.3: Anteil einmaliger und laufender Gebühreneinnahmen am Gesamtgebührenaufkommen bei amerikanischen Aktienfonds 1963-2001

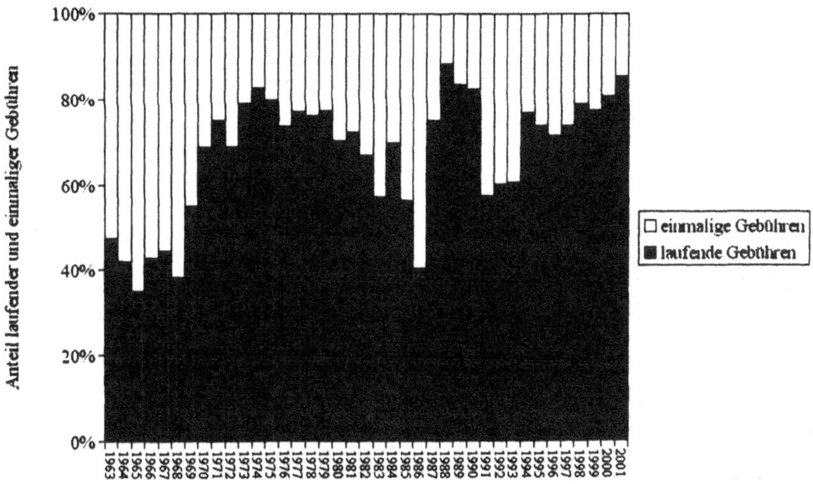

Quelle: Eigene Berechnung auf Basis der CRSP Fondsdatenbank.

Die laufenden Gebühren werden jährlich als Prozentsatz vom investierten Anlagevolumen erhoben. Der wichtigste Bestandteil der laufenden Gebühren ist die Verwaltungsgebühr. Üblich sind Verwaltungsgebühren zwischen 0,5% p.a. und 2,5% p.a. Ebenfalls zu den laufenden Gebühren zählen die in den USA seit 1980 zugelassenen 12b-1 Gebühren. 12b-1 Gebühren werden offiziell erhoben, um davon Marketing- und Distributionsausgaben zu bezahlen. Dadurch sollen zusätzliche Zuflüsse generiert werden, die über Skaleneffekte zu niedrigeren Kosten für die Anleger führen.[12] Faktisch handelt es sich allerdings lediglich

[12] Empirische Studien haben jedoch gezeigt, dass 12b-1 Gebühren insgesamt zu einer Erhöhung der Kosten führen (Ferris und Chance (1987), Trzcinka und Zweig (1990), Chance und Ferris (1991) und Siggelkow (2003)).

um eine zusätzliche laufende Gebühr. Bei 38% aller Fonds wurde in 2001 gar keine 12b-1 Gebühr erhoben. Bei den restlichen Fonds liegt sie in über 90% der Fälle zwischen 0,25% und 1% p.a.

Einmalige Gebühren werden in der Regel als zu Beginn der Laufzeit zu entrichtende Ausgabeaufschläge oder als beim Verkauf fällige Rücknahmegebühren erhoben.[13] Ausgabeaufschläge werden traditionell zur Entlohnung der Vertriebspartner verwendet (Jones u. a. (2003)). Allerdings gibt es in den letzten Jahren eine verstärkte Tendenz zur Direktvermarktung von Fonds durch die Fondsfamilien selbst. In diesem Fall vereinnahmt die Familie die kompletten Ausgabeaufschläge und Rücknahmegebühren (Chordia (1996)).

Unter den Fonds, die eine einmalige Gebühr erheben, wird in 68,77% der Fälle eine Gebühr zwischen 4% und 6% erhoben. Gebühren unter 1% oder über 6% treten dagegen kaum auf. Relativ weit verbreitet sind jedoch - wie bereits oben erwähnt - No-Load Fonds ohne einmalige Gebühren, deren Anteil 40,61% (Stand 2001) beträgt.

In den USA werden seit den 1990er Jahren häufig verschiedene Klassen eines Fonds angeboten. Diese Anlageklassen unterscheiden sich in der Regel nur darin, dass unterschiedliche Kombinationen verschiedener der oben beschriebenen Gebührenarten erhoben werden.[14] Den Anlageklassen eines Fonds liegt jedoch immer das gleiche Portfolio zugrunde. Die Bedeutung dieser Mehrklassenfonds ist inzwischen beachtlich. Während es 1993 erst acht Mehrklassenfonds gab, ist diese Anzahl bis 2001 beträchtlich gestiegen (Abbildung 2.4). So sind inzwischen fast die Hälfte aller Fonds Mehrklassenfonds, in denen bereits über 70% aller in Fonds angelegten Gelder verwaltet werden (Nanda u. a. (2005)).

Die optimale Setzung von Fondsgebühren hat bislang in der Literatur nur wenig Beachtung gefunden. Es gibt hierzu nur zwei wesentliche Referenzen. Dies sind die Modelle von Chordia (1996) und Nanda u. a. (2000). Chordia (1996) geht von einer monopolistischen Marktstruktur aus. Er untersucht, wie eine Fondsgesellschaft ihre Gebühren optimal setzen kann, wenn sie zwei unterschiedliche Fonds anbietet. Er zeigt, dass es der Fondsgesellschaft gelingen kann, durch das Setzen unterschiedlicher Ausgabeaufschläge Investoren

[13] Daneben gibt es noch andere einmalige Gebührenformen wie etwa die bedingten Ausgabeaufschläge (Contingent Deffered Sales Loads). Diese fallen erst zeitverzögert und nur für den Fall an, dass der Fonds vor einer festgelegten Mindesthaltedauer wieder veräußert wird.

[14] Manche Anlageklassen unterscheiden sich auch hinsichtlich der Mindestanlagesumme.

Abbildung 2.4: Bedeutung von Mehrklassenfonds von 1993 bis 2001

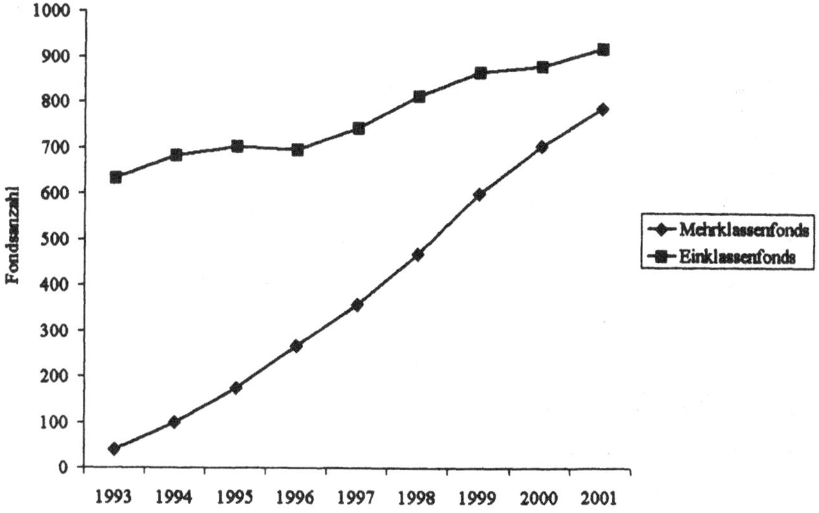

Quelle: Berechnungen basierend auf der CRSP Datenbank (nach Nanda u. a. (2005)).

entsprechend ihrer erwarteten Haltedauer in einen bestimmten Fonds zu lenken. Es kommt zu einer Selbstselektion verschiedener Anlegergruppen. In einem verwandten Modell gehen Nanda u. a. (2000) von einer kompetitiven Marktstruktur aus. In ihrem Modell bietet jede Fondsgesellschaft nur einen einzigen Fonds an. Auch hier ergibt sich im Gleichgewicht eine Selbstselektion verschiedener Anlegergruppen mit unterschiedlichen erwarteten Haltedauern in bestimmte Fonds. Der Selbstselektionsmechanismus basiert dabei wiederum auf unterschiedlich hohen Ausgabeaufschlägen.

Als Fazit aus diesen Studien lässt sich ziehen, dass es Erklärungsansätze gibt, wie Gebühren genutzt werden können, um bestimmte Investorengruppen zu separieren und den Gewinn der Fondsgesellschaft zu maximieren. Allerdings werden dabei immer verschiedene Fonds betrachtet, die unterschiedliche Portfoliorenditen generieren. Bei Chordia (1996) ergeben sich für die beiden von der Gesellschaft angebotenen Fonds unterschiedliche Renditen, weil die Portfoliozusammensetzungen der beiden Fonds voneinander abweichen, während sich bei Nanda u. a. (2000) per Annahme die Fähigkeiten der einzelnen Fondsmanager und somit die Überrenditen der Fonds unterscheiden.

In keinem der beiden Modelle wird jedoch das Problem der simultanen optimalen Setzung von laufender und einmaliger Gebühr untersucht. Stattdessen werden optimale Ausgabeaufschläge bei gegebener laufender Gebühr untersucht (Chordia (1996)) bzw. eine nur einmalig anfallende Verwaltungsgebühr - also eine degenerierte laufende Gebühr - betrachtet (Chordia (1996) und Nanda u. a. (2000)).

Auch das Problem, wie eine Fondsfamilie unterschiedliche Gebührenstrukturen für *verschiedene* Anlageklassen *eines* Fonds implementieren kann, wird in keinem der beiden Modelle betrachtet. Diese Fragen werden in der vorliegenden Arbeit mit Hilfe des in Abschnitt 2.2 vorgestellten Modells untersucht.

2.1.3 Marketing

Stehen Produktpalette und Gebühren fest, muss die Fondsgesellschaft sich Gedanken über ihre Marketingsaktivitäten machen. Im Rahmen des Marketing[15] von Fondsgesellschaften sind in der Literatur bislang vor allem drei Fragen untersucht worden: 1. Welche Fonds werden beworben? 2. Welche Auswirkungen auf die Nachfrage hat Fondswerbung? 3. Welche Auswirkungen haben die Namensgebung und Namensänderungen auf die Nachfrage nach Fonds? Die Literatur zu den ersten beiden Fragen wird in Abschnitt 2.1.3.1 dargestellt, während in Abschnitt 2.1.3.2 die Literatur zur dritten Frage vorgestellt wird.

2.1.3.1 Werbung

Fondsfamilien investieren beträchtliche Mittel in Werbung. So haben amerikanische Fondsfamilien im Jahr 2002 fast eine viertel Milliarde USD für Werbung ausgegeben (Lystra (2003)), davon etwa 100 Millionen USD in Printmedien (Reuter und Zitzewitz (2004)). Sie erhoffen sich durch Werbung einen höheren Absatz von Fondsanteilen. Diese Hoffnung scheint berechtigt, wie eine Untersuchung von Capon u. a. (1996) nahelegt. Sie führen eine Umfrage unter 3.386 Fondsinvestoren durch und stellen fest, dass Fondswerbung die zweitwichtigste Informationsquelle (nach veröffentlichten Performancerankings) darstellt.[16]

[15] In diesem Abschnitt werden unter Marketing nur konkret absatzfördernde Maßnahmen (v.a. Werbung) verstanden. Weitere Aspekte eines weiter definierten Marketingbegriffs, wie etwa Fragen der Preis- oder Produktpolitik, werden in dieser Arbeit an anderer Stelle gesondert untersucht (s. Abschnitt 2.1.1 und 2.1.2).

[16] Dieses Ergebnis wird auch durch eine Umfrage unter 298 wohlhabenden Investoren bestätigt, die von Capon u. a. (1994) durchgeführt wurde. Für diese Investoren stellt Werbung ebenfalls eine der wichtigsten Informationsquellen dar. Außerdem zeigen Koehler u. a. (2004) in einer experimentellen Studie, dass beworbene Fonds von potenziellen Investoren tatsächlich verstärkt gekauft werden.

Der Einfluss von Werbung auf die Nachfrage nach Fonds wird empirisch erstmals von Jain und Wu (2000) untersucht. Sie werten 294 zwischen Juni 1994 und Juni 1996 in *Barron's* und *Money* beworbene Fonds aus und zeigen, dass diese Fonds signifikant höhere Zuflüsse aufweisen als ansonsten vergleichbare Fonds, die nicht beworben werden. In einer umfassenderen Studie untersuchen Gallaher u. a. (2004) die Werbeausgaben aller amerikanischen Fondsfamilien von 1992 bis 2001. Sie kommen zu dem Ergebnis, dass Fonds aus Familien mit hohen Werbeausgaben wesentlich stärker wachsen als Fonds aus anderen Familien.[17] Allerdings ist der Zusammenhang zwischen Werbeausgaben und Zuflüssen konvex. Bei der Entscheidung über die Werbeausgaben sollte eine Fondsgesellschaft also beachten, dass sich der positive Einfluss auf die Zuflüsse im Wesentlichen auf die Fonds der Familien mit den höchsten Werbeausgaben beschränkt. Bei Familien mit niedrigen oder mittleren Werbeausgaben gibt es dagegen keinen signifikanten Einfluss der Ausgaben auf das Wachstum. Daraus lässt sich der Schluss ziehen, dass Fondsgesellschaften entweder massiv oder gar nicht werben sollten.

Werbung kann informative oder 'überredende' Funktionen erfüllen.[18] Wenn Werbung informativ ist, dann transportiert sie Informationen über die Charakteristika eines Produktes (Bagwell und Ramey (1994)) oder dient als Signal für überlegene Produktqualität (Schmalensee (1978), Kihlstrom und Riordan (1984) und Milgrom und Roberts (1986)). Werbung kann aber auch die Nachfrage nach einem Produkt beeinflussen, indem Konsumenten zum Kauf dieses Produktes 'überredet' werden.[19]

Bei Investmentfonds ist Werbung dann informativ, wenn durch sie wesentliche Eigenschaften des Fonds kommuniziert werden. Dies sind vor allem Informationen über vergangene Rendite und Risiko, sowie über die mit dem Kauf des Fonds verbundenen Kosten. Jones und Smythe (2003) werten 619 Anzeigen aus dem amerikanischen Wirtschaftsmagazin *Money* aus den Jahren 1979, 1989 und 1999 aus. Sie finden zwar in einigen Anzeigen potenziell nützliche Informationen für Fondsinvestoren, vor allem über die vergangene Rendite. Allerdings gibt es nur wenige Anzeigen, die Informationen über die Gebührenbelastung enthalten, und fast keine Anzeigen, in denen das Risiko des Fonds

---

17 Reuter und Zitzewitz (2004) untersuchen den Zusammenhang zwischen den Werbeausgaben von Fondsfamilien in bestimmten Zeitschriften und den Fondsempfehlungen in diesen Publikationen. Sie finden einen positiven Zusammenhang und vertreten die Auffassung, dass Werbung nicht nur direkt auf die Nachfrage wirkt, sondern auch über eine mögliche Beeinflussung von Fondsempfehlungen in diesen Medien.

18 Eine ausführliche Analyse der ökonomischen Funktionen von Werbung auf Produktmärkten findet sich in Bagwell (2003).

19 Diese *persuasive view* wird von Braithwaite (1928), Robinson (1933) und Kaldor (1950) vertreten.

angesprochen wird. Zu einem ähnlichen Ergebnis kommen Huhmann und Bhattacharyya (2004), die über 500 Werbeanzeigen von Fonds in den Wirtschaftsmagazinen *Money* und *Barron's* auswerten. Sie stellen ebenfalls fest, dass die meisten der Anzeigen keine oder zumindest nicht alle Informationen enthalten, die Investoren benötigen, um eine informierte Entscheidung über eine Fondsanlage zu treffen. Aus diesen Studien lässt sich schließen, dass Fondswerbung zu einem Großteil nicht informativ ist.[20]

Bezüglich der Inhalte von Werbeanzeigen erstaunt, dass Fondswerbung in der Realität so wenig Informationen transportiert. Dies scheint nach einer Studie von Kong (2002) jedoch aus Sicht der Fondsgesellschaft rational. In dieser Studie wird gezeigt, dass informative Werbung (in diesem Fall definiert als Anzeigen, die Informationen zur vergangenen Performance enthalten) in einer ähnlichen Stichprobe wie sie in Jain und Wu (2000) verwendet wird keinen positiven Einfluss auf die Fondsnachfrage haben. Dies lässt vermuten, dass der positive Einfluss, den Jain und Wu (2000) dokumentieren, vor allem von nicht-informativer Werbung ausgeht.

Es ist jedoch zu beachten, dass die Tatsache, dass ein Fonds Werbung betreibt, selbst informativ sein kann, falls sie ein Signal über die Produktqualität darstellt. Dies gilt selbst dann, wenn in der Werbung keine tatsächlichen Informationen über das Produkt kommuniziert werden. Einem Argument von Nelson (1970) und (1974) folgend zeigen Milgrom und Roberts (1986) in einem theoretischen Modell, dass hohe Werbeausgaben für ein bestimmtes Produkt ein positives Signal über dessen Qualität darstellen können. Gilt diese Hypothese, so sollten beworbene Fonds eine bessere Performance liefern als andere Fonds. Diese Hypothese wird von der empirischen Literatur jedoch nicht gestützt. Jain und Wu (2000) kommen zu dem Ergebnis, dass die von ihnen untersuchten Fonds, nachdem sie beworben wurden, keine bessere Performance liefern als vergleichbare Fonds. Im Fondsmarkt stellt Werbung also kein Signal für hohe Produktqualität dar, die sich in überlegener zukünftiger Performance niederschlägt.

Obwohl bei Fondswerbung der informative Anteil im Allgemeinen relativ gering ist, hat Werbung doch einen starken Einfluss auf die Nachfrage nach Fonds. Dies kann dadurch erklärt werden, dass Fonds mit ihrer Werbung entweder die Gefühle der Anleger

[20] Ein ähnliches Ergebnis findet Cronqvist (2003) für den schwedischen Markt. In einer Auswertung von 601 Printanzeigen aus Deutschland findet Juretzki (2004), dass fast 40% aller Anzeigen zu Fonds keinerlei Produktinformationen enthalten.

ansprechen und somit bei diesen positive Assoziationen mit dem Fonds hervorrufen oder Scheininformationen liefern, die von potenziellen Investoren als positive Information wahrgenommen werden.[21]

2.1.3.2 Namensgebung

Wird ein Fonds neu gegründet, so muss die Fondsfamilie darüber entscheiden, welchen Namen sie diesem Fonds geben will. Fast alle Fonds tragen Namen, in denen sich das Anlageziel oder der Anlageschwerpunkt des Fonds widerspiegelt. In der Regel enthält der Name des Fonds auch den Namen der Familie, zu der er gehört. Ein Beispiel ist der Fondsname *Vanguard US Growth*. Dieser zur *Vanguard* Familie gehörende Fonds investiert in US-amerikanische Wachstumswerte. Weniger verbreitet sind dagegen Fonds mit Fantasienamen, wie etwa der Fonds *Fidelity Magellan*. Fonds mit solchen Namen sind meist relativ alt und sehr etabliert. Abgesehen von den zuletzt genannten Fonds, mit denen die Anleger in der Regel ohnehin sehr gut vertraut sind, versuchen Fondsfamilien also über den Namen Informationen über den entsprechenden Fonds zu transportieren.

Ebenfalls anzutreffen sind Fonds, die nach ihrem Manager benannt sind. In diesem Fall trägt meist auch die Familie den Namen dieses Managers, wie etwa bei den zur *Baron Funds* Familie gehörenden Fonds *Baron Asset Fund* und *Baron Growth Fund*, die beide von Ron Baron verwaltet werden. Diese Familien wurden in der Regel von dem entsprechenden Manager gegründet, der oft auch ein bedeutender Anteilseigner der Fondsgesellschaft ist. Diese Gründer waren vorher meist erfolgreiche Fondsmanager oder Analysten bei einer anderen Fondsfamilie. Durch die Nennung ihres Namens versuchen sie, von ihrer hohen Popularität zu profitieren. Außerdem kann die Tatsache, dass ein Manager mit einem Namen für den Fonds einsteht, ein Zeichen von Seriosität sein und auf das persönliche Engagement des Managers hinweisen.[22]

Kaum anzutreffen sind nach ihrem Manager benannte Fonds, wenn der Manager nicht gleichzeitig auch Gründer oder Anteilseigner der Gesellschaft ist. Dies ist wenig über-

---

[21] Beispiele für Scheininformationen mittels irreführender Performanceangaben finden sich in Haslem (2003), S. 73f. Siehe dazu auch Feuerborn (2001) und Arteaga u. a. (1998). Wie Fondsgesellschaften die Risiko-Rendite Wahrnehmung von Anlegern durch Werbung beeinflussen können, wird ausführlich in Jordan (2004) besprochen.

[22] In einer empirischen Studie findet Luo (2003) Evidenz dafür, dass nach ihrem Manager benannte Fonds tatsächlich eine bessere Performance erzielen als ansonsten vergleichbare Fonds.

raschend, da eine solche Benennung eine Investition in das individuelle Humankapital des Managers darstellt, die nicht firmengebunden ist.[23] Daher kann genau der oben beschriebene Effekt auftreten: Der Manager wird bekannt, kann eine eigene Fondsfamilie gründen, und das in ihn investierte Humankapital in eine andere Gesellschaft einbringen.

Fondsfamilien haben auch die Möglichkeit, den Namen ihrer Fonds zu ändern. Cooper u. a. (2004) berichten, dass im Zeitraum von 1994 bis 2001 bei fast 300 Fonds von dieser Möglichkeit Gebrauch gemacht wurde. Es gibt zwei Gründe, warum eine Fondsfamilie den Namen eines Fonds ändern möchte. 1. Der Fonds hat in der Vergangenheit eine schlechte Performance erzielt und die Fondsfamilie möchte nicht, dass der Fonds weiterhin mit dieser schlechten Historie in Verbindung gebracht wird. Diese Begründung scheint jedoch eine untergeordnete Rolle zu spielen. Cooper u. a. (2004) finden keinen signifikanten Einfluss der vergangenen Performance auf die Wahrscheinlichkeit einer Namensänderung. 2. Der Name des Fonds enthält einen Anlagestil, der momentan nicht gefragt ist. Durch die Änderung des Namens erhofft man sich eine höhere Nachfrage. Hierbei kann der Fonds entweder tatsächlich den Anlagestil ändern, und dies durch die Namensänderung signalisieren, oder es handelt sich um eine rein kosmetische Namensänderung. Im letzten Fall versucht der Fonds lediglich den Anschein zu erwecken, er verfolge nun eine andere Strategie, obwohl er dies tatsächlich gar nicht tut. Cooper u. a. (2004) finden starke Evidenz dafür, dass Familien ihre Fonds oft in der Weise umbenennen, dass der Name nach der Änderung einen Anlagestil suggeriert, der zur Zeit stark gefragt ist. Dies führt in der Folge tatsächlich zu signifikant höheren Zuflüssen, selbst wenn sich der Anlagestil des Fonds gar nicht geändert hat. Diese starke Reaktion der Fondszuflüsse auf eine nur kosmetische Namensänderung deutet darauf hin, dass Fondsinvestoren nicht vollständig rational handeln.[24]

2.1.4 Sonstige Entscheidungen der Fondsfamilie

2.1.4.1 Personalpolitik

Unter der Personalpolitik einer Fondsfamilie ist die Entscheidung über die Einstellung, Beförderung, Herabstufung und Entlassung von Managern, die Zuteilung von Managern mit bestimmten Eigenschaften zu bestimmten Fonds, die Entscheidung, ob Teams-

[23] Zur Theorie firmenspezifischer und nicht-firmenspezifischer Humankapitalinvestitionen vgl. Becker (1962), Hashimoto (1981), Katz und Ziderman (1990) und Kessler und Lülfesmann (2002).

[24] Hinweise auf irrationales Investorenverhalten finden sich bspw. auch Capon u. a. (1996) und Hortacsu und Syverson (2004).

oder Einzelmanager zur Fondsverwaltung eingesetzt werden, und die Lohnsetzung zu verstehen. Zu diesen Themenfeldern gibt es in der Literatur zu Fondsfamilien nur wenige Arbeiten. Diese lassen sich im Wesentlichen in vier Gruppen einteilen. Zum einen finden sich Arbeiten, in denen die Beförderungs- und Herabstufungs- bzw. Entlassungsentscheidungen bei Fondsgesellschaften untersucht werden. Zum anderen gibt es Literatur, die sich mit dem Zusammenhang zwischen Managereigenschaften und Performance beschäftigt. Diese Literatur wird ergänzt durch eine dritte Gruppe von Arbeiten zur Performance von Teams im Vergleich zur Performance von Einzelmanagern. Schließlich gibt es einige wenige Arbeiten zur Lohnpolitik von Fondsgesellschaften.

Beförderungs- und Entlassungsentscheidungen

Die erste Arbeit, in der Managerwechsel bei Fonds untersucht werden, ist Khorana (1996). Er untersucht 339 Fonds, bei denen zwischen 1979 und 1992 ein Managerwechsel stattgefunden hat, und vergleicht diese Fonds mit einer Kontroll-Stichprobe von 4.830 ansonsten ähnlichen Fonds ohne Managerwechsel. Es stellt sich heraus, dass die Wahrscheinlichkeit für einen Managerwechsel von der vergangenen Performance abhängt. Je schlechter ein Fonds in der Vergangenheit war, desto höher ist die Wahrscheinlichkeit für einen Managerwechsel. Auch Ding und Wermers (2004) stellen vor einem Managerwechsel eine unterdurchschnittliche Performance der entsprechenden Fonds fest.[25] Dies Ergebnisse deuten darauf hin, dass schlechte Fondsmanager durch Entlassung oder Versetzung bestraft werden. Allerdings findet sich in Khorana (1996) und Ding und Wermers (2004) kein Ansatz zur Unterscheidung zwischen Beförderungen und Entlassungen bzw. Herabstufungen oder Pensionierungen, sondern es werden alle Managerwechsel gleich behandelt. In einem verwandten Papier mit der gleichen Datenbasis stellt Khorona (2001) außerdem fest, dass sich die Performance bei Fonds mit Managerwechseln nach dem Wechsel verbessert, wenn der Manager zuvor eine unterdurchschnittliche Performance erzielte. Dagegen sinkt die Performance eines Fonds nach einem Managerwechsel, wenn der Manager zuvor eine überdurchschnittliche Performance gezeigt hat.

Chevalier und Ellison (1999b), Hu u. a. (2000) und Evans (2004) versuchen, einen Managerwechsel entweder als Beförderung oder Herabstufung bzw. Entlassung zu klassifizieren. Chevalier und Ellison (1999b) stellen fest, dass vor allem Manager mit un-

[25] Ähnliche Ergebnisse werden in Gallagher (2003), Gallagher und Nadarajah (2003) und (2004) und Gallagher u. a. (2005) auch für den australischen Markt berichtet.

terdurchschnittlicher Performance ausgetauscht werden. Sie untersuchen auch gesondert eine Teilstichprobe von Managerwechseln, bei denen sie von einer Beförderung ausgehen. Dies unterstellen sie, wenn der Manager nach dem Verlassen des Fonds wieder als Manager eines größeren Fonds im Datensatz auftaucht. Für diese Fälle finden sie einen positiven Einfluss der vergangenen Performance auf die Wahrscheinlichkeit eines Managerwechsels. Zu einem ähnlichen Ergebnis kommen auch Hu u. a. (2000) und Evans (2004).

Farnsworth und Taylor (2004) berichten ebenfalls, dass Fondsmanager in einer Umfrage eine unterduchschnittliche Performance als einen der wichtigsten Entlassungsgründe angeben. Allerdings wird in der gleichen Studie auch erwähnt, dass ein Verstoß gegen die Verhaltensrichtlinien der Gesellschaft (*Code of Conduct*) aus Sicht der Manager den wichtigsten Entlassungsgrund darstellt.[26]

Einfluss von Managereigenschaften

Die Rolle des Managers für den Erfolg des Fonds wird oft als sehr zentral angesehen, da er für die Portfolioentscheidungen verantwortlich ist. Allerdings zeigt Baks (2003), dass die Performance eines Fonds nur zu einem geringen Teil von der Person des Fondsmanagers abhängt. Wichtiger sind die Eigenschaften des Fonds selbst. Dennoch gibt es einige Arbeiten, die sich mit dem Einfluss bestimmter Eigenschaften von Fondsmanagern auf die Performance der von ihnen geleiteten Fonds beschäftigen. Dabei werden das Alter, die Ausbildung, die Erfahrung und das Geschlecht der Manager als mögliche Einflussgrößen untersucht.

Golec (1996) und Chevalier und Ellison (1999a) finden, dass das Alter eines Managers einen negativen Einfluss auf die Performance von Fonds hat. Die bisherige Beschäftigungsdauer des Managers bei dem Fonds hat dagegen einen positiven Einfluss auf die Performance (Golec (1996), Chevalier und Ellison (1999a) und Gottesman und Morey (2004)).

Bezüglich der Ausbildung der Manager findet Golec (1996) einen positiven Einfluss einer MBA-Ausbildung des Managers auf die Performance des entsprechenden Fonds. Der Einfluss des MBA-Abschlusses ist allerdings in Chevalier und Ellison (1999a)

[26] Für ein theoretisches Modell zum optimalen Entlassungszeitpunkt für Fondsmanager vgl. Dangl u. a. (2005).

insignifikant. Diese Autoren korrigieren in ihrer Studie um den Einfluss der Qualität der Institution, an der ein Manager seinen Bachelor-Abschluss gemacht hat. Gottesman und Morey (2004) finden ebenfalls keinen Unterschied zwischen der mittleren Performance von Managern mit und ohne MBA-Abschluss. Allerdings finden sie einen positiven Einfluss eines MBA-Abschlusses, wenn der Abschluss von einer guten Universität (gemessen über den GMAT-Score des MBA Programms) stammt. Hat ein Manager dagegen seinen MBA-Abschluss an einer Universität mit einem niedrigen GMAT-Score abgelegt, so hat dies einen negativen Einfluss auf seine Performance. Manager mit einem solchen Abschluss liefern sogar eine schlechtere Performance als Manager ohne MBA.[27] Ob es für eine Fondsgesellschaft sinnvoll ist, möglichst hochqualifizierte Manager einzusetzen, ist dagegen eine offene Frage. Zwar scheinen diese eine bessere Performance zu generieren, allerdings sind die Lohnkosten für diese Manager möglicherweise auch höher. Ob die Qualität des Abschlusses außerdem einen zusätzlichen Einfluss auf die Nachfrage nach diesen Fonds hat - also von den Anlegern als ein über die vergangene Performance hinausgehendes positives Signal betrachtet wird - ist eine offene empirische Frage, die bislang nicht untersucht wurde.

Der Einfluss des Geschlechts eines Managers auf die Performance von Fonds wird in zwei Papieren untersucht. Atkinson u. a. (2003) betrachten Rentenfonds und finden keine signifikanten Unterschiede in der Performance und im Risikoverhalten zwischen von Männern und von Frauen verwalteten Fonds. Bliss und Potter (2001) finden ebenfalls keinen Einfluss des Geschlechts auf die Performance. Zwar ist die Rendite von Fonds mit weiblichen Managern etwas höher als die Rendite von Fonds mit männlichen Managern. Allerdings ist das Risiko bei letzteren auch niedriger.

Zusammenfassend lässt sich sagen, dass es zwar einen statistisch signifikanten Einfluss bestimmter Managereigenschaften auf die Performance von Fonds gibt. Dieser ist jedoch ökonomisch meist nur von geringer Bedeutung. Dies ist vielleicht einer der Gründe dafür, dass es bislang keine Arbeiten darüber gibt, wie eine Fondsgesellschaft Manager mit bestimmten Eigenschaften zu Fonds mit spezifischen Charakteristika zuteilt.

[27] Shukla und Singh (1994) finden außerdem einen positiven Einfluss eines CFA Abschlusses auf die Performance von Fondsmanagern, der allerdings in der umfassenderen Studie von Gottesman und Morey (2004) nicht bestätigt wird.

Team vs. Einzelmanagement

Eine wichtige Entscheidung im Rahmen der Personalpolitik ist auch, ob die Fondsgesellschaft einen bestimmten Fonds von einem Managementteam oder von einem Einzelmanager leiten läßt. Zu den Determinanten von Team- vs. Einzelmanagement gibt es bislang nur eine Studie: Bär u. a. (2005) untersuchen Determinanten, die erklären können, welche Fonds von Teams bzw. von Einzelmanagern geleitet werden. Erstaunlicherweise spielen die Eigenschaften des Fonds selbst eine relativ geringe Rolle. Es gibt jedoch Familien, die fast nur Teams einsetzen, während andere Familien fast ausschließlich Einzelmanager einsetzen. Weniger als die Eigenschaften der konkreten Aufgaben, die in einem bestimmten Fonds anfallen, scheint also die Managementphilosophie der Gesellschaft die Managementstruktur einzelner Fonds zu determinieren. Fondsfamilien treffen die Entscheidung über Einzel- oder Teammanagement in der Regel für alle Fonds gleich.

Die Konsequenzen von Teammanagement werden in Golec (1996), Prather u. a. (2001), Prather u. a. (2004) und Bär u. a. (2005) untersucht. Alle Studien kommen zu dem Ergebnis, dass die Managementstruktur keinen signifikanten Einfluss auf die Performance hat. Bär u. a. (2005) untersuchen auch die Performancepersistenz von teamgemanagten Fonds und finden keine signifikanten Unterschiede zu einzelgemanagten Fonds. Allerdings finden sie, dass die von Teams verwalteten Fonds über die Zeit eine geringere Variation ihrer Faktor-Loadings aufweisen.[28] Dies werten Bär u. a. (2005) als Evidenz für eine stärkere Stil-Persistenz von Teams im Vergleich zu Einzelmanagern.[29]

Lohnpolitik

Zur Entlohnung von individuellen Fondsmanagern durch die Fondsgesellschaft gibt es bislang nur sehr wenige Arbeiten. Dies kann damit begründet werden, dass es hierzu praktisch keine öffentlich verfügbaren Informationen gibt. Eine Ausnahme stellt das Papier von Farnsworth und Taylor (2004) dar. Diese Autoren haben eine Umfrage unter fast 400 Fondsmanagern durchgeführt. Sie finden folgende Ergebnisse: Bei allen Managern setzt sich die Entlohnung aus einem Grundgehalt zuzüglich eines eventuell

---

28 Unter Faktor-Loadings sind die Beta-Faktoren einer linearen Regression der Renditezeitreihe eines Fonds auf verschiedene Faktoren zu verstehen. Diese Faktoren können mit bestimmten Investmentstilen (z.B. Momentum-Strategie) identifiziert werden.

29 Zur Stil-Persistenz bei Aktienfonds im Allgemeinen vgl. auch Brown und Harlow (2004).

gezahlten Bonus zusammen. Der Bonus macht dabei durchschnittlich etwa 45% der Gehaltszahlung aus. Er wird jedoch in der Regel nicht nach einer festen Formel in Abhängigkeit der vergangenen Performance berechnet. Stattdessen spielen Faktoren wie die Gesamtrentabilität der Fondsgesellschaft eine große Rolle für die Bonuszahlungen. Das Grundgehalt hängt positiv von der Größe des Fonds und der Erfahrung des Managers und in geringerem Maße von der vergangenen Performance des Managers ab. Ein positiver Zusammenhang zwischen dem verwalteten Vermögen und der Entlohnung eines Managers wird auch in Khorana (1996) bestätigt.

2.1.4.2 Informationspolitik

Unter der Informationspolitik einer Fondsgesellschaft wird verstanden, wieviele Informationen sie über ihre Fonds bekanntgibt. Durch gesetzliche Bestimmungen sind Fonds in den USA verpflichtet, in fest definierten Abständen das komplette vom Fonds gehaltene Portfolio zu veröffentlichen. Allerdings kann die Fondsgesellschaft für ihre Fonds auch freiwillig eine höhere Veröffentlichungsfrequenz wählen. Ge und Zheng (2005) zeigen, dass die Entscheidung über die Veröffentlichungsfrequenz von der Fondsgesellschaft für alle ihre Fonds einheitlich getroffen wird.

Eine höhere Frequenz der Veröffentlichung der Portfoliogewichte des Fonds führt dazu, dass Investoren die Performance des Fonds mit höherer Präzision bestimmen können.[30] Aus diesem Grund ist zu vermuten, dass Investoren an einer möglichst hohen Veröffentlichungsfrequenz interessiert sein sollten. Dennoch veröffentlichen viele Fonds ihre Gewichte nur mit der gesetzlich vorgeschriebenen Mindestfrequenz. Es ist möglich, dass sie damit eine präzise Performancemessung ihrer Fonds verhindern möchten, wenn diese damit als besonders schlecht identifiziert werden können. In diesem Fall sollten Investoren jedoch nur Fonds mit hoher Veröffentlichungsfrequenz kaufen. Damit würden alle Gesellschaften vom Markt diszipliniert werden, ihre Gewichte auf hoher Frequenz zu veröffentlichen. Es gibt jedoch aus Sicht der Investoren auch Gründe, auf eine hohe Veröffentlichungsfrequenz zu verzichten. Als mögliche Gründe nennt Wermers (2001):
1. Andere Marktteilnehmer können mittels dieser Informationen zumindest teilweise antizipieren, welche Kauf- und Verkaufsaufträge ein Fonds geben wird. Dies kann zu 'front-running' anderer Marktteilnehmer und in der Folge zu höheren Preiseinflusskosten

[30] Zur Auswirkung der Veröffentlichungsfrequenz auf die Performancemessung vgl. Kempf und Kreuzberg (2004).

für Fonds führen. 2. Andere Investoren können die Handelsstrategie eines erfolgreichen Fonds kopieren. Der Fonds profitiert dann nicht in vollem Maße von seinen Forschungsergebnissen, trägt aber die gesamten Kosten. Dieses Argument wird von Myers u. a. (2001) bestätigt. Sie finden, dass Fonds, die andere Fonds nachahmen, eine statistisch nicht von diesen unterscheidbare Performance vor Kosten erreichen können; allerdings müssen die nachahmenden Fonds nicht die Kosten für die Informationsbeschaffung aufwenden, die vom nachgeahmten Fonds getragen werden müssen.[31,32]

Die Konsequenzen der tatsächlichen Veröffentlichungsfrequenz werden in Ge und Zheng (2005) empirisch untersucht. Sie stellen fest, dass eine hohe Veröffentlichungsfrequenz negative Auswirkungen auf die Performance von guten Fonds hat. Dies spricht für die oben angeführten Argumente gegen eine höhere Veröffentlichungsfrequenz.

Fondsinvestoren scheinen sich nach den Ergebnissen von Ge und Zheng (2005) nur für eine hohe Transparenz zu interessieren, wenn die Performance des Fonds nicht überdurchschnittlich ist. Für die besten 20% der Fonds finden die Autoren keinen signifikanten Zusammenhang zwischen Veröffentlichungsfrequenz und Zuflüssen. Für die übrigen Fonds gibt es einen positiven Zusammenhang, der allerdings hauptsächlich von den schlechtesten 20% der Fonds getrieben wird. Ist die Performance eines Fonds sehr schlecht, so legen die Investoren größeren Wert auf Transparenz. Ansonsten scheinen sie sich wenig für die Veröffentlichung der Portfoliozusammensetzung zu interessieren.

2.1.4.3 Intrafamiliäre Quersubventionen

In einer rechtlichen Grauzone befinden sich Fondsfamilien, die versuchen, die Performance von einzelnen Fonds auf Kosten der anderen Fonds in der Familie zu verbessern. Da das Wachstum eines Fonds positiv-konvex von seiner vergangenen Performance abhängt (Sirri und Tufano (1998)), können die Zuflüsse in einen bereits überdurchschnittlichen Fonds durch eine Verbesserung der Performance überproportional erhöht werden.[33] Die Netto-Zuflüsse eines unterdurchschnittlichen Fonds leiden dagegen durch eine weitere Verschlechterung der Performance aufgrund der konvexen Beziehung zwischen Perfor-

31 Vgl. hierzu auch Frank u. a. (2004).

32 Zur optimalen Veröffentlichungspolitik von Fonds vgl. Prat (2003) und bei endogener Informationsbeschaffung auch George und Hwang (2005). Die optimale Veröffentlichungspolitik von Hedgefonds wird in Ko (2005) untersucht.

33 Die konvexe Performance-Zufluss Beziehung wird ausführlich in Abschnitt 3.2 behandelt.

mance und Zuflüssen nur in geringem Maße. Eine Fondsgesellschaft kann also durch Quersubventionen von schlechten hin zu guten Fonds ihre aggregierten Zuflüsse erhöhen.[34]

Eine Fondsgesellschaft hat verschiedene Möglichkeiten, Performance zwischen Fonds zu verschieben. Zunächst kann sie die besten Anlageideen nur ausgewählten Fonds zukommen lassen, die diese dann optimal ausnutzen können. Außerdem hat die Fondsgesellschaft einen Spielraum, günstige Neuemmissionen bestimmten Fonds zuzuteilen. Schließlich kann die Leitung der Gesellschaft auch die Strategien einzelner Fonds koordinieren, um die Handelskosten eines bestimmten Fonds zu minimieren. In diesem Fall nimmt der Fonds, dessen Performance auf Kosten eines anderen Fonds vermindert werden soll, die gegengesetzte Marktseite dieses anderen Fonds ein, um so dessen Preiseinflusskosten möglichst gering zu halten. Die Ergebnisse der empirischen Studien von Löffler (2003), Gaspar u. a. (2004), Guedj und Papastaikoudi (2004) und Reuter (2004) legen nahe, dass Fondsgesellschaften diese Möglichkeiten zur Quersubventionierung tatsächlich in der Vergangenheit in der vermuteten Art und Weise genutzt haben: Gute Fonds wurden auf Kosten von schlechten Fonds gefördert.

2.1.5 Zwischenfazit

Die in den vorangegangenen Abschnitten vorgelegte Analyse zeigt, dass verschiedene Aspekte der Unternehmenspolitik von Fondsgesellschaften in der Literatur behandelt wurden. Insbesondere zu den Bereichen Produktpolitik, Preispolitik und Marketing liegen inzwischen einige Arbeiten vor. Diese Arbeiten aus verschiedenen Teildisziplinen der Wirtschaftswissenschaften wurden hier erstmals gemeinsam vorgestellt.

Die Darstellung zeigt jedoch auch, dass die Literatur zu Fondsfamilien noch einige Fragen unbeantwortet gelassen hat. Insbesondere im Rahmen der Preispolitik beobachtet man in der Realität bei Fonds einige interessante Phänomene, die bislang nicht theoretisch untersucht wurden. Diese Lücken in der Literatur zu schliessen ist Aufgabe des folgenden Abschnitts, in dem verschiedene Aspekte der Gebührensetzung von Investmentfonds in einem theoretischen Modell genauer analysiert werden.

---

[34] Der positive Effekt einer solchen Quersubventionierung wird noch durch den ebenfalls in Abschnitt 3.2 näher beschriebenen Spillover-Effekt verstärkt: von einer sehr guten Performance eines bestimmten Fonds profitiert nicht nur dieser Fonds durch höhere Zuflüsse, sondern auch die anderen Fonds einer Familie. Dagegen geht von extrem schlechten Fonds kein negativer Spillover-Effekt auf die anderen Fonds der Familie aus (Nanda u. a. (2004)).

2.2 Optimale Gebührenstruktur

Wie die Ausführungen bezüglich der Literatur zur Preissetzung in Abschnitt 2.1.2 gezeigt haben, gibt es bislang kein theoretisches Modell, in dem laufende und einmalige Fondsgebühren simultan optimiert werden.[35] Im Folgenden wird ein Modell entwickelt, in dem genau dieses Problem gelöst wird. Es wird gezeigt, wie eine gewinnmaximierende Fondsgesellschaft gleichzeitig Ausgabeaufschläge und laufende Gebühren optimal setzen kann.

Die folgenden Ausführungen zeigen, dass die gleichzeitige Setzung von laufenden Gebühren und Ausgabeaufschlägen unter realistischen Annahmen zu einer starken Erhöhung des Gewinns im Vergleich zu dem Fall führt, in dem nur über eine der beiden Gebührenarten optimiert wird. Somit liefert der vorliegende Modellansatz eine Erklärung dafür, wieso in der Realität so viele Fonds eine Kombination aus laufenden Gebühren und einmaligen Gebühren erheben.

Außerdem wird untersucht, ob und wie es der Fondsgesellschaft durch die Auflage unterschiedlicher Anlageklassen für einen Fonds gelingen kann, verschiedene Anlegergruppen zu separieren und so den Gewinn zu erhöhen. Obwohl inzwischen bereits über 46% aller Fonds mehrere Anlageklassen anbieten und insgesamt mehr als zwei Drittel des gesamten Aktienfondsvolumens in solchen Fonds verwaltet werden (vgl. Abbildung 2.4 in Abschnitt 2.1.2), gibt es bislang kein Modell, das diese Fragestellung untersucht. Es zeigt sich, dass eine Separierung alleine über die Gebührensetzung unter bestimmten Voraussetzungen bei Mehrklassenfonds möglich ist. Dies führt jedoch im vorliegenden Modellrahmen nicht zu einer Erhöhung des Gewinns.

Das hier vorgestellte Modell folgt Chordia (1996), indem von einer monopolistischen Fondsgesellschaft ausgegangen wird. Obwohl Eintrittsbarrieren auf dem Fondsmarkt nicht sehr hoch sind (Makadok (1998), Chordia (1996)), weist die Tatsache, dass Gebühren bei sehr ähnlichen Fonds teilweise erheblich variieren, darauf hin, dass Fonds in der Realität eine gewisse Monopolmacht ausüben können (Elton u. a. (2004a) und Hortacsu und Syverson (2004)). Dieses Argument findet Unterstützung durch eine empirische Studie von Luo (2002), in der gezeigt wird, dass ein großer Bestandteil der

[35] In den in Abschnitt 2.1.2 vorgestellten Arbeiten wird zwar eine sog. Verwaltungsgebühr betrachtet, die allerdings nur einmalig erhoben wird.

Gebühren durch Gewinnmargen erklärt werden kann. Daher scheint die Modellierung des Fondsmarktes unter der Monopolannahme geeigneter als eine Modellierung unter der Annahme vollständiger Konkurrenz.

Die konkrete Anlagepolitik des Fonds wird im vorliegenden Modell als exogen gegeben und von der Gebührenstruktur unabhängig angenommen. Dies erlaubt es, die Auswirkungen verschiedener Gebührenstrukturen isoliert und unabhängig von der Anlagepolitik zu untersuchen.

Das Modell wird in verschiedenen Schritten entwickelt. Zunächst wird in einem ersten Schritt untersucht, wie eine Fondsgesellschaft Ausgabeaufschläge optimal setzen kann (Abschnitt 2.2.1).[36] Es zeigt sich, dass es alleine durch die Setzung von Ausgabeaufschlägen im Allgemeinen nicht möglich ist, alle Investorenrenten abzuschöpfen. Dies deutet an, dass es noch Potential für eine Gewinnsteigerung gibt. Zudem wird gezeigt, dass es in dem vorliegenden Modellrahmen keinen Mechanismus gibt, um verschiedene Investorengruppen mit unterschiedlichen Haltedauern alleine durch die Setzung unterschiedlicher Ausgabeaufschläge zu separieren.

In einem zweiten Schritt wird untersucht, wie eine Fondsgesellschaft Ausgabeaufschläge und laufende Gebühren optimal kombinieren kann (Abschnitt 2.2.2). Die Resultate zeigen, dass eine Fondsgesellschaft in der Regel durch die Kombination von laufenden und einmaligen Gebühren ihren Gewinn im Vergleich zur alleinigen Setzung von Ausgabeaufschlägen erhöhen kann. Durch die Kombination von laufenden und einmaligen Gebühren ist es zudem möglich, verschiedene Investorengruppen zu separieren.

2.2.1 Ausgabeaufschläge

In diesem Abschnitt wird betrachtet, wie eine Fondsgesellschaft Ausgabeaufschläge unter unterschiedlichen Voraussetzungen optimal setzen kann. Zunächst wird zu Referenzzwecken ein Grundmodell vorgestellt (Fall A0). Darin kann der Fonds nur eine Anlageklasse anbieten. Somit wird von allen Anlegern ein einheitlicher Ausgabeaufschlag erhoben. Es gibt in diesem Fall nur eine homogene Anlegergruppe, deren Anlagedauer T Jahre beträgt. Außerdem wird im Folgenden zur Vereinfachung unterstellt, dass alle Marktteilnehmer risikoneutral sind.

---

[36] Die folgenden Ausführungen beziehen sich auf Ausgabeaufschläge, gelten jedoch in analoger Weise auch für Rücknahmegebühren.

Tabelle 2.1: Modellalternativen zur optimalen Setzung von Ausgabeaufschlägen

Betrachtete Fälle		maximal mögliche Anzahl Anlageklassen	
		eine	zwei
Alternativanlage	identisch	Fall A1	Fall A2
	typabhängig	Fall A3	Fall A4

Nach der Darstellung des Grundmodells werden vier Fälle untersucht, in denen es zwei unterschiedliche Anlegergruppen gibt. Konkret wird davon ausgegangen, dass es eine Gruppe von Anlegern gibt, die langfristig orientiert sind und einen Anlagehorizont von T^l Jahren haben. Daneben gibt es eine zweite Gruppe von Anlegern, die kurzfristig orientiert sind und deren Anlagehorizont T^k Jahre beträgt, wobei $T^k < T^l$. Die zwei Anlegergruppen können entweder den Fonds kaufen oder als Alternativanlage direkt am Aktienmarkt investieren.[37] In Hinblick auf die Alternativanlage werden zwei Varianten untersucht. Bei der ersten Modellvariante (Fälle A1 und A2) steht beiden Anlegergruppen jeweils nur eine identische Alternativanlage zur Verfügung. Bei der zweiten Modellvariante (Fälle A3 und A4) gibt es dagegen zwei mögliche Alternativanlagen. Diese beiden Anlagemöglichkeiten bieten unterschiedliche Renditen und unterscheiden sich in den Kosten, die mit einer Anlage verbunden sind. In Abhängigkeit der Haltedauern der Anlegergruppen sind diese beiden Alternativanlagen unterschiedlich attraktiv, d.h. in Abhängigkeit des Investorentyps wird eine unterschiedliche Alternativanlage präferiert. Die Alternativanlage ist somit typabhängig.

In Hinblick auf die Gebührenstruktur werden ebenfalls zwei alternative Modellierungsansätze betrachtet. Zum einen wird untersucht, wie der Ausgabeaufschlag optimal gesetzt wird, wenn nur eine Anlageklasse angeboten wird (Fälle A1 und A3). Zum anderen wird untersucht, welche Ausgabeaufschläge die Fondsgesellschaft setzt, wenn sie zwei unterschiedliche Anlageklassen anbieten kann (Fälle A2 und A4).

Die sich aus den jeweils zwei Modellierungsansätzen für die Direktanlage und die Anlageklassen ergebenden vier Fälle sind in Tabelle 2.1 zusammengefasst.

37 Die Begriffe Alternativanlage und Direktanlage werden im Folgenden synonym verwendet.

Es wird zunächst eine homogene Anlegergruppe betrachtet. Diese Anleger haben eine Haltedauer von T Jahren. Sie können insgesamt eine Geldeinheit anlegen. Diese Anleger können in einen Fonds investieren, der eine Rendite von r p.a. liefert, und einen Ausgabeaufschlag von F erhebt. Alternativ ist für die Anleger auch eine Direktanlage am Aktienmarkt möglich. Diese Alternativanlage liefert eine jährlich um den Faktor $1 - p$ (mit $0 < p < 1$) geringere Rendite als der Fonds.[38] Außerdem fallen für den Kauf und Verkauf bei Direktanlage Kosten an, deren Gegenwartswert insgesamt $c > 0$ pro angelegter Geldeinheit beträgt. Um sicherzustellen, dass die Anleger überhaupt in den Fonds investieren, muss dieser also eine Rendite nach Gebühren liefern, die mindestens so groß ist wie die bei einer Direktanlage erzielbare Rendite. Dies spiegelt sich in der folgenden Teilnahmebedingung für die Anleger wieder:[39]

$$(1 - F) \cdot (1 + r)^T \geq (1 - c) \cdot (1 + r)^T \cdot (1 - p)^T. \tag{2.1}$$

Die linke Seite der Ungleichung (2.1) entspricht dem Endvermögen bei einer Anlage im Fonds, während die rechte Seite dem Endvermögen bei Direktanlage durch die Investoren entspricht.

Die Fondsgesellschaft maximiert ihren Gewinn, der sich aus den eingenommenen Ausgabeaufschlägen abzüglich der Kosten zusammensetzt. Es wird angenommen, dass der Fondsgesellschaft für die Gründung und Verwaltung des Portfolios einmalig fixe Kosten in Höhe von C entstehen.[40] Außerdem kann die Fondsgesellschaft nur nicht-negative Gebührensätze erheben. Das Optimierungsproblem der Fondsgesellschaft lautet somit:

$$\begin{aligned} \max_F \pi(F) &= F - C \qquad (2.2) \\ \text{u.d.B.} & \quad (2.1) \text{ und } F \geq 0. \end{aligned}$$

[38] Damit wird unterstellt, dass die Fondsmanager im Vergleich zu Privatanlegern eine höhere Rendite realisieren können. Dies steht in Einklang mit der in Abschnitt 3.1.1 vorgestellten Literatur, in der gezeigt wird, dass zumindest manche Fondsmanager in der Lage sind, Aktien mit einer überlegenen Rendite auszuwählen.

[39] Es wird damit angenommen, dass die Anleger bei identischer Rendite immer die Fondsanlage vorziehen.

[40] Es wird angenommen, dass die fixen Kosten C nie so hoch sind, dass sich ein negativer Gewinn ergeben würde, da sonst kein Fonds angeboten würde. Die Kosten C können dann ohne weiteren Einfluss auf die Herleitungen auf null gesetzt werden. Sie verkomplizieren die Herleitungen jedoch nicht und werden daher aus Gründen der Vollständigkeit hier weiterhin mit berücksichtigt.

Bei (2.2) handelt es sich um ein Optimierungsproblem unter Ungleichheits-Nebenbedingungen.[41] Da die Fondsgesellschaft einen möglichst hohen Ausgabeaufschlag setzen möchte, ist die Teilnahmebedingung im vorliegenden Fall bindend und der optimale Ausgabeaufschlag berechnet sich aus der mit Gleichheit geltenden Bedingung (2.1) zu

$$F^* = 1 - (1 - c) \cdot (1 - p)^T. \tag{2.3}$$

Dies führt zu einem Gewinn der Fondsgesellschaft in Höhe von

$$\pi(F^*) = 1 - (1 - c) \cdot (1 - p)^T - C. \tag{2.4}$$

Der Ausgabeaufschlag und somit der Gewinn hängt negativ von der Attraktivität der Direktanlage ab: Je geringer der Renditenachteil p und die Handelskosten c bei Direktanlage sind, desto kleiner muss der Ausgabeaufschlag sein, um gerade noch sicherzustellen, dass der Fonds für die Anleger mindestens so attraktiv wie die Direktanlage ist. Außerdem hängt der optimale Ausgabeaufschlag und somit der Gewinn negativ von der Haltedauer T ab. Der Grund hierfür ist, dass sich der Ausgabeaufschlag bei längeren Haltedauern gedanklich über einen längeren Zeitraum verteilen lässt. Im Folgenden werden die Implikationen untersucht, die sich ergeben, wenn die unrealistische Annahme von bezüglich ihrer Haltedauer völlig homogenen Anlegern aufgegeben wird.

Fall A1: Identische Alternativanlagen und einheitlicher Ausgabeaufschlag

Im Unterschied zum Grundmodell werden nun zwei Gruppen von Anlegern mit unterschiedlicher Haltedauer T^l bzw. T^k betrachtet. Beide Anlegergruppen legen jeweils 0,5 Geldeinheiten an. Es wird angenommen, dass es für die Gesellschaft immer optimal ist, beide Anlegergruppen zu bedienen.[42] Es wird zunächst der Fall betrachtet, dass nur eine Anlageklasse angeboten wird, d.h. es soll weiterhin nur ein einheitlicher Ausgabeaufschlag erhoben werden. Um beide Investorengruppen zu einer Anlage zu bewegen, müssen die folgenden Teilnahmebedingungen erfüllt werden:

[41] Solche Probleme lassen sich im Allgemeinen mit dem Kuhn-Tucker-Ansatz lösen. Zur Lösung von Kuhn-Tucker Problemen s. Mas-Colell u. a. (1995), S. 959ff. und Varian (1992), S. 503ff.

[42] Die Modellergebnisse bleiben unverändert bestehen, wenn das Anlagevolumen der Anlegergruppen voneinander abweicht. Es muss nur angenommen werden, dass beide Gruppen weiterhin ausreichend groß sind, um sicherzustellen, dass es für die Gesellschaft immer optimal ist, beide Gruppen zu bedienen.

$$(1-F)\cdot(1+r)^{T^l} \geq (1-c)\cdot(1+r)^{T^l}\cdot(1-p)^{T^l} \quad (2.5)$$

$$(1-F)\cdot(1+r)^{T^k} \geq (1-c)\cdot(1+r)^{T^k}\cdot(1-p)^{T^k}. \quad (2.6)$$

Bedingung (2.5) (Bedingung (2.6)) stellt sicher, dass sich der langfristig (kurzfristig) orientierte Anleger bei einer Anlage in den Fonds nicht schlechter stellt als bei einer Direktanlage. Das Maximierungsproblem der Fondsgesellschaft lautet:[43]

$$\max_F \pi = F - C$$

$$\text{u.d.B.} \quad (2.5),\ (2.6) \text{ und } F \geq 0.$$

Da annahmegemäß $T^k < T^l$ gilt, ist die Teilnahmebedingung für die langfristig orientierten Anleger immer erfüllt, wenn die Teilnahmebedingung der kurzfristig orientierten Anleger erfüllt ist, d.h. Bedingung (2.6) ist bindend. Diese Bedingung gilt dann mit Gleichheit und es ergibt sich als optimaler Ausgabeaufschlag

$$F^* = 1-(1-c)\cdot(1-p)^{T^k}$$

und als Gewinn

$$\pi(F^*) = 1-(1-c)\cdot(1-p)^{T^k} - C. \quad (2.7)$$

Ähnlich wie im Grundmodell hängt der Gewinn positiv von c und p ab. Da eine längere Haltedauer der kurzfristig orientierten Investoren die einzige bindende Nebenbedingung (2.6) weniger restriktiv macht, ist der Gewinn positiv von T^k abhängig. Der Gewinn hängt nicht von T^l ab, weil die Teilnahmebedingung für die langfristig orientierte Anlegergruppe (2.5) nie bindend ist ($T^l > T^k$). Die langfristig orientierten Anleger erhalten in diesem Fall eine positive Rente. Die kurzfristig orientierten Anleger erhalten dagegen keine Rente, da ihre Teilnahmebedingung bindend ist.

[43] In dieser Gewinndefinition kommt zum Ausdruck, dass die kurzfristig orientierten Anleger ihre Fondsanteile in T^k zurückgeben und es zu diesem Zeitpunkt keine neuen Fondsanleger gibt, die Fondsanteile kaufen.

Es wird nun untersucht, ob die Fondsgesellschaft die Rente der langfristig orientierten Anleger senken (und damit ihren Gewinn erhöhen) kann, wenn sie zwei Anlageklassen mit unterschiedlichen Ausgabeaufschlägen F^l und F^k anbietet. Dabei wird angenommen, dass die Kosten für den Betrieb des Fonds unabhängig von der Anzahl der angebotenen Anlageklassen weiterhin C betragen. Dies ist plausibel, da unterschiedliche Gebührenstrukturen für den gleichen Fonds ohne großen organisatorischen Aufwand angeboten werden können.

Die beiden Ausgabeaufschläge müssen so gesetzt werden, dass beide Anlegergruppen teilnehmen. Die Teilnahmebedingungen für die kurz- und langfristig orientierten Anleger lauten:

$$(1-F^k)\cdot(1+r)^{T^k} \geq (1-c)\cdot(1+r)^{T^k}\cdot(1-p)^{T^k} \quad (2.8)$$

$$(1-F^l)\cdot(1+r)^{T^l} \geq (1-c)\cdot(1+r)^{T^l}\cdot(1-p)^{T^l}, \quad (2.9)$$

wobei F^l (F^k) den für langfristig (kurzfristig) orientierte Anleger vorgesehenen Ausgabeaufschlag bezeichnet. Um sicherzustellen, dass die Anlegergruppen die jeweils für sie vorgesehene Anlageklasse wählen, muss außerdem die Anlage in den Fonds mit Ausgabeaufschlag F^k (F^l) für kurzfristig (langfristig) orientierte Anleger attraktiver sein als eine Anlage in den Fonds mit Ausgabeaufschlag F^l (F^k). Dies wird über die folgenden Selbstselektionsbedingungen für die kurz- und langfristig orientierten Anleger sichergestellt. Damit die kurzfristig orientierten Anleger den Fonds mit dem Ausgabeaufschlag F^k wählen, muss

$$(1-F^k)\cdot(1+r)^{T^k} \geq (1-F^l)\cdot(1+r)^{T^k} \quad (2.10)$$

gelten. Entsprechend muss für die die langfristig orientierten Anleger die Selbstselektionsbedingung

$$(1-F^l)\cdot(1+r)^{T^l} \geq (1-F^k)\cdot(1+r)^{T^l} \quad (2.11)$$

gelten. Das Optimierungsproblem der Fondsgesellschaft lautet somit

$$\max_{F^k,F^l} \pi = \frac{F^k + F^l}{2} - C$$
$$\text{u.d.B.} \quad (2.8) \text{ bis } (2.11) \text{ und } F \geq 0.$$

Die Selbstselektionsbedingungen (2.10) und (2.11) können nur für den Fall $F^l = F^k$ beide erfüllt werden. Sie sind dann ohne ökonomische Bedeutung, da nur eine einheitliche Anlageklasse angeboten wird. Für ein einheitliches F ist die Teilnahmebedingung der langfristig orientierten Anleger (2.9) immer automatisch erfüllt, wenn die Teilnahmebedingung der kurzfristig orientierten Anleger (2.8) erfüllt ist (vgl. Fall A1). Somit ergibt sich als optimale Lösung in diesem Fall:

$$F^{l*} = F^{k*} = 1 - (1-c) \cdot (1-p)^{T^k}. \tag{2.12}$$

Da es nicht möglich ist, Anleger mit identischer Alternativanlage über Ausgabeaufschläge zu separieren, besteht die optimale Gebührenpolitik in diesem Fall in der Setzung eines einheitlichen Ausgabeaufschlags für beide Investorengruppen. Es ist für die Fondsgesellschaft also nicht optimal, verschiedene Anlageklassen mit unterschiedlichen Ausgabeaufschlägen anzubieten. Der Gewinn der Fondsgesellschaft in dem sich ergebenden Pooling-Gleichgewicht[44] beträgt:

$$\pi(F^{l*}, F^{k*}) = 1 - (1-c) \cdot (1-p)^{T^k} - C. \tag{2.13}$$

Er ist somit identisch mit dem Gewinn im Fall A1. Die Möglichkeit, unterschiedliche Ausgabeaufschläge zu erheben, führt also nicht zu einer Erhöhung des Gewinns. Der Grund hierfür ist, dass Ausgabeaufschläge in diesem Fall nicht genutzt werden können, um Anleger zu separieren und damit die Rente des langfristig orientierten Anlegers, dessen Teilnahmebedingung nicht bindend ist, abzuschöpfen.

Eine Selbstselektion von Anlegern kann in ökonomischen Modellen dann oft nicht erreicht werden, wenn die Alternativoptionen verschiedener Teilnehmer nicht typabhängig sind.[45] Im Folgenden wird das Modell deshalb um typabhängige Alternativanlagen erweitert. Zunächst wird jedoch wiederum der einfache Fall eines einheitlichen Ausgabeaufschlags

[44] Ein Pooling-Gleichgewicht ist dadurch gekennzeichnet, dass alle Anleger in der gleichen Anlageklasse anlegen.

[45] Zu Selbstselektionsmechanismen bei typabhängigen Alternativoptionen vgl. Jullien (2000) und Inderst (2001) und (2002).

betrachtet, um anschließend zu analysieren, ob durch differenzierte Ausgabeaufschläge eine Separierung der Anleger und eine Steigerung des Gewinns möglich ist.

Fall A3: Typabhängige Alternativanlagen und einheitlicher Ausgabeaufschlag

Bislang wurde davon ausgegangen, dass beiden Anlegern nur eine einheitliche Alternativanlage zur Verfügung steht. Diese Annahme wird nun aufgegeben. Es wird jetzt angenommen, dass die Anleger jeweils entweder nur in liquide oder nur in illiquide Wertpapiere investieren können. Die illiquide Anlage liefert vor Kosten eine jährlich um den Faktor $1 + r_i > 1$ höhere Rendite als die einheitliche Anlagemöglichkeit, von der in den vorigen Fällen ausgegangen wurde und die nun nicht mehr zur Verfügung steht. Entsprechend liefert die liquide Anlage annahmegemäß eine jährlich um den Faktor $1 - r_i$ niedrigere Rendite als die einheitliche Anlagemöglichkeit. Für den Kauf und Verkauf der liquiden Anlage fallen keine Transaktionskosten an, während für Kauf und Verkauf der illiquiden Anlage im Vergleich zur einheitlichen Alternativanlage der Fälle A1 und A2 insgesamt doppelt so hohe Kosten in Höhe von $2c$ pro angelegter Geldeinheit anfallen. Bezüglich der Parameter wird angenommen, dass deren Struktur so beschaffen ist, dass die beiden Anlegergruppen auch tatsächlich unterschiedliche Alternativanlagen wählen. Die Parameter müssen daher folgende Beziehungen erfüllen:

$$(1+r)^{T^k}(1-p)^{T^k}(1-r_i)^{T^k} > (1-2c)(1+r)^{T^k}(1-p)^{T^k}(1+r_i)^{T^k} \quad (2.14)$$

$$(1-2c)(1+r)^{T^l}(1-p)^{T^l}(1+r_i)^{T^l} > (1+r)^{T^l}(1-p)^{T^l}(1-r_i)^{T^l} \quad (2.15)$$

Annahme (2.14) stellt sicher, dass kurzfristig orientierte Anleger bei Direktanlage eine Investition in die liquide Alternative vorziehen. Entsprechend stellt Annahme (2.15) sicher, dass langfristig orientierte Anleger bei Direktanlage die illiquide Alternative vorziehen. Somit ist die Alternativanlage typabhängig.

Um sicherzustellen, dass beide Anlegergruppen tatsächlich in den Fonds und nicht in die Alternativanlage investieren, müssen folgende Teilnahmebedingungen erfüllt sein:

$$(1-F)\cdot(1+r)^{T^k} \geq (1+r)^{T^k}\cdot(1-p)^{T^k}\cdot(1-r_i)^{T^k} \quad (2.16)$$

$$(1-F)\cdot(1+r)^{T^l} \geq (1-2c)\cdot(1+r)^{T^l}\cdot(1-p)^{T^l}\cdot(1+r_i)^{T^l}. \quad (2.17)$$

Die rechte Seite entspricht dabei jeweils dem maximal erreichbaren Endvermögen für die kurz- bzw. langfristig orientierten Anleger bei Direktanlage und die linke Seite dem Endvermögen bei einer Fondsanlage. Das Optimierungskalkül der Fondsgesellschaft lautet:

$$\max_F \pi \quad F - C$$
$$\text{u.d.B.} \quad (2.16),\ (2.17) \text{ und } F \geq 0.$$

In diesem Fall hängt es von der konkreten Parameterkonstellation ab, welche der beiden Teilnahmebedingungen strikter und somit bindend ist. Wenn die Teilnahmebedingung für den kurzfristig orientierten Anleger, (2.16), bindend ist, so ergibt sich als optimaler Ausgabeaufschlag

$$F^* = 1-(1-p)^{T^k}\cdot(1-r_i)^{T^k}.$$

Ist dagegen (2.17) bindend, so bestimmt sich der optimale Ausgabeaufschlag als

$$F^* = 1-(1-2c)\cdot(1-p)^{T^l}\cdot(1+r_i)^{T^l}.$$

Aus (2.16) und (2.17) ergibt sich, dass Bedingung (2.16) nur dann bindend ist, wenn $(1-2c)\cdot(1-p)^{T^l-T^k}\cdot(1+r_i)^{T^l}\cdot(1-r_i)^{-T^k}$ kleiner als eins ist. Ist dieser Ausdruck dagegen größer als eins, so ist (2.17) bindend. Die Nebenbedingung für den kurzfristig orientierten Anleger ist, ceteris paribus, dann eher bindend, wenn die Handelskosten für die illiquide Anlage c, der Renditevorteil des Fonds p und die Differenz der Haltedauern $T^l - T^k$ relativ hoch sind und wenn der Illiquiditätsaufschlag r_i und die Anlagedauern T^l und T^k niedrig sind, d.h. wenn die relative Differenz der Haltedauern groß ist. Insgesamt ist die Nebenbedingung für den kurzfristig orientierten Anleger also dann eher bindend, wenn seine Alternativanlage im Vergleich zur Alternativanlage des langfristig orientierten Anlegers attraktiver ist.

Der Gewinn der Fondsgesellschaft lautet in Abhängigkeit der Parameterkonstellation:

$$\pi(F^*) = \begin{cases} 1-(1-p)^{T^k}\cdot(1-r_i)^{T^k}-C & \text{falls} \quad a<1 \\ 1-(1-2c)\cdot(1-p)^{T^l}\cdot(1+r_i)^{T^l}-C & \text{falls} \quad a \geq 1 \end{cases} \tag{2.18}$$

mit $a = \frac{(1-2c)\cdot(1-p)^{T^l}\cdot(1+r_i)^{T^l}}{(1-p)^{T^k}\cdot(1-r_i)^{T^k}}$.

In beiden Fällen hängt der Gewinn somit wiederum negativ von der Attraktivität der entsprechenden Alternativanlage ab. Im Folgenden wird nun untersucht, ob der Gewinn durch Setzung unterschiedlicher Ausgabeaufschläge erhöht werden kann, wenn die Alternativanlage typabhängig ist.

Fall A4: Typabhängige Alternativanlagen und unterschiedliche Ausgabeaufschläge

Analog zu Fall A2 wird wiederum die Möglichkeit untersucht, zwei Anlageklassen mit den Ausgabeaufschlägen F^l und F^k anzubieten. Den Anlegern stehen weiterhin die in Fall A3 beschriebenen Anlagealternativen zur Verfügung. Damit kann nun analysiert werden, ob eine Separierung über die Setzung unterschiedlicher Ausgabeaufschläge möglich ist, wenn - anders als in Fall A2 - die Alternativanlage typabhängig ist. Die Teilnahmebedingungen lauten in diesem Fall

$$(1-F^k)\cdot(1+r)^{T^k} \geq (1+r)^{T^k}\cdot(1-p)^{T^k}\cdot(1-r_i)^{T^k} \tag{2.19}$$

$$(1-F^l)\cdot(1+r)^{T^l} \geq (1-2c)\cdot(1+r)^{T^l}\cdot(1-p)^{T^l}\cdot(1+r_i)^{T^l}, \tag{2.20}$$

und die Selbstselektionsbedingungen lauten

$$(1-F^k)\cdot(1+r)^{T^k} \geq (1-F^l)\cdot(1+r)^{T^k} \tag{2.21}$$

$$(1-F^l)\cdot(1+r)^{T^l} \geq (1-F^k)\cdot(1+r)^{T^l}. \tag{2.22}$$

Als Optimierungsproblem der Fondsgesellschaft ergibt sich somit:

$$\max_{F^k,F^l} \pi \qquad \frac{F^k+F^l}{2} - C$$

$$\text{u.d.B.} \qquad (2.19) \text{ bis } (2.22), \quad F^k \geq 0 \text{ und } F^l \geq 0.$$

Ähnlich wie in Fall A2 können die Selbstselektionsbedingungen nur dann beide erfüllt werden, wenn $F^k = F^l$ gesetzt wird. Auch hier wird also nur eine Anlageklasse angeboten, und es kommt wie im Fall A2 zu keiner Separierung.

Der optimale (einheitliche) Ausgabeaufschlag muss die Teilnahmebedingungen (2.19) und (2.20) erfüllen, die dann den Teilnahmebedingungen (2.16) bzw. (2.17) aus Fall A3 entsprechen.[46] Somit ist der Gewinn identisch mit dem in Gleichung (2.18) gegebenen Gewinn aus Fall A3.

Es ist also auch bei typabhängigen Alternativanlagen nicht möglich, alleine durch die Setzung unterschiedlicher Ausgabeaufschläge eine Separierung von Investorengruppen zu erreichen. Dieses Ergebnis widerspricht dem Resultat von Chordia (1996) und Nanda u. a. (2000). In ihren Modellen kommt es alleine durch die Setzung von Ausgabeaufschlägen zu einer Separierung von Investoren. Allerdings werden in diesen Modellen jeweils *zwei* eigenständige Fonds betrachtet, die auch eine unterschiedliche Rendite liefern, während hier die Gebührenpolitik für unterschiedliche Anlageklassen *eines* Fonds untersucht wird. Dadurch unterscheiden sich bei Chordia (1996) und Nanda u. a. (2000) die beiden Fondsalternativen in zwei Dimensionen (einmalige Gebühr und Portfoliorendite), was eine Separierung der beiden Anlegergruppen überhaupt erst möglich macht. Im hier vorliegenden Fall liefern dagegen beide Anlageklassen unter Vernachlässigung der Ausgabeaufschläge eine identische Netto-Rendite, da es bislang keine laufenden Gebühren gibt. Somit unterscheiden sich die Anlageklassen nur in der Dimension 'Ausgabeaufschlag'. Jeder Anleger wählt daher im vorliegenden Fall unabhängig von seiner Haltedauer den Fonds mit dem niedrigsten Ausgabeaufschlag. Dies erklärt, weshalb es hier zu keiner Selbstselektion kommen kann.

Im Folgenden soll untersucht werden, ob es durch Kombination von Ausgabeaufschlägen und laufenden Gebühren zu einer Erhöhung des Gewinns kommt und ob es durch die Berücksichtigung von laufenden Gebühren als zusätzlicher 'Dimension' zu einer Separierung von Anlegergruppen kommen kann.[47]

---

46 Dies stellt auch sicher, dass die Selbstselektionsbedingungen (2.21) und (2.22) erfüllt sind, denen allerdings wiederum keine ökonomische Bedeutung mehr zukommt, da faktisch nur eine Anlageklasse angeboten wird.

47 Auf eine explizite Untersuchung der optimalen Setzung von laufenden Gebühren wird verzichtet, da sich völlig analoge Ergebnisse ergeben. Auch bei alleiniger Setzung von laufenden Gebühren ist es nicht möglich, unterschiedliche Anlegergruppen zu separieren. Ebenso ist es auch nicht möglich,

2.2.2 Kombination von Ausgabeaufschlägen und laufenden Gebühren

Die Bestimmung der optimalen Kombination von einmaligen und laufenden Gebühren bei Investmentfonds stellt ein spezielles Problem der nichtlinearen Preissetzung dar. Allerdings werden bei Investmentfonds in der Regel keine mengenabhängigen Preise bzw. Gebührensätze erhoben, wie bei der klassischen nichtlinearen Preissetzung.[48,49] Stattdessen wird eine Kombination aus laufenden und einmaligen Gebühren erhoben. Die 'Nichtlinearität' der Gebührenstruktur bezieht sich also darauf, dass sich in Abhängigkeit der erwarteten Haltedauer (und nicht in Abhängigkeit des investierten Volumens) eine unterschiedlich hohe prozentuale Gebührenbelastung pro Jahr ergibt.

Das einfache Beispiel in Tabelle 2.2 veranschaulicht dieses Phänomen. Dort wird das Endvermögen bei einer Fondsanlage in Höhe von 1.000 Euro zwischen zwei hypothetischen Fonds für alternative Laufzeiten verglichen. Es wird angenommen, dass beide Fonds eine Rendite vor Gebühren von 10% p.a. erwirtschaften. Fonds A erhebt einen Ausgabeaufschlag von 5% und eine laufende Gebühr von 0,5% p.a., während Fonds B einen Ausgabeaufschlag von 2% und eine laufende Gebühr von 1% p.a. erhebt. Das sich ergebende Endvermögen für Laufzeiten unter sieben Jahren ist bei Fonds B höher, während für längere Laufzeiten das Endvermögen in Fonds A höher ist. Dies lässt sich damit erklären, dass die niedrigeren laufenden Gebühren von Fonds A bei längeren Laufzeiten den höheren Ausgabeaufschlag kompensieren, der dann (gedanklich) auf eine größere Zahl an Jahren verteilt werden kann. Dies führt zu einer für längere Laufzeiten niedrigeren durchschnittlichen jährlichen Belastung durch Gebühren bei Fonds A. Das Beispiel zeigt, dass ein Fonds über seine Gebührenstruktur versuchen kann, Anleger mit bestimmten Eigenschaften anzuziehen. Im vorliegenden Fall sollten kurzfristig orientierte Anleger mit einer Haltedauer von unter sieben Jahren Fonds B wählen, während langfristig orientierte Anleger mit einer Haltedauer von mindestens sieben Jahren Fonds A vorziehen würden.[50]

durch die alleinige Setzung laufender Gebühren alle Investorenrenten abzuschöpfen, wenn die Anleger nicht völlig homogen sind.

48 Eine Ausnahme stellen die vereinzelt angebotenen Fonds dar, die bestimmte Gebührenstrukturen erst ab einer bestimmten Anlagesumme vorsehen.

49 Zur klassischen nichtlinearen Preissetzung in Abhängigkeit der verkauften Menge vgl. Kapitel 14 in Varian (1992) sowie Varian (1989) und Wilson (1993).

50 Diese Argumentation basiert auf der impliziten Annahme, dass sich Anleger rational zwischen verschiedenen Gebührenstrukturen entscheiden. Diese Annahme scheint in der Realität jedoch oftmals verletzt zu sein, wie Studien von Elton u. a. (2004a) und Wilcox (2003) und (2005) zeigen.

Tabelle 2.2: Beispielrechnung zum Endvermögen für alternative Laufzeiten und alternative Gebührenstrukturen

Gewählte Parameter:

	Ausgabeaufschlag	laufende Gebühr p.a.	Rendite p.a.	Anlagesumme
Fonds A	5%	0,5%	10%	1.000
Fonds B	2%	1%	10%	1.000

	Fonds A		Fonds B	
Haltedauer	Endvermögen	(Belastung)	Endvermögen	(Belastung)
1	1.039,78	(5,48%)	**1.067,22**	(2,98%)
2	1.138,03	(3,02%)	**1.162,20**	(2,00%)
3	1.245,58	(2,19%)	**1.265,64**	(1,66%)
4	1.363,29	(1,77%)	**1.378,28**	(1,50%)
5	1.492,12	(1,52%)	**1.500,95**	(1,40%)
6	1.633,12	(1,35%)	**1.634,53**	(1,33%)
7	**1.787,45**	(1,23%)	1.780,01	(1,29%)
8	**1.956,36**	(1,14%)	1.938,43	(1,25%)
9	**2.141,24**	(1,07%)	2.110,95	(1,22%)
10	**2.343,59**	(1,01%)	2.298,82	(1,20%)

Um die simultane Optimierung von laufenden und einmaligen Gebühren zu analysieren, wird im Folgenden zunächst wieder ein Grundmodell (Fall B0) vorgestellt, in dem es nur eine homogene Anlegergruppe gibt und in dem der Fonds nur eine Anlageklasse anbietet. Anders als in Abschnitt 2.2.1 kann die Fondsgesellschaft nun sowohl einen Ausgabeaufschlag als auch eine laufende Gebühr erheben. Danach werden wiederum vier Fälle betrachtet, in denen es zwei Anlegergruppen mit unterschiedlicher Haltedauer gibt. Die Fondsgesellschaft kann entweder nur eine Anlageklasse mit einer Gebührenkombination bestehend aus laufender Gebühr und Ausgabeaufschlag anbieten (Fälle B1 und B3) oder zwei verschiedene Anlageklassen mit unterschiedlichen Kombinationen aus laufenden Gebühren und Ausgabeaufschlägen (Fälle B2 und B4). Außerdem wird erneut der Fall einer einheitlichen Alternativanlage für beide Anlegertypen (Fälle B1 und B2), sowie der Fall einer typabhängigen Anlagealternative untersucht (Fälle B3 und B4). Es ergeben sich somit wiederum vier Fälle, die in Tabelle 2.3 zusammengefasst sind und die analog zu den Fällen in Abschnitt 2.2.1 sind.

Tabelle 2.3: Modellalternativen zur optimalen Setzung von Ausgabeaufschlägen und laufenden Gebühren

Betrachtete Fälle		maximal mögliche Anzahl Anlageklassen	
		eine	zwei
Alternativ-anlage	identisch	Fall B1	Fall B2
	typabhängig	Fall B3	Fall B4

Grundmodell (Fall B0): Optimaler Ausgabeaufschlag und optimale laufende Gebühr bei homogenen Anlegern

Die Fondsgesellschaft kann für ihren Fonds jetzt sowohl einen Ausgabeaufschlag in Höhe von F pro angelegter Geldeinheit, als auch eine laufende Gebühr in Höhe von f p.a. pro verwalteter Geldeinheit erheben. Es wird angenommen, dass die laufende Gebühr jeweils am Ende eines Anlagejahres vom Fondsvermögen abgezogen wird. Nach einer Haltedauer von T Jahren ergibt sich bei einer Fondsanlage in Höhe einer Geldeinheit ein Endvermögen von $(1-F)\cdot(1+r)^T\cdot(1-f)^T$. Die Teilnahmebedingung für die Anleger lautet somit

$$(1-F)\cdot(1+r)^T\cdot(1-f)^T \geq (1-c)\cdot(1+r)^T\cdot(1-p)^T. \tag{2.23}$$

Der Gewinn der Fondsgesellschaft ist nun definiert als die Summe aus den Einnahmen aus dem Ausgabeaufschlag und den laufenden Gebühren abzüglich der Kosten C,

$$\pi(f,F) = F + (1-F)\cdot\sum_{t=1}^{T}\frac{f\cdot(1+r)^t\cdot(1-f)^{t-1}}{(1+r_k)^t} - C, \tag{2.24}$$

wobei r_k dem Kalkulationszinssatz der Fondsgesellschaft entspricht. Unter der Annahme, dass die Fondsgesellschaft die von ihr erzielbare Rendite r als Kalkulationszinssatz verwendet,[51] vereinfacht sich die Gewinngleichung (2.24) zu

$$\pi(f,F) \quad = \quad F + (1-F)\cdot\sum_{t=1}^{T} f\cdot(1-f)^{t-1} - C,$$

wobei der Ausdruck für den Einnahmenteil aus den laufenden Gebühren eine geometrische Reihe darstellt, die nochmals vereinfacht werden kann:

[51] Diese Annahme unterstellt, dass die Fondsgesellschaft freie Mittel am Kapitalmarkt anlegen und damit ebenfalls die Portfoliorendite r erzielen kann. Ansonsten stehen der Fondsgesellschaft keine weiteren Anlagemöglichkeiten zur Verfügung.

$$\pi(f, F) = F + (1 - F) \cdot \left(1 - (1 - f)^T\right) - C. \tag{2.25}$$

Das Optimierungsproblem der Fondsgesellschaft lautet somit:

$$\begin{aligned} \max_{f,F} \pi &= F + (1 - F) \cdot \left(1 - (1 - f)^T\right) - C \\ \text{u.d.B.} \quad & (2.23) \text{ und } f \geq 0, \quad F \geq 0. \end{aligned} \tag{2.26}$$

Zu diesem Problem lässt sich keine eindeutige innere Lösung bestimmten, sondern es ergeben sich unendlich viele Kombinationen aus f und F, die (2.26) lösen. Da es für die Fondsgesellschaft im vorliegenden Fall keinen Grund gibt, den Investoren eine positive Rente zu gewähren, ist die Teilnahmebedingung (2.23) im Optimum immer bindend. Aus der bindenden Teilnahmebedingung kann eine Indifferenzkurve für die Anleger abgeleitet werden:

$$F = 1 - \frac{(1 - c) \cdot (1 - p)^T}{(1 - f)^T}. \tag{2.27}$$

Diese Indifferenzkurve beschreibt den geometrischen Ort aller Kombinationen aus laufender Gebühr und Ausgabeaufschlag, zwischen denen die Investoren indifferent sind und die gerade noch sicherstellen, dass tatsächlich in den Fonds investiert wird.

Aus der Gewinngleichung (2.25) lassen sich außerdem für jeden vorgegebenen Gewinn $\bar{\pi}$ Isogewinnkurven ableiten, die den geometrischen Ort aller Kombinationen aus f und F beschreiben, die zu dieser Gewinnhöhe führen:

$$\begin{aligned} \bar{\pi} &= F + (1 - F \cdot \left(1 - (1 - f)^T\right) - C \\ \leftrightarrow \quad F &= 1 - \frac{1 - \bar{\pi} - C}{(1 - f)^T}. \end{aligned} \tag{2.28}$$

Eine notwendige Bedingung für eine optimale Lösung des Optimierungsproblems (2.26) ist, dass die Steigung der Isogewinnkurve gleich der Steigung der Indifferenzkurve ist. Daher werden die partiellen Ableitungen nach f von (2.27) und (2.28) gleichgesetzt:

$$\frac{T \cdot (1 - \bar{\pi} - C)}{(1 - f)^{T+1}} = \frac{T \cdot (1 - p)^T \cdot (1 - c)}{(1 - f)^{T+1}}. \tag{2.29}$$

Daraus lässt sich direkt der Gewinn bei optimaler Gebührensetzung ableiten, ohne zuvor die konkreten Gebührenparameter bestimmten zu müssen:

$$\pi(f^*, F^*) = 1 - (1-p)^T \cdot (1-c) - C. \tag{2.30}$$

Ähnlich wie im Grundmodell ohne laufende Gebühren, hängt auch hier der Gewinn der Fondsgesellschaft negativ von der Attraktivität einer Direktanlage für die Investoren und positiv von der Haltedauer T ab.

Wie bereits erwähnt, kann keine eindeutige Lösung errechnet werden, sondern es ergibt sich ein Kontinuum an Lösungen, die zu dem in Gleichung (2.30) gegebenen maximalen Gewinn führen. Die gewinnmaximierenden Gebührenparameter bestehen aus Kombinationen von f und F, die auf der Indifferenzkurve (2.27) liegen, und nicht negativ sind. Dass tatsächlich alle Kombinationen, die Gleichung (2.27) erfüllen, ein Gewinnmaximum darstellen, lässt sich zeigen, indem man (2.27) in die allgemeine Gewinngleichung (2.25) einsetzt. Man erhält dann wieder (2.30), den Gewinn bei *optimaler* Gebührensetzung.[52]

Somit stellt auch die Gebührenkombination ($f = 0$; $F = 1 - (1-c) \cdot (1-p)^T$) ein Gewinnmaximum dar. Daher ist der Gewinn im Grundmodell mit laufenden Gebühren identisch mit dem Gewinn aus dem Grundmodell ohne laufende Gebühren, der in Gleichung (2.2) gegeben ist.

Wenn die Anleger in Hinblick auf ihre Haltedauer völlig homogen sind, so ist durch eine Kombination von laufender und einmaliger Gebühr keine Erhöhung des Gewinns im Vergleich zum Gewinn bei alleiniger Setzung von Ausgabeaufschlägen (Fall A0) möglich. Die Erklärung hierfür ist, dass ein Gebührenparameter zur Erfüllung der Teilnahmebedingung der einen Anlegergruppe ausreicht. Somit können auch durch alleinige Setzung eines Ausgabeaufschlags bzw. die alleinige Setzung einer laufenden Gebühr bereits alle Investorenrenten abgeschöpft werden.

Im Folgenden wird untersucht, wie die optimale Gebührenpolitik aussieht, wenn die unrealistische Annahme einer identischen Haltedauer für alle Anleger aufgegeben wird.

---

[52] Grafisch bedeutet dies, dass die durch (2.27) beschriebene Indifferenzkurve der Investoren und die durch (2.28) beschriebene Isogewinnkurve im Optimum deckungsgleich sind, d.h. jeder Punkt auf der Indifferenzkurve stellt ein Gewinnmaximum dar.

Fall B1: Identische Alternativanlage und einheitliche Gebühren

Es werden nun wieder zwei Anlegergruppen betrachtet, die eine Haltedauer von T^l bzw. T^k aufweisen. Die Fondsgesellschaft maximiert weiterhin ihren Gewinn, der als Gebühreneinnahmen abzüglich der Kosten definiert ist. Allerdings setzen sich die Gebühren nun aus dem Ausgabeaufschlag F und der Summe der laufenden Gebühren beider Anlegergruppen zusammen. Der Gewinn ist entsprechend definiert als:

$$\pi(f,F) = F + \frac{1-F}{2} \cdot \left(\sum_{t=1}^{T^l} f \cdot (1-f)^{t-1} + \sum_{t=1}^{T^k} f \cdot (1-f)^{t-1} \right) - C. \qquad (2.31)$$

Unter der in diesem Fall gültigen Annahme, dass die Alternativanlage für beide Investoren einheitlich ist und eine Rendite von $(1-c) \cdot (1-p)^T \cdot (1+r)^T$ liefert, lauten die Teilnahmebedingungen für die beiden Anlegergruppen:

$$(1-F) \cdot (1+r)^{T^k} \cdot (1-f)^{T^k} \geq (1-c) \cdot (1-p)^{T^k} \cdot (1+r)^{T^k} \qquad (2.32)$$

$$(1-F) \cdot (1+r)^{T^l} \cdot (1-f)^{T^l} \geq (1-c) \cdot (1-p)^{T^l} \cdot (1+r)^{T^l}. \qquad (2.33)$$

Das Optimierungsproblem der Fondsgesellschaft lautet nun:

$$\max_{f,F} \quad \pi(f,F)$$
$$\text{u.d.B.} \quad (2.32),\ (2.33) \text{ und } f \geq 0,\ F \geq 0,$$

wobei der Gewinn gemäß Gleichung (2.31) definiert ist. Der Gewinn kann gedanklich in den Teil, der von der kurzfristig orientierten Anlegergruppe stammt, und in den Teil, der von der langfristig orientierten Anlegergruppe stammt, aufgeteilt werden. Analog zum Grundmodell ist in Hinblick auf beide Anlegergruppen isoliert betrachtet jede Kombination von F und f, welche die Teilnahmebedingung genau erfüllt, ein Gewinnmaximum. Insgesamt ergibt sich das Gewinnmaximum also, wenn es gelingt, die beiden mit Gleichheit geltenden Teilnahmebedingungen (2.32) und (2.33) gleichzeitig zu erfüllen. Die optimalen Gebührenparameter ergeben sich somit als Lösung des Gleichungssystems

$$(1-F) \cdot (1+r)^{T^k} \cdot (1-f)^{T^k} = (1-c) \cdot (1-p)^{T^k} \cdot (1+r)^{T^k} \qquad (2.34)$$

$$(1-F)\cdot(1+r)^{T^l}\cdot(1-f)^{T^l} \;=\; (1-c)\cdot(1-p)^{T^l}\cdot(1+r)^{T^l}. \qquad (2.35)$$

Dieses System kann eindeutig gelöst werden. Die optimalen Gebührenparameter lauten $f^* = p$ und $F^* = c$. Die optimale Lösung führt also zu einer Analogie von Fondsanlage und Alternativanlage aus Investorensicht. Die laufende Gebühr wird genau in Höhe des Renditevorteils des Fonds gesetzt, und die einmalige Gebühr in Höhe der Handelskosten bei Direktanlage. Somit ist sichergestellt, dass der Ertrag einer Fondsanlage für beide Anlegergruppen genau dem Ertrag aus der Alternativanlage entspricht. In diesem Fall sind beide Teilnahmebedingungen bindend und es gibt keine positiven Investorenrenten. Diese Lösung stellt auch automatisch sicher, dass die Nichtnegativitätsbedingungen für die Gebührenparameter erfüllt sind. Unter Anwendung der Regel für endliche geometrische Reihen ergibt sich ein Gewinn bei optimaler Gebührensetzung in Höhe von:

$$\pi(f^*, F^*) = c + \frac{1-c}{2}\cdot\left(2-(1-p)^{T^l}-(1-p)^{T^k}\right) - C. \qquad (2.36)$$

Ähnlich wie in den obigen Fällen hängt auch hier der Gewinn positiv von p und c und somit negativ von der Attraktiviät der Alternativanlage im Vergleich zur Fondsanlage ab. Der Gewinn hängt außerdem positiv von den Haltedauern T^l und T^k ab. Da der Fonds eine positive Überschußrendite generieren kann, ist der Gewinn umso höher, je länger dem Fonds die Anlagegelder zur Verfügung stehen und je länger er somit diese Überschußrendite generieren kann.

Durch Kombination von laufender Gebühr und Ausgabeaufschlag ist es in diesem Fall also möglich, die komplette Rente beider Anlegergruppen abzuschöpfen. Dies war durch die alleinige Setzung von Ausgabeaufschlägen im analogen Fall A1 nicht möglich. Daher ist der in Gleichung (2.36) gegebene Gewinn bei Setzung von laufenden Gebühren und Ausgabeaufschlägen höher als der maximale Gewinn aus Gleichung (2.7), der sich ergibt, wenn nur ein Ausgabeaufschlag gesetzt werden darf.

Das vorliegende Modell kann somit erklären, warum so viele Fondsgesellschaften für ihre Fonds Kombinationen aus laufenden und fixen Gebühren erheben (vgl. Abschnitt 2.1.2).

Fall B2: Identische Alternativanlage und unterschiedliche Gebühren

Da bereits in Fall B1 alle Investorenrenten abgeschöpft werden konnten, gibt es im vorliegenden Modellrahmen keine Möglichkeit, durch eine Separierung von Anlegergruppen den Gewinn weiter zu erhöhen. Dennoch soll im Folgenden untersucht werden, wie Gebühren optimal gesetzt werden können, wenn die Fondsgesellschaft zwei unterschiedliche Gebührenstrukturen (F^l, f^l) und (F^k, f^k) anbieten kann. Damit soll geprüft werden, ob es in diesem Fall - anders als in Abschnitt 2.2.2 - überhaupt möglich ist, die beiden Anlegergruppen zu separieren. Auch wenn eine Erhöhung des Gewinns dadurch nicht möglich ist, so gibt es doch verschiedene (nicht im Modell abgebildete) Gründe, warum eine Fondsgesellschaft an einer Separierung verschiedener Anlegergruppen interessiert sein kann:

1. Wenn sich im Gleichgewicht eine Selbstselektion von Anlegern mit bestimmten Haltedauern in die für sie vorgesehenen Anlageklassen ergibt, so weiß der Fonds, ob die Anleger in der jeweiligen Anlageklasse kurz- oder langfristig orientiert sind. Dieses Wissen kann die Fondsgesellschaft im Rahmen ihrer sonstigen Marketingaktivitäten nutzen, um den langfristig und kurzfristig orientierten Anlegern Produktangebote zu unterbreiten, die jeweils speziell für diese Anleger geeignet sind.

2. Das Wissen über die geplante Haltedauer seiner Investoren kann einem Fonds auch helfen, mögliche Abflüsse von Anlegergeldern besser zu prognostizieren (Johnson (2004)). Er kann daher seine Liquiditätspolitik auf die erwarteten Abflüsse ausrichten, und somit potenzielle Kosten einsparen, die mit unvorhergesehenen Portfolioliquidationen verbunden sind.[53]

3. Wilcox (2005) zeigt empirisch, dass unterschiedliche Investorengruppen Fonds mit bestimmten Gebührenstrukturen vorziehen, selbst wenn diese zum selben Endvermögen führen. Diesen Präferenzen kann der Fonds durch geschickte Wahl der Gebührenstrukturen für unterschiedliche Anlageklassen zu entsprechen versuchen.

Wenn die Gebührenstruktur (F^l, f^l) für den langfristig orientierten Anleger vorgesehen ist, während die Gebührenstruktur (F^k, f^k) für den kurzfristig orientierten Anleger vorgesehen ist, so müssen die beiden folgenden Teilnahmebedingungen gelten:

[53] Edelen (1999), Rakowski (2003), Greene und Hodges (2002) und Alexander u. a. (2005) zeigen alle, dass unerwartete Zu- und Abflüsse von Geldern in Fonds zu einer Verschlechterung der Performance führen.

$$(1-F^k)\cdot(1+r)^{T^k}\cdot(1-f^k)^{T^k} \geq (1-c)\cdot(1-p)^{T^k}\cdot(1+r)^{T^k} \quad (2.37)$$
$$(1-F^l)\cdot(1+r)^{T^l}\cdot(1-f^l)^{T^l} \geq (1-c)\cdot(1-p)^{T^l}\cdot(1+r)^{T^l}. \quad (2.38)$$

Außerdem müssen die beiden folgenden Selbstselektionsbedingungen erfüllt sein:

$$(1-F^k)\cdot(1+r)^{T^k}\cdot(1-f^k)^{T^k} \geq (1-F^l)\cdot(1+r)^{T^k}\cdot(1-f^l)^{T^k} \quad (2.39)$$
$$(1-F^l)\cdot(1+r)^{T^l}\cdot(1-f^l)^{T^l} \geq (1-F^k)\cdot(1+r)^{T^l}\cdot(1-f^k)^{T^l}. \quad (2.40)$$

Der Gewinn setzt sich aus den fixen und laufenden Gebühreneinnahmen von beiden Anlegergruppen zusammen:

$$\begin{aligned}\pi(f^l, f^k, F^l, F^k) &= \frac{1}{2}\cdot(F^l+F^k)+\frac{1-F^l}{2}\cdot\left(\sum_{t=1}^{T^l} f^l\cdot(1-f^l)^{t-1}\right)\\ &+ \frac{1-F^k}{2}\cdot\left(\sum_{t=1}^{T^k} f^k\cdot(1-f^k)^{t-1}\right)-C. \quad (2.41)\end{aligned}$$

Das Optimierungsproblem der Fondsgesellschaft lautet in diesem Fall:

$$\begin{aligned}&\max_{f^l,f^k,F^l,F^k} \quad \pi(f^l, f^k, F^l, F^k)\\ &\text{u.d.B.} \quad (2.37) \text{ bis } (2.40) \text{ und } f^l \geq 0,\ f^k \geq 0,\ F^l \geq 0,\ F^k \geq 0,\end{aligned}$$

wobei der Gewinn $\pi(f^l, f^k, F^l, F^k)$ gemäß Gleichung (2.41) definiert ist.

Als optimale Lösung ergibt sich die gleiche Lösung wie in Fall B1: $f^* = f^{l*} = f^{k*} = p$ und $F^* = F^{l*} = F^{k*} = c$. Nur durch die Wahl dieser Parameter ist es möglich, die beiden Teilnahmebedingungen (2.37) und (2.38) zu erfüllen, ohne die Selbstselektionsbedingungen (2.39) und (2.40) oder die Nichtnegativitätsbedingungen zu verletzen. Allerdings sind auch hier - ähnlich wie im obigen Fall A2 - die Selbstselektionsbedingungen ohne ökonomische Bedeutung, da im Optimum nur eine einheitliche Gebührenstruktur angeboten wird. Die Lösung entspricht dem Optimum aus B1, weil es bereits dort gelungen war, beide Teilnahmebedingungen exakt zu erfüllen und so alle Investorenrenten abzuschöpfen.

Damit entspricht der Gewinn bei optimaler Gebührensetzung in diesem Fall dem Gewinn aus Fall B1, der in Gleichung (2.36) gegeben ist.

Die zusätzliche Variabilität, die sich durch die Möglichkeit, verschiedene Gebührenkombinationen anzubieten, ergibt, kann somit hier - genauso wie in Fall A2 - nicht genutzt werden. In den bislang betrachteten Fällen wird die Fondsgesellschaft also niemals Anlageklassen mit unterschiedlichen Gebühren für den gleichen Fonds anbieten. Eine Separation ist in diesem Fall nicht möglich, da nur durch die Auflage einer einzigen Anlageklasse gleichzeitig alle Selbstselektionsbedingungen und Teilnahmebedingungen erfüllt werden können.[54]

Wie bereits erwähnt, ist es für Selbstselektionsmodelle jedoch oftmals charakteristisch, dass es zu keiner Separierung kommt, wenn die Alternativoptionen nicht typabhängig sind. Daher wird im Folgenden der Fall typabhängiger Alternativanlagen betrachtet, wobei zunächst wiederum der Fall einer einheitlichen Gebührenstruktur untersucht wird.

Fall B3: Typabhängige Alternativanlagen und einheitliche Gebühren

Analog zu Fall A3 wird in diesem Abschnitt die Annahme einer einheitlichen Alternativanlage für die Investorengruppen aufgegeben. Den beiden Investorengruppen stehen nun wieder die beiden dort beschriebenen Alternativanlagen zur Verfügung. Die Teilnahmebedingungen lauten daher:

$$(1-F)(1+r)^{T^k}(1-f)^{T^k} \geq (1+r)^{T^k}(1-p)^{T^k}(1-r_i)^{T^k} \tag{2.42}$$
$$(1-F)(1+r)^{T^l}(1-f)^{T^l} \geq (1-2c)(1+r)^{T^l}(1-p)^{T^l}(1+r_i)^{T^l}. \tag{2.43}$$

Die Fondsgesellschaft löst folgendes Optimierungsproblem:

$$\begin{array}{ll} \max\limits_{f,F} & \pi(f,F) \\ \text{u.d.B.} & (2.42) \text{ und } (2.43) \text{ und } f \geq 0,\; F \geq 0, \end{array}$$

wobei der Gewinn $\pi(f,F)$ gemäß (2.31) definiert ist.

54 Auf eine Separation wird hier also nicht deshalb verzichtet, weil sie etwa mit einer Verminderung des Gewinns einhergeht, sondern weil sie schlicht nicht möglich ist.

In diesem Fall hängt es von der konkreten Parameterkonstellation ab, welche Nebenbedingungen im Optimum bindend sind. Es ist zwar möglich, eine eindeutige Lösung zu berechnen, welche die beiden Teilnahmebedingungen exakt erfüllt, allerdings verletzt die sich ergebende Lösung für manche Parameterkonstellationen die Nichtnegativitätsbedingung für die Gebührensätze. Falls eine positive Lösung für die optimalen Gebührenparameter existiert, so ist diese dadurch gekennzeichnet, dass die beiden Teilnahmebedingungen bindend sind. Die optimale Lösung ergibt sich dann als Lösung des 2x2 Gleichungssystems, das aus den mit Gleichheit geltenden Beziehungen (2.42) und (2.43) besteht. Sie lautet:

$$\begin{aligned} F^* &= 1 - \frac{(1-p)^{T^k}(1-r_i)^{T^k}}{\left(\left(\frac{1-2c}{(1-p)^{T^k-T^l}}\right)^{\frac{1}{T^l-T^k}}(1-r_i)^{\frac{T^k}{T^k-T^l}}(1+r_i)^{-\frac{T^l}{T^k-T^l}}\right)^{T^k}} \\ f^* &= 1 - \exp\left(\frac{\ln\left(\frac{(1-p)^{T^k-T^l}}{1-2c}\right) + T^k \ln(1-r_i) - T^l \ln(1+r_i)}{T^k - T^l}\right). \end{aligned}$$

Als Gewinn ergibt sich in diesem Fall

$$\begin{aligned} \pi &= 1 - \frac{1-F^*}{2} \cdot \left((1-f^*)^{T^l} + (1-f^*)^{T^k}\right) - C \\ &= 1 - \frac{(1-r_i)^{T^k}(1-p)^{T^k}}{2}\left(1 + \left(\left(\frac{1-2c}{(1-p)^{T^k-T^l}}\right)^{\frac{1}{T^l-T^k}} \cdot \frac{(1+r_i)^{\frac{T^l}{T^l-T^k}}}{(1-r_i)^{\frac{T^k}{T^l-T^k}}}\right)^{T^l-T^k}\right) - C \\ &= 1 - \frac{(1-2c)(1-p)^{T^l}(1+r_i)^{T^l} + (1-p)^{T^k}(1-r_i)^{T^k}}{2} - C. \end{aligned} \tag{2.44}$$

Ähnlich wie in den bisherigen Fällen ist auch hier zu beobachten, dass der Gewinn negativ von der Attraktivität der Alternativanlagen abhängt.

Im Folgenden werden die optimalen Gebührenparameter und der sich ergebende Gewinn für verschiedene konkrete Parameterkonstellationen berechnet. Dies erlaubt es, die Größenordnungen der sich aus dem Modell ergebenden Gebührenparameter zu veranschaulichen. Außerdem kann damit untersucht werden, um wieviel Prozent der Gewinn durch die Möglichkeit der Kombination von laufenden und fixen Gebühren hier gesteigert werden kann. Dabei wird zunächst von einem Referenzfall ausgegangen, in dem eine Anlagesumme von insgesamt 10.000 Euro unterstellt und die Kosten C zur Vereinfachung

Tabelle 2.4: Parameterwerte im Referenzfall

Haltedauer der kurzfristig orientierten Anleger	T^k	4 Jahre
Haltedauer der langfristig orientierten Anleger	T^l	10 Jahre
Renditevorteil des Fonds	p	1% p.a.
Roundtrip-Kosten für Investoren	c	6% p.a.
Renditezuschlag für liquide Direktanlagen	r_i	1%

auf Null gesetzt werden. Die im Referenzfall verwendeten Parameterwerte sind in Tabelle 2.4 zusammengefasst. Es wird von einer durchschnittlichen Haltedauer von sieben Jahren ausgegangen.[55] Es wird angenommen, dass die Haltedauer der lang- bzw. kurzfristig orientierten Anleger davon um drei Jahre nach oben bzw. unten abweicht, d.h. $T^l = 10$ Jahre und $T^k = 4$ Jahre. Für die Überrendite, die der Fonds vor Gebühren erwirtschaften kann, wird ein Ausgangswert von $p = 1\%$ p.a. angenommen.[56] Als Transaktionskosten für einen Roundtrip entstehen den Investoren bei der Alternativanlage annahmegemäß Kosten in Höhe von $c = 6\%$.[57] Außerdem wird angenommen, dass die illiquide Direktanlage eine um $r_i = 1\%$ höhere Rendite vor Kosten liefert als die liquide Direktanlage.[58]

Die optimalen Gebührensätze und der damit erreichbare Gewinn für den Referenzfall ist als Fall 1 in Tabelle 2.5 dargestellt. Die letzte Spalte gibt die relative Erhöhung des Gewinns im Vergleich zu Fall A3 an. Die Ergebnisse für weitere alternative Parameterkonstellationen finden sich in den Zeilen 2 bis 11.

Es zeigt sich, dass sich für die untersuchten Parameter optimale Gebührensätze ergeben, die den in der Realität beobachteten Ausgabeaufschlägen und laufenden Gebühren ähnlich sind (vgl. Abschnitt 2.1.2). Außerdem ergibt sich durch die Möglichkeit der Erhebung von laufenden und fixen Gebühren eine erhebliche Steigerung des Gewinns.

Im Vergleich zu Fall A3 kann man feststellen, dass es durch die Kombination von fixen und laufenden Gebühren für die meisten realistischen Parameterkonstellationen

55 Dies entspricht laut Sirri und Tufano (1998) der durchschnittlichen Haltedauer von Fondsinvestoren.

56 Wermers (2000) findet, dass die von Fondsmanagern gehaltenen Aktien im Vergleich zum Markt im Schnitt eine um 1,3% p.a. höhere Rendite liefern.

57 Lesmond u. a. (1999) berichten, dass die Rountrip-Kosten bei US Aktien an der New York Stock Exchange zwischen 1,2% für die größten Firmen und 10,3% für die kleinsten Firmen betragen. Die hier angenommenen 6% können auch Suchkosten enthalten, die den Anlegern bei Direktanlage entstehen.

58 Dieser Unterschied würde sich nach Amihud und Mendelson (1986), S. 236, in etwa ergeben, wenn der relative Spread für liquide und illquide Aktien sich um ca. 0,35% unterscheidet. Dies ist eine realistische Größenordnung.

Tabelle 2.5: Optimale Gebührenkonstellation und maximaler Gewinn bei alternativen Parameterkonstellationen (Fall B3)

Nr.	T^k	T^l	r_i	p	c	F^*	f^*	π^{B3}	π^{A3}	$\frac{\pi^{B3}-\pi^{A3}}{\pi^{A3}}$
1	4	10	1%	1%	6%	4,70%	0,8%	990,7	772,6	28,14%
2	**5**	**9**	1%	1%	6%	6,31%	0,7%	1.082,0	956,2	13,16%
3	**3**	**11**	1%	1%	6%	3,40%	0,85%	897,4	585,2	53,35%
4	**5**	**11**	1%	1%	6%	7,39%	0,47%	1.082,9	956,2	13,25%
5	**6**	**12**	1%	1%	6%	10,61%	0,14%	1.173,4	1.136,2	3,27%
6	4	10	1%	1%	**7%**	3,23%	1,18%	1.090,6	772,6	41,16%
7	4	10	1%	1%	**5%**	6,11%	0,43%	890,8	772,6	15,30%
8	4	10	1%	**0,5%**	6%	4,70%	0,3%	669,6	584,7	14,52%
9	4	10	1%	**1,5%**	6%	4,70%	1,3%	1.300,2	957,6	35,78%
10	4	10	**0,8%**	1%	6%	2,12%	1,26%	1.039,6	697,8	48,98%
11	4	10	**1,2%**	1%	6%	7,21%	0,34%	940,0	846,9	10,99%

Annahme: Anlagesumme von 10.000 Euro. Fett gedruckt sind jeweils die Parameter, die im Vergleich zum Referenzfall Nr. 1 variiert werden.

möglich ist, beide Teilnahmebedingungen exakt zu erfüllen. Somit können sämtliche Investorenrenten von der Fondsgesellschaft abgeschöpft werden. Dagegen ist es durch die alleinige Setzung von Ausgabeaufschlägen (Fall A3) immer nur möglich, eine der beiden Teilnahmebedingungen exakt zu erfüllen. Daraus ergibt sich die im Vergleich zu Fall A3 teilweise erhebliche Gewinnsteigerung.

Fall B4: Typabhängige Alternativanlagen und unterschiedliche Gebühren

Ähnlich wie in Fall B1 ist es auch in Fall B3 möglich, alle Investorenrenten abzuschöpfen, wenn die optimale Lösung positive Gebührenparameter impliziert. Daher ist es nicht möglich, durch die Auflage unterschiedlicher Anlageklassen eine Erhöhung des Gewinns zu erreichen. Aus den zu Beginn der Untersuchung von Fall B2 genannten Gründen kann es jedoch für Fondsgesellschaften dennoch interessant sein, eine Separierung der beiden Anlegergruppen zu erreichen. Im Folgenden soll daher untersucht werden, ob eine solche Separierung nun im Fall einer typabhängigen Alternativanlage möglich ist und ob dies eine Verminderung des Gewinns der Fondsgesellschaft zur Folge hat.

Den Anlegern stehen wiederum die zwei weiter oben beschriebenen Alternativanlagen zur Verfügung. Die Teilnahmebedingungen lauten:

$$(1-F^k)(1+r)^{T^k}(1-f^k)^{T^k} \geq (1-p)^{T^k}(1+r)^{T^k}(1-r_i)^{T^k} \quad (2.45)$$
$$(1-F^l)(1+r)^{T^l}(1-f^l)^{T^l} \geq (1-2c)(1-p)^{T^l}(1+r)^{T^l}(1+r_i)^{T^l}. \quad (2.46)$$

Die Selbstselektionsbedingungen sind identisch mit denen aus Fall B2 und somit wiederum durch (2.39) und (2.40) gegeben. Das Optimierungsproblem der Fondsgesellschaft lautet nun

$$\max_{f^l, f^k, F^l, F^k} \quad \pi(f^l, f^k, F^l, F^k)$$
$$\text{u.d.B.} \quad (2.39), (2.40), (2.45), (2.46) \text{ und } f^l \geq 0,\ f^k \geq 0,\ F^l \geq 0,\ F^k \geq 0,$$

wobei der Gewinn gemäß (2.41) definiert ist.

Die optimale Lösung ist dadurch gekennzeichnet, dass in der Regel beide Teilnahmebedingungen bindend sind.[59] Die optimalen Gebührenparameter müssen die Selbstselektionsbedingungen (2.39) und (2.40) erfüllen und den folgenden, sich aus den Teilnahmebdingungen (2.45) und (2.46) ergebenden, Beziehungen genügen:[60]

$$F^k = 1 - \left(\frac{(1-p)\cdot(1-r_i)}{1-f^k}\right)^{T^k} \quad (2.47)$$
$$F^l = 1 - \frac{(1-2c)\cdot(1-p)^{T^l}(1+r_i)^{T^l}}{(1-f^l)^{T^l}}. \quad (2.48)$$

Die beiden Gleichungen (2.47) und (2.48) bilden ein Gleichungssystem mit vier Unbekannten. Es ergeben sich unendlich viele Lösungen, die dieses System lösen und zu einem Gewinn in Höhe von

59 Ausnahmen sind Parameterkonstellationen, in denen eine der Nichtnegativitätsbedingungen verletzt ist.

60 Ökonomisch entsprechen diese Gleichungen den Indifferenzkurven für die beiden Anlegergruppen, die von den Gebührenkombinationen gebildet werden, die zum maximal erreichbaren Nutzen bei Direktanlage führen.

$$\pi(F^{k*}, F^{l*}, f^{k*}, f^{l*}) = 1 - \frac{(1-2c)(1-p)^{T^l}(1+r_i)^{T^l} + (1-p)^{T^k}(1-r_i)^{T^k}}{2} - C \quad (2.49)$$

führen. Eine mögliche Lösung für das Gleichungssystem (2.47) und (2.48) ist die Auflage nur einer Anlageklasse, d.h. $F^k = F^l$ und $f^k = f^l$. Die optimale Lösung entspricht dann der optimalen Lösung aus B3. Dies erklärt auch, weshalb der maximale Gewinn im vorliegenden Fall dem maximalen Gewinn aus B3 entspricht. Allerdings gibt es nun durch die zusätzlichen Freiheitsgrade, die sich durch die Möglichkeit der Auflage von zwei Anlageklassen ergeben, nicht nur die eben beschriebene Lösung, die zu einem Pooling-Gleichgewicht führt. Daneben gibt es noch unendlich viele andere Lösungen, die ebenfalls zu einem maximalen Gewinn führen, ohne die Selbstselektionsbedingungen zu verletzen. Diese führen jedoch, anders als im vergleichbaren Fall A4, zu einem Separationsgleichgewicht. Beispiele für solche möglichen optimale Gebührenstrukturen sind in Tabelle 2.6 aufgeführt. Als Referenzfall dient wiederum Fall Nr. 1, dem die in Tabelle 2.4 angegebenen Parameterwerte zugrundeliegen. Als Fälle Nr. 2 bis 5 sind alternative optimale Gebührenkombinationen angegeben, die zu einem Separationsgleichgewicht führen. Dabei sind als Grenzfälle zunächst die Fälle aufgeführt, in denen eine bzw. zwei Nichtnegativitätsbedingungen bindend sind (Nr. 2-4). Fall Nr. 4 stellt eine oft in der Realität zu beobachtende Gebührenstruktur dar, bei der neben einer No-Load Klasse eine zweite Klasse mit einem Ausgabeaufschlag und einer niedrigeren laufenden Gebühr angeboten wird. Ein Beispiel für eine Gebührenkombination, bei der bei beiden Anlageklassen ein positiver Ausgabeaufschlag und eine positive laufende Gebühr erhoben wird, ist als Fall Nr. 5 wiedergegeben.

In allen Fällen ist die laufende Gebühr bei der für den kurzfristigen Anleger vorgesehenen Klasse höher als bei der für die langfristig orientierten Anleger vorgesehenen Klasse, während das Gegenteil für die Ausgabeaufschläge gilt, d.h. $f^k \geq f^l$ und $F^k \leq F^l$. Dies bestätigt die Intuition der einfachen Beispielrechnung aus Tabelle 2.2.

Im Gegensatz zu den in der Literatur vorgeschlagenen Ansätzen zur Separierung von Anlegern (Chordia (1996) und Nanda u. a. (2000)) wird im vorliegenden Fall eine Trennung verschiedener Anlegergruppen über die Gebührenstruktur alleine erreicht. In den Modellen von Chordia (1996) und Nanda u. a. (2000) kommt es zwar ebenfalls zu einer Separierung, allerdings werden dort unterschiedliche Fonds aufgelegt, die eine unterschied-

Tabelle 2.6: Optimale Gebührenkonstellation und maximaler Gewinn bei alternativen Parameterkonstellationen (Fall B4)

Nr.	T^k	T^l	r_i	p	c	F^{k*}	F^{l*}	f^{k*}	f^{l*}	π^{B4}	Gleichgewicht
1	4	10	1%	1%	6%	4,70%	4,70%	0,8%	0,8%	990,7	Pooling
2	4	10	1%	1%	6%	0%	12,09%	1,99%	0%	990,7	Separierend
3	4	10	1%	1%	6%	2%	12,09%	1,49%	0%	990,7	Separierend
4	4	10	1%	1%	6%	0%	7,57%	1,99%	0,5%	990,7	Separierend
5	4	10	1%	1%	6%	2%	7,57%	1,49%	0,5%	990,7	Separierend

liche Rendite liefern. Die Separierung wird in diesen Modellen dadurch erreicht, dass die Verwaltungsgebühr auf die in der Anlageperiode erwirtschaftete Rendite erhoben wird und sich diese bei den beiden Fonds unterscheidet. Somit ergeben sich unterschiedliche Nettorenditen. Im vorliegenden Modell unterscheiden sich die Renditen der beiden Anlageklassen dagegen nicht. Somit stellt das hier vorgestellte Modell einen neuen Separationsmechanismus alleine mittels der Gebührenstruktur dar, der auch von einem Fonds mit verschiedenen Anlageklassen genutzt werden kann. Insbesondere ist eine Separierung dabei ohne Schmälerung des Gewinns möglich. Auch die Auflage unterschiedlicher Fonds ist hier nicht nötig und die damit verbundenen Kosten zur Verwaltung von zwei unterschiedlichen Portfolios fallen somit ebenfalls nicht an.

2.2.3 Zusammenfassung der wesentlichen Ergebnisse und Implikationen

Mit Hilfe des in diesem Abschnitt entwickelten Modells wurden im Wesentlichen drei Fragen untersucht:

1. Wie kann eine Fondsgesellschaft laufende und einmalige Gebühren für einen Fonds simultan optimal setzen?
2. Wie sieht die optimale Gebührenpolitik für verschiedene Anlageklassen eines Fonds aus?
3. Können Anlegergruppen mittels der Gebührenstruktur separiert werden und welche Auswirkungen hat dies auf den Gewinn?

Die Ergebnisse sind in Abbildung 2.5 zusammengefasst dargestellt.

Abbildung 2.5: Zusammenfassung der Ergebnisse des Gebührenmodells

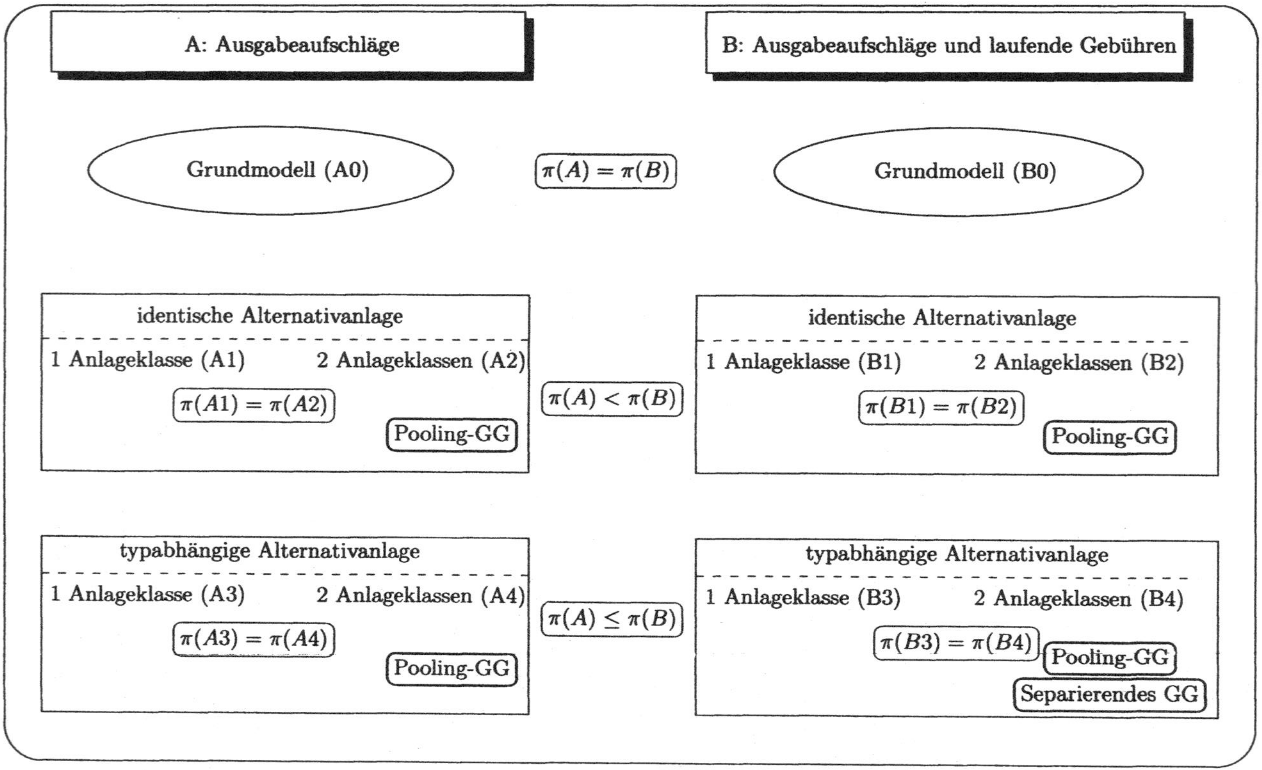

Quelle: Eigene Darstellung.

Zunächst wird gezeigt, dass eine Fondsgesellschaft alleine durch die Setzung von Ausgabeaufschlägen keine Separierung von Anlegergruppen mit unterschiedlichen Haltedauern erreichen kann (Fälle A1-A4).[61] Somit ist es auch nicht möglich, den Gewinn durch die Auflage von mehr als einer Anlageklasse zu erhöhen.

Im Weiteren wird gezeigt, wie laufende und fixe Gebühren optimal kombiniert werden können. Dies führt in der Regel zu einer Erhöhung des Gewinns im Vergleich zur alleinigen Setzung von fixen Gebühren, wenn die Anleger nicht völlig homogen sind (d.h. in allen Fällen außer in den zu Referenzzwecken jeweils zu Beginn der Abschnitte 2.2.1 und 2.2.2 vorgestellten Grundmodellen A0 und B0). Durch die Möglichkeit, einmalige und laufende Gebühren zu erheben, gelingt es der Gesellschaft meist, alle Investorenrenten abzuschöpfen, da die Teilnahmebedingungen exakt erfüllt werden können. Somit liefert der vorliegende Modellansatz eine Erklärung für das Phänomen, dass die überwiegende Mehrheit der Fonds sowohl laufende als auch einmalige Gebühren erhebt.[62]

Außerdem wird mit diesem Modell erstmals analysiert, wie eine Fondsgesellschaft verschiedene Anlageklassen mit unterschiedlichen Gebührenstrukturen für *einen* Fonds nutzen kann, um Anleger zu separieren. Dies gelingt (für die meisten realistischen Parameterkonstellationen) dann, wenn die optimale Alternativanlagemöglichkeit für die Investoren bei einer Direktanlage von ihrer Haltedauer abhängt, d.h. typabhängig ist. Dieser Fall wurde als Fall B4 untersucht und kommt von seinen Annahmen her der Realität am nächsten. Bei dem dort vorgestellten Separationsmechanismus wird eine Selbstselektion der Anleger in verschiedene Anlageklassen alleine durch die Gebührensetzung erreicht. Hierin unterscheidet sich dieser Mechanismus von den in der Literatur vorgeschlagenen Separationsmechnismen (Chordia (1996) und Nanda u. a. (2000)), bei denen eine Selbstselektion nur mit Hilfe unterschiedlicher Brutto-Portfoliorenditen (und somit bei einheitlichen laufenden Gebühren auch unterschiedlicher Netto-Renditen) verschiedener Fonds erreicht werden konnte.

Die Separation von Anlegern in verschiedene Anlageklassen ist mit keiner Gewinneinbuße verbunden. Allerdings kann damit in dem vorliegenden Modellrahmen auch keine

---

[61] Eine Separierung wäre auch durch die alleinige Setzung von laufenden Gebühren nicht möglich. Die Argumentation verläuft analog.

[62] Tatsächlich werden No-Load Strukturen hauptsächlich als eine mögliche Anlageklasse neben weiteren Anlageklassen von Mehrklassen-Fonds angeboten. Fonds, die nur eine einzige Anlageklasse anbieten, erheben dagegen in der Realität meistens eine Kombination aus laufenden und einmaligen Gebühren.

Erhöhung des Gewinns durch eine Separierung der Anleger erreicht werden. Dennoch gibt es für Fondsgesellschaften mehrere Gründe, Anleger zu separieren. Diese spielen eine wichtige Rolle im Rahmen der Marketing- und Distributionspolitik von Fondsfamilien, aber auch in Hinblick auf die Prognostizierbarkeit möglicher Abflüsse von Anlegergeldern.[63] Somit kann mit dem vorgestellten Modell auch motiviert werden, warum so viele Fondsgesellschaften verschiedene Anlageklassen des gleichen Fonds anbieten, die sich nur in ihren Gebührenstrukturen unterscheiden.

[63] Eine detaillierte Beschreibung der möglichen Gründe findet sich zu Beginn von Fall B2.

Kapitel 3

Entscheidungen der Fondsmanager

Während sich Kapitel 2 mit den Entscheidungen befasst hat, die von der Fondsfamilie zentral getroffen werden, beschäftigt sich dieser Teil der Arbeit mit dem Verhalten der einzelnen Fondsmanager.[64] Ein besonderer Schwerpunkt der Analysen liegt hierbei auf einer Untersuchung der Frage, wie Fondsmanager mit den anderen Managern ihrer eigenen Familie konkurrieren. Die bisherige Literatur hat sich dagegen ausschließlich mit dem Wettbewerb zwischen den Fondsmanagern in ihrem jeweiligen Marktsegment beschäftigt.

Im Folgenden wird ebenfalls zunächst die Konkurrenz zwischen den Fondsmanagern in ihrem jeweiligen Marktsegment betrachtet. Es wird davon ausgegangen, dass die Fondsmanager jedes Segments miteinander um Zuflüsse konkurrieren. Die besten Fonds in ihrem jeweiligen Segment profitieren von hohen Zuflüssen (Ippolito (1992)). Da Fondsmanager nach dem von ihnen verwalteten Fondsvolumen entlohnt werden (Khorana (1996)), haben sie starke Anreize, das Volumen ihres Fonds zu maximieren.

Die empirische Literatur hat gezeigt, dass hauptsächlich die besten Fonds von großen Zuflüssen profitieren, während sich die Zuflüsse in schlechte und mittelmäßige Fonds kaum unterscheiden (Sirri und Tufano (1998)). Für die Fondsmanager ergeben sich aus dieser konvexen Performance-Zufluss Beziehung somit Anreizstrukturen, die mit einer Turniersituation vergleichbar sind. Es ist nur wesentlich, eine Top-Position zu

[64] Im Folgenden werden die Begriffe Fondsmanager und Fonds synonym verwendet. Fondsmanager verwalten zwar in der Realität oftmals mehrere Fonds, allerdings untersuchen sowohl fast alle existierenden Arbeiten in der Literatur als auch die folgenden eigenen empirischen Studien immer einen einzelnen Fonds als Beobachtungseinheit. Daher wird in der folgenden Argumentation implizit davon ausgegangen, dass ein Fondsmanager jeweils einen Fonds verwaltet bzw. die Entscheidungen für jeden der von ihm verwalteten Fonds unabhängig trifft.

erreichen. Wird eine Top-Position verfehlt, so spielt die tatsächlich erreichte Position keine große Rolle. Brown u. a. (1996) haben erstmals die Auswirkungen einer solchen Turniersituation auf das Verhalten von Fondsmanagern untersucht. Sie legen dar, dass die konvexe Performance-Zufluss Beziehung zu Anreizen für Fondsmanager führt, ihr Risiko in Abhängigkeit ihrer Performance anzupassen. Die Autoren führen aus, dass diese Risikoanpassung im Rahmen eines sich jährlich wiederholenden *Segmentturniers* stattfindet.[65]

Im Folgenden werden die impliziten Risikoanreize, die sich aus der Performance-Zufluss Beziehung ergeben, nochmals in einer eigenen empirischen Studie genauer beleuchtet. Dabei wird - anders als in der bisherigen Literatur - ein Datensatz verwendet, der den gesamten Aktiefondsmarkt abdeckt und nicht nur die großen Marktsegmente umfasst. Es zeigt sich hierbei, dass das Ergebnis einer konvexen Performance-Zufluss Beziehung auch mit diesem erweiterten Datensatz bestätigt werden kann.

Darauf aufbauend wird das Risikoverhalten der Fondsmanager im Segmentturnier untersucht. Anders als in der Studie von Brown u. a. (1996) wird jedoch auf Basis eines theoretischen Modells von Taylor (2003) argumentiert, dass die optimale Risikoanpassungsstrategie von der kompetitiven Situation abhängt, in der sich ein Fonds befindet. Unter der kompetitiven Situation wird in dieser Arbeit der Wettbewerbsdruck verstanden, der mittels der Anzahl der Konkurrenten approximiert wird. Die empirischen Ergebnisse zeigen, dass die kompetitive Situation in dem Segment, in dem ein Fondsmanager tätig ist, tatsächlich einen Einfluss auf sein Risikoverhalten hat. Der Einfluss der kompetitiven Situation auf das Verhalten von Fondsmanagern im Segmentturnier wurde bislang in der empirischen Literatur nicht betrachtet.

Im weiteren Verlauf dieses Kapitels wird gezeigt, dass Fondsmanager nicht nur gegen die anderen Fondsmanager in ihrem Segment konkurrieren. Vielmehr findet auch ein intensiver Intra-Firmen Wettbewerb zwischen den Fondsmanagern innerhalb einer Familie statt. Die Fondsmanager konkurrieren dabei z.B. darum, befördert zu werden, oder darum, dass ihr Fonds beworben wird und sie somit von höheren Zuflüssen profitieren. Es wird gezeigt, dass sich für Fondsmanager in Abhängigkeit ihrer relativen Position innerhalb ihrer Familie ähnliche Anreizstrukturen ergeben, wie sie im Rahmen

[65] Da die Fondsmanager jeweils gegen die anderen Fondsmanager in ihrem Segment konkurrieren, im Allgemeinen jedoch nicht gegen die Fondsmanager aus anderen Segmenten (Navone (2002)), wird das Turnier hier als *Segmentturnier* bezeichnet.

des Segmentturniers in Abhängigkeit ihrer relativen Position innerhalb ihres Segments existieren. Auch innerhalb der Familie kann eine konvexe Performance-Zufluss Beziehung nachgewiesen werden: Die besten Fonds einer Familie erhalten beträchtliche zusätzliche Zuflüsse, während sich die Zuflüsse der schlechten und mittleren Fonds einer Familie kaum unterscheiden.

Es wird im Folgenden dann gezeigt, dass sich Fondsmanager infolgedessen neben dem Segmentturnier auch an einem *Familienturnier* beteiligen. Dieses Familienturnier wurde bislang in der Literatur noch nicht betrachtet. Damit wird erstmals empirische Evidenz für Intra-Firmen Wettbewerb in der Fondsindustrie geliefert und die vorliegende Arbeit liefert somit auch einen Beitrag zu der noch sehr kleinen empirischen Literatur zum Inter-Firmen Wettbewerb (vgl. Ruebeck (2002)). Das konkrete Verhalten der Fondsmanager im Familienturnier wird dabei, ähnlich wie im Segmentturnier, von der kompetitiven Situation innerhalb der Familie bestimmt.

Insgesamt liefern die Ausführungen in diesem Abschnitt eine völlig neue Sichtweise auf Fondsfamilien. Während die bisherige Literatur implizit davon ausgeht, dass die Fondsmanager einer Familie koordiniert handeln (z.B. Mamaysky und Spiegel (2002) oder Nanda u. a. (2004)), wird hier gezeigt, dass sie in einem intensiven Wettbewerb miteinander konkurrieren.

Im Folgenden wird der Aufbau des Kapitels kurz vorgestellt: Zunächst wird ein Überblick über den Stand der Literatur zum Verhalten von Fondsmanagern gegeben (Abschnitt 3.1). Dabei wird neben den Arbeiten zum Anlageerfolg von Fondsmanagern insbesondere auf die mit den eigenen Auswertungen verwandten Studien zur Performance-Zufluss Beziehung im Segment und zum Segmentturnier eingegangen. Abschnitt 3.2 wendet sich einer eigenen empirischen Untersuchung der Performance-Zufluss Beziehung im Segment zu. In Abschnitt 3.3 wird dann das Risikoverhalten der Fondsmanager im Segmentturnier betrachtet. Dort werden auch die Argumente bezüglich des Einflusses der kompetitiven Situation auf das Verhalten im Segmentturnier entwickelt und untersucht. Daran anschließend wird in Abschnitt 3.4 das in dieser Arbeit neu eingeführte Familienturnier untersucht. Auch hier wird zunächst analysiert, ob es analog zur Performance-Zufluss Beziehung im Segment auch in der Familie eine konvexe Performance-Zufluss Beziehung gibt. Die daraus resultierenden Auswirkungen auf das Risikoverhalten von Fondsmanagern im Rahmen des Familienturniers werden dann in Abschnitt 3.5 betrachtet, wo auch der Einfluss der kompetitiven Situation innerhalb der Familie untersucht wird.

3.1 Stand der Literatur

Fondsmanager sind in erster Linie für die Portfoliozusammensetzung des von ihnen verwalteten Fonds verantwortlich. In welcher Art und Weise diese Anlageentscheidung getroffen wird und zu welchem Erfolg sie führt, wurde in zahlreichen Studien untersucht. Den größten Anteil dieser Arbeiten machen dabei Studien zur Performance und zur Performancepersistenz von Fonds aus.[66] Diese Arbeiten werden in Abschnitt 3.1.1 kurz vorgestellt.

Daneben gibt es eine Reihe von Arbeiten, die sich theoretisch und empirisch mit Risikoanreizen von Fondsmanagern befassen. Diese Arbeiten dienen als Grundlage und Motivation für die später folgenden eigenen empirischen Auswertungen. Sie werden daher ausführlich in Abschnitt 3.1.2 vorgestellt.

3.1.1 Anlageerfolg von Fondsmanagern

Performance

Die Frage nach dem Erfolg von Fondsmanagern wird schon seit Jahrzehnten in zahlreichen Studien untersucht.[67] Als Hauptergebnis der zahlreichen Performancestudien lässt sich festhalten, dass Fonds im Durchschnitt keine signifikante Überperformance relativ zu ihrer Benchmark erzielen.[68] Dennoch gibt es einige empirische Studien, in denen gezeigt wird, dass Fondsmanager zumindest bei der Auswahl von Aktien Fähigkeiten besitzen. Diese Studien stellen fest, dass die von Fonds gekauften Aktien im Mittel eine bessere Performance aufweisen als die von Fonds nicht gehaltenen Aktien.[69] Die Fähigkeiten bei

---

66 Auch hier beziehen sich die meisten Studien auf die Performance von Fonds und nicht von Fondsmanagern. Studien, die sich dagegen tatsächlich auf den Erfolg von Managern konzentrieren, sind Baks (2003) und Ding und Wermers (2004). Studien, die den Einfluss von Managereigenschaften auf den Erfolg von Fonds untersuchen, wurden in Abschnitt 2.1.4.1 vorgestellt.

67 Für eine Übersicht bisheriger Performancestudien vgl. Wittrock (2000).

68 Beispiele für Studien zum US-Markt sind Jensen (1968), Malkiel (1995), Gruber (1996) und Carhart (1997). Vergleichbare Ergebnisse finden sich auch für andere Märkte, z.B. für Deutschland in Griese und Kempf (2003). Zur Performance deutscher Investmentfonds vgl. auch Stehle und Grewe (2001).

69 Vgl. Grinblatt und Titman (1989) und (1993), Grinblatt u. a. (1995), Wermers (1997), Daniel u. a. (1997), Wermers (2000) und Chen u. a. (2000).

der Aktienauswahl reichen jedoch in der Regel nicht aus, um die mit der Verwaltung eines Fonds einhergehenden Kosten zu decken. Daher gelingt es Fonds im Mittel nicht, eine Überperformance gegenüber dem Markt zu erzielen.

Performancepresistenz

Die Literatur zur Persistenz der Performance von Investmentfonds ist ebenfalls sehr breit. Ein Überblick über empirische Studien findet sich in Tabelle 3.1. Die meisten Arbeiten finden zwar ein gewisses Maß an Persistenz, kommen jedoch auch zu dem Ergebnis, dass sie langfristig kaum nachzuweisen und kurzfristig meist nur schwach ausgeprägt ist.[70] So finden Bollen und Busse (2005) Persistenz nur auf Quartalsbasis. Werden längere Zeiträume betrachtet, so kann keine Persistenz festgestellt werden. Dabei wird die gefundene kurzfristige Persistenz in der Regel hauptsächlich durch die Persistenz schlechter Fonds verursacht, die aus hohen Kosten bei diesen Fonds resultiert.[71]

Einen theoretischen Erklärungsansatz für das Phänomen der kurzfristigen Persistenz liefern Berk und Green (2004). In ihrem Modell besitzen Manager zwar die Fähigkeit, Überrenditen zu generieren, allerdings sind diese Fähigkeiten begrenzt und nehmen mit zunehmendem verwalteten Vermögen ab. Da Fonds nach guter Performance hohe Zuflüsse verzeichnen (vgl. Abschnitt 3.2), kommt es in der Folge zu einer Verminderung und schließlich im Gleichgewicht zum Verschwinden der Überrenditen auch bei fähigen Managern. Dies ist eine mögliche Erklärung dafür, weshalb man zwar kurzfristig schwache Persistenz beobachtet, diese jedoch langfristig verschwindet.[72]

Aus der Literatur zur Performance von Investmentfonds lässt sich also schließen, dass es Managern nicht zu gelingen scheint, über einen längeren Zeitraum eine Überperformance nach Gebühren im Vergleich zum Markt zu generieren.

70 Beispiele sind Wermers (2003), Baks (2003), Ding und Wermers (2004), Brown und Harlow (2004) und Guedj und Papastaikoudi (2004).

71 Vgl. Carhart (1997), Fletcher und Forbes (2002) und Bollen und Busse (2005).

72 Weitere Erklärungsversuche für Performancepersistenz finden sich auch in Grinblatt und Titman (1992), Brown u. a. (1992), Hendricks u. a. (1993), Goetzmann und Ibbotson (1994), Brown und Goetzmann (1995), Malkiel (1995), Volkman und Wohar (1995), Gruber (1996), Elton u. a. (1996a), Daniel u. a. (1997), Wermers (1997), Carhart (1997), Sauer (1997), Phelps und Detzel (1997), Blake und Timmermann (1998), Pleschiutschnig (2000), Fletcher und Forbes (2002), Otten und Bams (2002), Brown und Harlow (2004), Ding und Wermers (2004), Guedj und Papastaikoudi (2004), Bernhardt u. a. (2004) und Bollen und Busse (2005).

Tabelle 3.1: Übersicht über empirische Studien zur Performance-Persistenz

Autor(en) (Jahr)	Fondsart[a]	Land	Zeitraum	Persistenz
Carlson (1970)	Aktienfonds	USA	1948-1967	ja
McDonald (1974)	Investmentfonds	USA	1960-1969	gering
Kon und Jen (1979)	Aktienfonds	USA	1960-1971	ja
Lehmann und Modest (1987)	Aktienfonds	USA	1969-1978	ja
Grinblatt und Titman (1989)	Aktienfonds	USA	1974-1984	teilweise
Grinblatt und Titman (1992)	Investmentfonds	USA	1974-1984	ja
Brown u. a. (1992)	Investmentfonds	USA	1976-1987	ja
Hendricks u. a. (1993)	Aktienfonds	USA	1974-1988	ja
Goetzmann und Ibbotson (1994)	Investmentfonds	USA	1976-1988	ja
Volkman und Wohar (1995)	Internationale Fonds	USA	1980-1989	ja
Grinblatt u. a. (1995)	Investmentfonds	USA	1974-1985	ja
Malkiel (1995)	Aktienfonds	USA	1971-1990	teilweise
Elton u. a. (1996a)	Aktienfonds	USA	1977-1993	ja
Gruber (1996)	Investmentfonds	USA	1984-1994	ja
Carhart (1997)	Investmentfonds	USA	1962-1993	ja
Sauer (1997)	Investmentfonds	USA	1976-1992	teilweise

[a] Die Angabe Investmentfonds bedeutet, dass in diesen Studien Aktienfonds, gemischte Fonds und evtl. Rentenfonds gemeinsam untersucht werden.

Übersicht über empirische Studien zur Performance-Persistenz (Fortsetzung)

Autor(en) (Jahr)	Fondsart[a]	Land	Zeitraum	Persistenz
Phelps und Detzel (1997)	Aktienfonds	USA	1975-1995	nein
Wermers (1997)	Investmentfonds	USA	1975-1994	ja
Blake und Timmermann (1998)	Aktienfonds	UK	1972-1995	ja
Grünbichler und Pleschiutschnig (1999)	Aktienfonds	EU	1988-1998	ja
Jain und Wu (2000)	Beworbene Fonds	USA	1994-1996	nein
Pleschiutschnig (2000)	Aktienfonds	USA	1988-1998	ja
Otten und Bams (2002)	Aktienfonds	EU	1991-1998	teilweise
Fletcher und Forbes (2002)	Aktienfonds	UK	1982-1996	ja
Wermers (2003)	Investmentfonds	USA	1974-1994	ja
Baks (2003)	Fondsmanager	USA	1992-1999	ja
Otten und Schweitzer (2003)	Aktienfonds	D	1990-1999	ja
Brown und Harlow (2004)	Aktienfonds	USA	1991-2003	ja
Ding und Wermers (2004)	Fondsmanager	USA	1985-2002	ja
Guedj und Papastaikoudi (2004)	Aktienfonds	USA	1990-2003	ja
Bollen und Busse (2005)	Aktienfonds	USA	1985-1995	ja

[a] Die Angabe Investmentfonds bedeutet, dass in diesen Studien Aktienfonds, gemischte Fonds und evtl. Rentenfonds gemeinsam untersucht werden.

3.1.2 Risikoverhalten von Fondsmanagern

Die Literatur zu Risikoanreizen im Kontext des delegierten Portfoliomanagements beschäftigt sich überwiegend mit den Auswirkungen bestimmter Entlohnungsschemata, bei denen die Bezahlung explizit vom Erfolg abhängt, auf das Verhalten von Fondsmanagern.[73] Solche expliziten Entlohnungsschemata sind jedoch bei offenen Investmentfonds nur wenig verbreitet (vgl. Abschnitt 2.1.4.1) und werden daher im Folgenden nicht weiter betrachtet.

Allerdings bestehen implizite Anreize für Fondsmanager, eine gute Performance zu erzielen. Diese Anreize resultieren daraus, dass Fondsmanager offener Investmentfonds oftmals nach dem von ihnen verwalteten Vermögen bezahlt werden (Khorana (1996)). Da die Zuflüsse in einen Fonds von seiner Performance abhängen, ergibt sich implizit dadurch doch eine performanceabhängige Bezahlung. Die Literatur zum Zusammenhang zwischen der Performance von Fonds und ihren Zuflüssen dient als zentrale Motivation für die Studien zum Risikoverhalten von Fondsmanagern und wird daher ausführlich in Abschnitt 3.1.2.1 dargestellt.[74] Das Hauptergebnis dieser Studien ist, dass ein positiv konvexer Zusammenhang zwischen vergangener Performance und Zuflüssen besteht. Die Risikoanreizwirkungen, die von diesem konvexen Zusammenhang ausgehen, wurden ebenfalls bereits theoretisch und empirisch in einigen Arbeiten untersucht. Diese werden in Abschnitt 3.1.2.2 vorgestellt.

3.1.2.1 Performance-Zufluss Beziehung im Segment

Die Performance-Zufluss Beziehung ist inzwischen in einer Vielzahl von Studien betrachtet worden. In ihnen wird untersucht, welcher Zusammenhang zwischen vergangener Performance und künftigen Zuflüssen neuer Anlagegelder besteht.[75] Die Autoren führen

[73] Zur Anreizwirkung solcher (oft konvexen) Entlohnungsmechanismen vgl. Starks (1987), Cohen und Starks (1988), Grinblatt und Titman (1989), Stoughton (1993), Heinkel und Stoughton (1994), Carpenter (2000), Garcia (2001), Arora und Ou-Yang (2001), Das und Sundaram (2002), Ou-Yang (2003), Palomino und Prat (2003), Dybvig u. a. (2004), Kuhnen (2004) und Ross (2004). Die Auswirkungen verschiedener Entlohnungsschemata im Rahmen des delegierten Portfoliomanagements auf das Kapitalmarktgleichgewicht wird in Stutzer (2003), Dagupta und Prat (2004), Petajisto (2004), Kapur und Timmermann (2005) und Cornell und Roll (2005) betrachtet.

[74] Die hier vorgestellten Arbeiten untersuchen Zuflüsse auf der Einzelfondsebene. Determinanten der Zuflüsse auf Familienebene werden in Siggelkow (2003), Khorana und Servaes (2004) und Gallaher u. a. (2004) untersucht. Warther (1995), Santini und Aber (1998), Fant (1999), Cha und Lee (2001), Edelen und Warner (2001), Syriopoulos (2002), Boyer und Zheng (2003), Luo (2003) und Kadiyala (2004) betrachten Fondszuflüsse auf Segmentebene.

[75] Der umgekehrte Zusammenhang, d.h. die Auswirkungen von Zuflüssen neuen Geldes auf die künftige Performance, wird in Edelen (1999), Rakowski (2003), Tiwari und Vijh (2003) und Alexander u. a. (2005) untersucht. Dabei wird in der Regel ein negativer Zusammenhang festgestellt.

aus, dass sich viele Investoren an den veröffentlichten Jahresendrankings orientieren. Daher werden die Zuflüsse in einen Fonds in einem bestimmten Jahr üblicherweise in Abhängigkeit der Performance dieses Fonds im vorhergehenden Jahr untersucht.

Beginnend mit Spitz (1970) und Smith (1978) wird in allen Studien ein positiver Zusammenhang gefunden. Die erste Studie, in der die konkrete Form des funktionalen Zusammenhangs zwischen vergangener Performance und Zuflüssen untersucht wird, ist Ippolito (1992). Er betrachtet 143 amerikanische Fonds im Zeitraum von 1965 bis 1984 und findet, dass es einen positiven Zusammenhang zwischen der vergangenen Performance eines Fonds und den Zuflüssen in diesen Fonds gibt. Dieser Zusammenhang ist jedoch für Fonds mit einer positiven Überrendite über den untersuchten Index stärker ausgeprägt als für andere Fonds. Während sich das Wachstum von Fonds mit mittelmäßiger und schlechter Performance kaum unterscheidet, ziehen die Top-Fonds den Großteil aller Zuflüsse an. Dieses Ergebnis einer konvexen Performance-Zufluss Beziehung wurde später von Sirri und Tufano (1998) und zahlreichen anderen Studien für verschiedene Zeiträume und für verschiedene Märkte bestätigt. Die empirischen Studien zur Performance-Zufluss Beziehung sind in Tabelle 3.2 zusammengefasst.[76]

In diesen empirischen Studien werden verschiedene Maße zur Erfassung der Performance eines Fonds verwendet.[77] Bezüglich der Frage, welches konkrete Performancemaß zur Erklärung von Fondszuflüssen am Besten geeignet ist, gibt es keine einheitliche Meinung in der Literatur, da die Ergebnisse unter Verwendung alternativer Maße (z.B. Überrenditen, Sharpe-Ratios, Jensen's Alphas) sehr ähnlich sind. Die vorliegenden empirischen Studien analysieren die verwendeten Performancemaße in kardinaler oder ordinaler Ausprägung.[78] Patel u. a. (1994) vergleichen Performanceränge und kardinale Performancemaße.

---

76 Agarwal u. a. (2004) untersuchen die Performance-Zufluss Beziehung bei Hedgefonds und finden dort ebenfalls eine konvexe Beziehung, während DelGuercio und Tkac (2002a) bei Pensionsfonds eine lineare Beziehung finden. Kaplan und Schoar (2005) betrachten die Performance-Zufluss Beziehung bei Private Equity Fonds und finden eine konkave Performance-Zufluss Beziehung in diesem Markt.

77 Ippolito (1992), Patel u. a. (1994), Roston (1996), Goetzmann und Peles (1997), Gruber (1996), Sirri und Tufano (1998), Berkowitz und Kotowitz (2000), Jain und Wu (2000) und Fant und O'Neal (2000) verwenden Renditen bzw. Überrenditen über den risikolosen Zinssatz oder einen Marktindex. Ippolito (1992), Patel u. a. (1994), Harless und Peterson (1998), Berkowitz und Kotowitz (2000), Lynch und Musto (2003) und Nanda u. a. (2004) untersuchen außerdem risikoadjustierte Performancemaße wie die Sharpe Ratio, das Jensen's Alpha oder Multifaktor-Alphas nach Fama und French (1993) und Carhart (1997).

78 Kardinale Maße werden z.B. in Ippolito (1992), Roston (1996), Goetzmann und Peles (1997), Gruber (1996), Berkowitz und Kotowitz (2000) und Jain und Wu (2000) verwendet, während bspw. Fant und O'Neal (2000) und DelGuercio und Tkac (2002a) ordinale Maße (d.h. Performanceränge) verwenden.

Tabelle 3.2: Übersicht über empirische Studien zur Performance-Zufluss Beziehung

Autor(en) (Jahr)	Fondsart[a]	Land	Zeitraum	Beziehung[b]
Spitz (1970)	Aktienfonds	USA	1960-1967	positiv
Smith (1978)	Aktienfonds	USA	1966-1975	positiv
Woerheide (1982)	Aktienfonds	USA	1972-1976	schwach positiv
Ippolito (1992)	Aktienfonds	USA	1965-1984	pos./konvex
Patel u. a. (1994)	Aktienfonds	USA	1975-1987	positiv
Rockinger (1995)	Investmentfonds	USA	1977-1993	pos./konvex
Chevalier und Ellison (1997)	Aktienfonds	USA	1982-1992	pos./konvex
Harless und Peterson (1998)	Aktienfonds	USA	1980-1991	positiv
Sirri und Tufano (1998)	Aktienfonds	USA	1971-1990	pos./konvex
Krahnen u. a. (1999)	Aktienfonds	Deutschland	1987-1997	positiv[c]
Berkowitz und Kotowitz (2000)	Aktienfonds	USA	1980-1993	pos./konvex
Beveridge (2000)	Aktienfonds	Kanada	02/98-11/98	positiv
Fant und O'Neal (2000)	Aktienfonds	USA	1978-1997	pos./konvex
Sawicki (2000)	Institutionelle Fonds	Australien	1980-1995	pos./linear
Sawicki und Finn (2002)	Rentenfonds	Australien	1981-1995	positiv
Bergstresser und Poterba (2002)	Aktienfonds	USA	1994-2000	positiv
DelGuercio und Tkac (2002a)	Aktienfonds Pensionsfonds	USA USA	1987-1994 1985-1994	pos./konvex pos./linear
Kong (2002)	Investmentfonds	USA	1994-1996	positiv

[a] Die Angabe Investmentfonds bedeutet, dass in diesen Studien Aktien-, Renten- und Geldmarktfonds gemeinsam untersucht werden. Institutionelle Fonds sind Investmentfonds, die speziell für institutionelle Anleger vorgesehen sind.

[b] Die Abkürzung 'pos./konvex' bedeutet, dass eine positiv konvexe Performance-Zufluss Beziehung gefunden wurde. Dagegen steht 'pos./linear' dafür, dass kein konvexer Einfluss festgestellt werden konnte. Die Angabe 'positiv' alleine bedeutet, dass ein positiver Zusammenhang gefunden wurde, eine mögliche Nicht-Linearität der Performance-Zufluss Beziehung aber nicht untersucht wurde.

[c] Der Marktanteil eines Fonds hängt positiv von seiner vergangener Performance ab. Es wird keine explizite Aussage über die tatsächlichen Zuflüsse gemacht.

Übersicht über Empirische Studien zur Performance-Zufluss Beziehung (Fortsetzung)

Autor(en) (Jahr)	Fondsart	Land	Zeitraum	Beziehung
Navone (2002)	Investmentfonds	Italien	1999-2001	pos./linear
Shu u. a. (2002)	Aktienfonds	Taiwan	1995-1999	positiv
Adkisson und Fraser (2003)	Aktienfonds	USA	2001-2002	positiv
Cashman (2003)	Aktienfonds	USA	1963-2002	pos./konvex
Goriaev (2003)	Investmentfonds	USA	1993-1999	positiv
Goriaev u. a. (2003b)	Aktienfonds	USA	1991-2001	pos./konvex
James und Karceski (2003)	Aktienfonds	USA	1990-2001	pos./konvex
	Institutionelle Fonds	USA	1990-2001	pos./linear
Kaplan und Schoar (2005)	Private Equity Fonds	USA	1980-2001	pos./konkav
Wellman (2003)	Aktienfonds	USA	1980-1999	positiv
Zhao (2003b)	Investmentfonds	USA	1992-2001	pos./konvex
Zhao (2003a)	Intenationale Aktienfonds	USA	1992-2001	pos./konvex[a]
Barber u. a. (2005)	Aktienfonds	USA	1970-1999	pos./konvex
Chen u. a. (2004b)	Aktienfonds	USA	1990-2002	pos./konvex
Deaves (2004)	Investmentfonds	Kanada	1987-1998	pos./konvex
Elton u. a. (2004a)	Indexfonds	USA	1996-2001	positiv
O'Neal (2004)	Aktienfonds	USA	1994-2000	pos./konvex
Shrider (2004)	Investmentfonds	USA	2001-2002	positiv
Wellman (2004)	Aktienfonds	USA	1992-1999	positiv
Kempf und Ruenzi (2004a)	Aktienfonds	USA	1993-2001	pos./konvex
Ber u. a. (2005)	Aktienfonds	Deutschland	1990-2003	pos./konvex
Patro (2005)	International Aktienfonds	USA	1970-2003	pos./konvex

[a] Unter Verwendung von Sharpe-Ratios wird eine konvexe Performance-Zufluss Beziehung gefunden. Unter Verwendung von Renditen kann dieses Ergebnis jedoch nicht bestätigt werden.

Sie kommen zu dem Ergebnis, dass ordinale Maße Fondszuflüsse wesentlich besser erklären können als kardinale Maße. Investoren scheinen sich also bei ihrer Investitionsentscheidung hauptsächlich an der relativen Performance eines Fonds im Vergleich zu den anderen Fonds im gleichen Segment zu orientieren. Dies steht in Einklang mit den Ergebnissen einer Investorenbefragung in Capon u. a. (1994). Diese Autoren berichten, dass Performanceranglisten die wichtigste Informationsquelle für Fondsinvestoren darstellen.

Die empirische Literatur hat neben der vergangenen Performance eine ganze Reihe weiterer Einflussfaktoren auf die Zuflüsse in einen Fonds untersucht. Diese werden im Folgenden vorgestellt.

Einfluss des Fondsrisikos

Unabhängig davon, ob die Performance auf Basis von Renditen oder risikoadjustierten Maßen erfasst wird, finden Sirri und Tufano (1998), Cashman (2003) und Barber u. a. (2005) einen schwach negativen Effekt des Fondsrisikos, gemessen über die vergangene Renditestandardabweichung, auf zukünftige Zuflüsse. Dieser ist jedoch in der Regel nur marginal signifikant.

Einfluss vergangener Zuflüsse in den Fonds

Neben Performance und Risiko üben auch vergangenen Zuflüsse in einen Fonds einen positiven Einfluss auf seine aktuellen Zuflüsse aus.[79] Ein möglicher Grund hierfür sind individuelle Fondseigenschaften, die einen Einfluss auf die Nachfrage nach einem bestimmten Fonds haben und die über die Zeit konstant bleiben. Ein weiterer möglicher Grund ist das Vorliegen eines Status Quo Bias bei Fondsinvestoren. Individuen unterliegen einem Status Quo Bias, wenn sie sich in wiederholt auftretenden Entscheidungssituationen immer wieder für die gleiche Alternative entscheiden, selbst wenn dies unter geänderten Rahmenbedingungen nicht mehr optimal ist. Eine mögliche Erklärung hierfür ist, dass Individuen eine Aversion dagegen haben, einmal in gewisser Weise getroffene Entscheidungen später zu revidieren. Diese Aversion kann dadurch erklärt werden, dass sich die Investoren durch eine solche Revision implizit eingestehen müssten, zuvor eine

[79] Vgl. Zeckhauser u. a. (1991), Sirri und Tufano (1998) und Kempf und Ruenzi (2004c).

suboptimale Entscheidung getroffen zu haben.[80] Auf Fonds übertragen bedeutet dies, dass Investoren immer wieder die gleichen Fonds kaufen, selbst wenn diese nach dem erstmaligen Kauf eine enttäuschende Performance geliefert haben.

Einfluss der Fondsgröße

Chevalier und Ellison (1997) und Sirri und Tufano (1998) finden einen negativen Einfluss der Größe eines Fonds auf seine Zuflüsse, wobei Zuflüsse hier als relative Größe in Bezug auf das Volumen des Fonds definiert werden. Dies deutet darauf hin, dass es für bereits sehr große Fonds schwieriger ist zu wachsen als für kleinere Fonds.

Einfluss des Fondsalters

Bergstresser und Poterba (2002), DelGuercio und Tkac (2002a) und Kempf und Ruenzi (2004a) untersuchen den Einfluss des Alters eines Fonds auf seine Zuflüsse und finden einen negativen Zusammenhang.

Einfluss der Fondsgebühren

Eine weitere Bestimmungsgröße für Fondszuflüsse sind Gebühren. Sirri und Tufano (1998) berechnen ein Maß für die gesamte Gebührenbelastung des Anlegers. Sie unterstellen dazu eine durchschnittliche Haltedauer von sieben Jahren für Fondsinvestoren und addieren daher die laufenden Gebühren und ein Siebtel der einmaligen Gebühren. Die Autoren finden einen negativen Einfluss der so definierten Gebührenbelastung auf die Zuflüsse. Bergstresser und Poterba (2002), Reuter und Zitzewitz (2004) und Ruenzi (2005) spalten dagegen die Gebührenbelastung auf. Diese Autoren berichten einen positiven Einfluss der einmaligen Gebühren und einen negativen Einfluss der laufenden Gebühren.[81] Eine mögliche Erklärung hierfür ist, dass einmalige Gebühren häufig für Vertriebs- und Marketingausgaben verwendet werden, was in der Folge zu einer höheren Nachfrage nach Fonds führt (vgl. Abschnitt 2.1.3.1). Laufende Gebühren werden direkt aus dem verwalteten Vermögen entnommen und verschlechtern daher die Performance.

---

[80] Zu dieser und anderen möglichen Erklärungen für das Auftreten des Status Quo Bias, vgl. auch Samuelson und Zeckhauser (1988).

[81] Barber u. a. (2005) untersuchen ebenfalls Ausgabeaufschläge und laufende Gebühren getrennt, berichten jedoch für unterschiedliche Teilstichproben uneinheitliche Ergebnisse.

Sie führen somit in der Folge zu niedrigeren Zuflüssen.

Einfluss der Handelsaktivität des Fonds

Die Handelsaktivität eines Fonds, gemessen durch die Umschlaghäufigkeit des Fondsportfolios (die *Turnover Rate*), hat laut Woerheide (1982) und Bergstresser und Poterba (2002) keinen signifikanten Einfluss auf das Wachstum von Fonds. Rockinger (1995) und Kempf und Ruenzi (2004c) finden dagegen einen positiven Einfluss.

Einfluss von Fondsratings

Die von unabhängigen Ratingagenturen wie *Morningstar* oder *Standard & Poor's* vergebenen Fondsratings haben ebenfalls einen Einfluss auf das Wachstum von Fonds. Sowohl DelGuercio und Tkac (2002b) als auch Adkisson und Fraser (2003) berichten, dass Fonds mit guten Ratings höhere Zuflüsse haben als Fonds mit schlechten Ratings. Dieser Einfluss kann nicht alleine durch die bessere Performance erklärt werden, die von den Agenturen als gut eingestufte Fonds im Vergleich zu schlechter bewerteten Fonds zuvor gezeigt haben.

Einfluss von Werbung und Medienpräsenz des Fonds

Werbung ist ein weiterer Aspekt, der für die Nachfrage nach Fonds von Bedeutung ist (vgl. auch Abschnitt 2.1.3.1). Jain und Wu (2000), Cronqvist (2003) und Gallaher u. a. (2004) finden alle einen positiven Einfluss von Werbung auf die Nachfrage nach Fonds. Einen positiven Zusammenhang stellen Kaniel u. a. (2004) und Sirri und Tufano (1998) auch zwischen der Nennung des Fonds in der Presse und seinen Zuflüssen fest. Sirri und Tufano (1998) legen dar, dass sowohl Werbung als auch die Medienpräsenz eines Fonds seine Sichtbarkeit erhöhen und Suchkosten für Anleger minimieren können. Dies führt zu höheren Zuflüssen in diesen Fonds.

Einfluss der Familie des Fonds

Neben den bereits genannten fondsindividuellen Charakteristika spielen auch die Eigenschaften der Familie, zu der ein Fonds gehört, eine wichtige Rolle. So findet Navone (2002) einen positiven Einfluss der gesamten Zuflüsse der Familie eines Fonds auf die Zuflüsse in diesen Fonds.[82] In diesem Einfluss spiegelt sich die Auswirkung der Eigenschaften der Familie auf die individuellen Fondszuflüsse wider.

Die Größe der Familie wird oft als Proxy für die Bedeutung und Sichtbarkeit der Familie interpretiert. Sie hat laut Siggelkow (2003) einen positiven aber nicht signifikanten Einfluss, während Ivkovic (2003) einen signifikant positiven Einfluss auf die Fondszuflüsse findet.[83]

Ein weiterer wichtiger Einflussfaktor auf das Wachstum eines individuellen Fonds ist der Erfolg der anderen Fonds in der gleichen Familie. Es ist denkbar, dass Investoren durch die gute Performance eines bestimmten Fonds einer Familie auf diese Familie aufmerksam werden. Dies hat positive Auswirkungen auf die Sichtbarkeit der gesamten Familie und führt somit möglicherweise zu höheren Zuflüssen für alle Fonds dieser Familie. Ein solcher positiver Spill-Over Effekt wird in verschiedenen empirischen Studien dokumentiert.[84]

Diese Ergebnisse sprechen deutlich dafür, dass die Familie, zu der ein Fonds gehört, eine wesentliche Determinante seines Wachstums ist. Auch hier würde daher eine Betrachtung des Einzelfonds, losgelöst von der zugehörigen Familie, zu kurz greifen.

3.1.2.2 Segmentturnier

Die Performance-Zufluss Beziehung gleicht in ihrer funktionalen Form dem Auszahlungsdiagramm einer Option. Da der Wert einer Option von der Volatilität des Underlyings abhängt, kann dies zu Anreizen für Fondsmanager führen, das Risiko ihrer Fonds anzupassen. Die erste Arbeit, in der die Risikoanreize untersucht werden, die sich aus der konvexen Performance-Zufluss Beziehung ergeben, ist Brown u. a. (1996). In dieser Arbeit wird die Konkurrenzsituation am Fondsmarkt als Turnier charakterisiert. Es wird ausgeführt, dass die Bezahlung von Managern nach dem von ihnen verwalteten Vermögen in Kombination mit der konvexen Performance-Zufluss Beziehung zu optionsähnlichen Anreizen führt. Manager, die zum Jahresende einen sehr guten Performancerang innerhalb ihres Segments erreichen, erhalten hohe Zuflüsse. Dies führt zu einem größeren

[82] In den Regressionen werden dabei die Zuflüsse in die Familie um die Zuflüsse in den betrachteten Fonds vermindert, um Endogenitätsprobleme zu vermeiden.

[83] Ber u. a. (2005) berichten auch für den deutschen Markt einen positiven Einfluss der Familiengröße auf individuelle Fondszuflüsse.

[84] Vgl. Ivkovic (2003), Khorana und Servaes (2004), Nanda u. a. (2004) und Ruenzi (2005). Diese Spillover-Effekte verstärken die in Abschnitt 2.1.4.3 skizzierten Anreize zu Quersubventionen innerhalb der Familie.

verwalteten Vermögen und somit zu einer höheren Entlohnung. Dagegen unterscheiden sich die Zuflüsse und somit die Entlohnung von Managern mit einem mittleren Performancerang in ihrem Segment und von Managern mit einem schlechten Performancerang in ihrem Segment kaum. In einer solchen Situation ist es für den Manager nur wichtig, einen Top-Rang in seinem Segment zu belegen bzw. das Segmentturnier zu gewinnen. Nach Brown u. a. (1996) führt eine solche Turniersituation zu Anreizen für Manager, ihr Risiko in Abhängigkeit ihres Segmentranges während des Jahres anzupassen. Ihre grundlegende Idee basiert auf der folgenden intuitiven Argumentation: Manager, die zur Jahresmitte eine unterdurchschnittliche Performance aufweisen (Verlierer), sollten ihr Risiko erhöhen. Somit können sie ihre Chance maximieren, bis zum Jahresende noch zu den Top-Fonds aufzuschließen und so ihre Zuflüsse zu steigern. Gleichzeitig können sie durch die Risikoerhöhung nur wenig verlieren, falls ihre Performance noch schlechter werden sollte, da sich Zuflüsse zwischen mittleren und schlechten Fonds ohnehin nicht stark unterscheiden.[85] Fonds, die zur Jahresmitte eine überdurchschnittliche Performance aufweisen (Gewinner), sollten dagegen ihr Risiko eher vermindern. So können sie ihre Top-Position bis zum Jahresende halten und sich die daraus resultierenden Zuflüsse sichern.

In ihrer empirischen Studie untersuchen Brown u. a. (1996) das Risikoverhalten von 334 Wachstumsfonds über den Zeitraum von 1976 bis 1991.[86] Sie betrachten dabei, wie Fondsmanager ihr Risiko nach dem ersten Teil des Jahres in Abhängigkeit ihrer Performance im ersten Halbjahr anpassen. Ihre Ergebnisse stützen das von ihnen entwickelte intuitive Argument: Verlierer erhöhen ihr Risiko tatsächlich stärker als Gewinner.

Dieses Ergebnis wurde seitdem in verschiedenen empirischen Papieren bestätigt. So betrachtet Orphanides (1996) wachstumsorientierte US Fonds in den Jahren 1976 bis 1993 und findet ebenfalls Evidenz dafür, dass Verlierer ihr Risiko stärker erhöhen als Gewinner. Dieses Ergebnis wird auch von Goriaev u. a. (2003a) unter Verwendung von Daten aus den Jahren 1976 bis 1999 bestätigt. Daniel und Wermers (2000) finden für Daten aus den Jahren 1962 bis 1997 ebenfalls, dass Verlierer ihr Risiko stärker erhöhen

[85] Fondsmanager laufen allerdings bei extrem schlechter Performance Gefahr, entlassen zu werden. Davon wird in Brown u. a. (1996) (und auch in den folgenden eigenen empirischen Auswertungen) abstrahiert. Arbeiten, in denen die Auswirkungen einer positiven Entlassungswahrscheinlichkeit explizit untersucht werden, sind z.B. Chiang (1999), Qiu (2003), Lin u. a. (2004) und Hu u. a. (2005).

[86] Sie untersuchen allerdings nur Fonds aus den Segmenten *Growth*, *Growth & Income* und *Aggressive Growth*.

als Gewinner. Ähnliche Ergebnisse werden auch in einer Reihe von weiteren Studien für unterschiedliche Teilstichproben von Fonds bestätigt.[87]

Daneben gibt es jedoch auch Studien, deren Ergebnisse in Widerspruch zu den bislang genannten Resultaten stehen. So findet bspw. Busse (2001) unter Verwendung von Tagesdaten keine Evidenz dafür, dass Verlierer ihr Risiko stärker erhöhen als Gewinner. Er unterstellt, dass die von den anderen Studien verwendeten Monatsdaten keine zuverlässige Schätzung des Risikoverhaltens von Fondsmanagern zulassen. Dieses Argument wurde indes von Goriaev u. a. (2005) entkräftet. Sie können zeigen, dass Monatsdaten aus ökonometrischer Sicht sogar besser als Tagesdaten zur Überprüfung von Hypothesen zum Risikoverhalten geeignet sind, da bei Verwendung von Monatsdaten mögliche Verzerrungen durch Autokorrelation in den Renditen bei der Schätzung der Renditestandardabweichung weniger ins Gewicht fallen. Allerdings finden neuere empirische Studien auch unter Verwendung von Monatsdaten Evidenz dafür, dass Gewinner ihr Risiko stärker erhöhen als Verlierer.[88] Dieses Ergebnis steht im Widerspruch zu den Ergebnissen von Brown u. a. (1996) und anderen früheren Studien. Es gibt bislang in der Literatur keine Arbeit, in der Gründe für diese abweichenden Ergebnisse erörtert werden. Es fällt jedoch auf, dass diejenigen Studien, die tendenziell von Beobachtungen aus späteren Jahren dominiert werden, eher Evidenz dafür finden, dass Gewinner ihr Risiko stärker erhöhen als Verlierer.[89] Studien, die hauptsächlich Daten aus älteren Jahren betrachten, finden das Gegenteil. Auf dieses Phänomen wird im Rahmen der eigenen empirischen Auswertungen in Abschnitt 3.3 nochmals detaillierter eingegangen.

Neben den empirischen Studien gibt es auch theoretische Arbeiten, in denen das Risikoverhalten von Fondsmanagern modelliert wird. So kann Taylor (2003) in einem Modell zeigen, dass das von Brown u. a. (1996) als intuitiv unterstellte Verhalten nur unter bestimmten Voraussetzungen theoretisch fundiert werden kann. In seinem theoretischen

---

87 Koski und Pontiff (1999) untersuchen eine Teilstichprobe von US Fonds, die Derivate verwenden, aus den Jahren 1992 bis 1994 und berichten ebenfalls das in Brown u. a. (1996) gefundene Verhalten. Elton u. a. (2003) finden für die Jahre 1990 bis 1999 dieses Verhalten auch bei Fonds, die performanceabhängige Gebühren verwenden. Für den spanischen Fondsmarkt präsentieren Olalla und Olmo (2001) ähnliche Ergebnisse für die Jahre 1992 bis 1998.

88 Lin u. a. (2004) kommt unter Verwendung von monatlichen Daten für 1981 bis 2001 und Bolster und DiBartolomeo (2002) unter Verwendung von monatlichen Daten für 1962 bis 2001 zu diesem Ergebnis. Ein ähnliches Resultat wird von Fletcher u. a. (2002) auch für den Fondsmarkt in Großbritannien für die von ihnen untersuchten Jahre 1995 bis 1997 berichtet.

89 Diese Studien verwenden zwar oftmals auch weiter in die Vergangenheit reichende Stichproben. Allerdings werden die Ergebnisse aufgrund des starken Wachstums der Fondsanzahl in den späten 1990er und frühen 2000er Jahren bei diesen Studien in der Regel von den letzten Jahren getrieben.

Modell zeigt er, dass Verlierer ihr Risiko nur dann stärker erhöhen sollten als Gewinner, wenn die Fondsmanager nicht strategisch interagieren. Das von Brown u. a. (1996) unterstellte und als intuitiv bezeichnete Verhalten kann also nur dann theoretisch motiviert werden, wenn es keine strategischen Interaktionen zwischen Gewinnern und Verlierern gibt. Dieses Verhalten wird daher im Folgenden als *nicht-strategisch* bezeichnet. Antizipieren die Gewinner jedoch das Verhalten der Verlierer, und umgekehrt, dann ergibt sich ein entgegengesetzes Ergebnis. In diesem Fall sollten Gewinner nach dem Modell von Taylor (2003) ihr Risiko stärker erhöhen als Verlierer. Auch Makarov (2005) zeigt in einem theoretischen Modell mit strategischen Interaktionen, dass Gewinner ihr Risiko stärker erhöhen sollten als Verlierer. Dieses Verhalten wird daher im Folgenden als *strategisches Verhalten* bezeichnet.[90]

3.1.3 Zwischenfazit

Die Literatur hat sich bislang hauptsächlich mit zwei Aspekten des Verhaltens von Fondsmanagern beschäftigt. Der erste Aspekt betrifft den Anlageerfolg von Fondsmanagern. Aus den Arbeiten zur Performance von Fondsmanagern lässt sich schliessen, dass es diesen nicht zu gelingen scheint, eine dauerhafte Überperformance zu generieren.

Der zweite Aspekt, mit dem sich die Literatur auseinandergesetzt hat, ist das Risikoverhalten von Fondsmanagern. Fondsmanager sind daran interessiert, ihr Einkommen zu maximieren. Laut Khorana (1996) werden die meisten Fondsmanager nach ihrem verwalteten Vermögen bezahlt. Sie haben daher ein Interesse daran, das von ihnen verwaltete Fondsvermögen zu maximieren. Ein *internes* Wachstum des Fondsvermögens kann erreicht werden, indem der Manager eine möglichst hohe Rendite erwirtschaftet. Dies führt zu Anreizen für den Manager, eine möglichst gute Performance zu liefern. Allerdings hat die oben vorgestellte empirische Literatur gezeigt, dass dies auf Dauer nur sehr wenigen Managern gelingt. Das verwaltete Vermögen wächst jedoch auch durch Zuflüsse von neu angelegten Geldern. Neben anderen Determinanten hängt dieses *externe*

---

90 Goriaev u. a. (2003a) entwickeln ebenfalls ein theoretisches Modell mit strategischer Interaktion. In ihrem Modell sollte jedoch der Verlierer sein Risiko stärker erhöhen als der Gewinner. Allerdings wird dieses Resultat von der Annahme getrieben, dass die erwarteten Fondsrenditen ab einem bestimmten Punkt mit dem Risiko stark sinken. Sie behaupten, dass dies durch steigende Kosten für Kreditzinsen ausgelöst werden kann. Dies impliziert, dass einer der beiden Fondsmanager in ihrem Modell hoch verschuldet sein muss. Almazan u. a. (2004) zeigen jedoch, dass Fonds selten, und wenn, dann nur in sehr geringem Umfang, verschuldet sind. Die kritische Annahme im Modell von Goriaev u. a. (2003a) ist also im Investmentfondsmarkt nicht gültig. Ihre Ergebnisse sollten daher nicht auf diesen Markt angewendet werden.

Wachstum hauptsächlich von der vergangenen relativen Performance des Fonds ab. Da der Zusammenhang zwischen vergangener Performance und zukünftigen Zuflüssen nicht linear ist, sondern eine ausgeprägte Konvexität aufweist, gibt es starke Anreize für Fondsmanager, ihr Risiko entsprechend dieser Anreize anzupassen. Das aus diesen Anreizen resultierende Risikoverhalten von Managern wurde ebenfalls bereits in einigen empirischen Studien beleuchtet, die allerdings teilweise widersprüchliche Ergebnisse berichten.

Bei der Betrachtung der bisherigen empirischen Literatur fallen einige Lücken auf. So finden sich unter den Studien zur Performance-Zufluss Beziehung keine Arbeiten, in denen alle Segmente der Fondsindustrie betrachtet werden. Stattdessen konzentrieren sich die bisherigen Studien in der Regel auf einige wenige Standardsegmente des Marktes.

Auch die Frage, unter welchen Voraussetzungen strategische Interaktionen beim Turnierverhalten von Fondsmanagern relevant sein können, wurde in der Literatur bislang nicht untersucht. Dies ist insbesondere deshalb erstaunlich, da das optimale Verhalten von Fondsmanagern nach verschiedenen theoretischen Modellen wie Taylor (2003) und Makarov (2005) ganz entscheidend davon abhängt, ob solche Interaktionen stattfinden oder nicht.

Des Weiteren beschränken sich alle Studien in der Literatur auf Anreize, die sich aus dem Wettbewerb eines Fonds mit den anderen Fonds in seinem *Marktsegment* ergeben. Sie untersuchen also das Verhalten von Managern in einem Segmentturnier. Es gibt jedoch bislang keine Studien, in denen die Anreize untersucht werden, die sich durch die Position einer Managers innerhalb seiner Familie ergeben können.

Die Lücken der bisherigen Literatur werden durch die in den folgenden Abschnitten vorgestellten empirischen Untersuchungen mittels Daten zu US-Aktienfonds geschlossen. Zunächst wird in Abschnitt 3.2 die Performance-Zufluss Beziehung in einem im Vergleich zu den existierenden Studien erweiterten Datensatz untersucht. Auch hier wird eine konvexe Performance-Zufluss Beziehung dokumentiert. Dies deutet darauf hin, dass Fondsmanager aus allen Segmenten ähnlichen Risikoanreizen unterliegen.

Das Verhalten der Manager in Abhängigkeit dieser Anreize im Rahmen des Segmentturniers wird in Abschnitt 3.3 untersucht. Insbesondere wird basierend auf den Argumenten aus dem Modell von Taylor (2003) erstmals untersucht, welchen Einfluss strategische Interaktionen (bzw. ihr Fehlen) auf die Risikoanpassungsstrategien von Fondsmanagern haben.[91]

Um die Risikoanreize für Fondsmanager im Kontext ihrer Familie zu untersuchen, wird in Abschnitt 3.4 der Zusammenhang zwischen der Position eines Fonds in seiner Familie und den Zuflüssen in diesen Fonds untersucht. Es zeigt sich, dass auch hier eine konvexe Beziehung zwischen der relativen Position eines Fonds in seiner Familie und seinen Zuflüssen besteht. Dies führt zu Anreizen für Fondsmanager, sich außer dem Segmentturnier auch an einem Familienturnier zu beteiligen.

Das Verhalten von Fondsmanagern in diesem Familienturnier wird erstmals in Abschnitt 3.5 untersucht. Ein besonderes Augenmerk liegt dabei auf der Analyse des Einflusses der kompetitive Situation in der Familie auf das Risikoverhalten der Fondsmanager.

3.2 Empirische Studie zur Performance-Zufluss Beziehung im Segment

Zuflüsse in Investmentfonds können von vielen potenziellen Determinanten abhängen (vgl. Abschnitt 3.1.2.1). Diese werden im Folgenden erstmals in einer alle Aktienfondssegmente umfassenden Studie untersucht. In Abschnitt 3.2.1 wird hierzu ein empirisches Modell entwickelt und die verwendeten Daten werden vorgestellt. Die Ergebnisse der Studie werden in Abschnitt 3.2.2 präsentiert und in Abschnitt 3.2.3 auf ihre Stabilität hin untersucht. In Abschnitt 3.2.4 wird ein kurzes Fazit gezogen.

Der Beitrag dieser Untersuchung liegt darin, die Ergebnisse früherer Studien mit Hilfe eines umfangreicheren Datensatzes zu überprüfen. Während sich frühere Studien auf ein oder wenige Segment(e) der Fondsindustrie beschränken, bezieht die vorliegende Studie alle Aktienfondssegmente in die Betrachtung mit ein. Dies ist ein für die weitere Argumentation bezüglich der Risikoanreize für Fondsmanager wichtiger Punkt, da die Ergebnisse

91 Das Modell von Taylor (2003) ist als Zwei-Personen Spiel formuliert. Die Intuition lässt sich jedoch auf mehrere Spieler übertragen.

von Sawicki (2000), DelGuercio und Tkac (2002a), Kaplan und Schoar (2005) und Ruenzi (2005) nahelegen, dass sich die Charakteristika von Investoren auf verschiedenen Märkten und in verschiedenen Segmenten der Fondsbranche unterscheiden. Dies kann einen Einfluss auf die funktionale Form der Beziehung zwischen Performance und Zuflüssen haben. Da das in Abschnitt 3.3 zu untersuchende Risikoverhalten mit einer konvexen Performance-Zufluss Beziehung motiviert wird, ist es wichtig festzustellen, ob die Performance-Zufluss Beziehung tatsächlich in allen Segmenten konvex ist.

3.2.1 Methodologie und Daten

Empirisches Modell

Viele Performancerankings werden am Jahresende basierend auf der Performance des vergangenen Jahres veröffentlicht. Investoren benutzen diese Rankings oftmals als Grundlage für ihre Anlageentscheidung im nächsten Jahr (Chevalier und Ellison (1997)). Daher wird in der vorliegenden Untersuchung der Zusammenhang zwischen den Zuflüssen in einen Fonds in einem Jahr t und der Performance dieses Fonds im Vorjahr $t-1$ untersucht.

Neben der Performance spielen auch andere in Abschnitt 3.1.2.1 dargestellte Größen für die Zuflüsse in einen Fonds eine wichtige Rolle. Der Einfluss dieser verschiedenen Größen auf den Zufluss neuen Geldes in einen Investmentfonds wird mit Hilfe eines multiplen Regressionsmodells untersucht. Die abhängige Variable ist der auf das Anfangsvermögen bezogene Zu- bzw. Abfluss von Anlagegeldern. Die relativen Nettozuflüsse eines Fonds i in Jahr t werden mit $NZ_{i,t}$ bezeichnet. Da in den vorliegenden Daten keine Angaben über die tatsächlichen Zu- und Abflüsse in den Fonds verfügbar sind, muss $NZ_{i,t}$ synthetisch berechnet werden. Dazu wird das von Chevalier und Ellison (1997) und Sirri und Tufano (1998) vorgeschlagene Verfahren angewendet. Diese Autoren berechnen die Zuflüsse in einen Fonds (externes Wachstum), indem sie die erwirtschaftete Rendite des Fonds, $R_{i,t}$ (internes Wachstum), vom Gesamtwachstum des Fonds abziehen. Das Gesamtwachstum des Fonds in einem Jahr t ergibt sich aus dem Anlagevermögen des Fonds am Ende des Jahres t, $FV_{i,t}$, abzüglich des Anlagevermögens des Fonds am Ende des Vorjahres, $FV_{i,t-1}$. Um die Wachstumsrate des Fondsvermögens zu bestimmen, wird diese Differenz ins Verhältnis zum Fondsvermögen am Ende des Vorjahres gesetzt. Insgesamt ergibt sich für das externe Wachstum des Fonds somit:

$$NZ_{i,t} = \frac{FV_{i,t} - FV_{i,t-1}}{FV_{i,t-1}} - R_{i,t}. \tag{3.1}$$

Implizit nimmt man damit an, dass alle neu angelegten Gelder dem Fonds am Jahresende zufließen.[92]

Die zentrale unabhängige Variable ist die vergangene Performance des Fonds. In der vorliegenden Studie werden Performanceränge verwendet, da ordinale Maße Zuflüsse besser erklären können als kardinale Maße (Patel u. a. (1994)).

Navone (2002) zeigt, dass Fonds hauptsächlich mit den anderen Fonds im gleichen Anlagesegment um neue Anlegergelder konkurrieren, nicht jedoch mit den Fonds aus anderen Segmenten. Daher werden die Ränge relativ zu den anderen Fonds im gleichen Anlagesegment berechnet. Um Segmente mit unterschiedlicher Fondsanzahl vergleichbar zu machen, werden die Rangzahlen außerdem normalisiert, so dass sie zwischen null und eins gleich verteilt sind. Der beste Fonds erhält die Rangzahl eins, während der schlechteste Fonds die Rangzahl null erhält. Im Grundmodell wird der Segmentrang eines Fonds i im Vorjahr $t-1$ basierend auf seiner Sharpe Ratio errechnet.[93]

Die Sharpe Ratio wird berechnet, indem die Überrendite des Fonds über den risikolosen Zinssatz zur Standardabweichung der Fondsrendite ins Verhältnis gesetzt wird:

$$SR_{i,t} = \frac{R_{i,t} - R_t^f}{std_{i,t}}.$$

Dabei bezeichnet R_t^f den risikolosen Zinssatz in Jahr t und $std_{i,t}$ die annualisierte Standardabweichung der Rendite von Fonds i in Jahr t. Der Segmentrang von Fonds i in Jahr t wird mit $SegRang_{i,t}$ bezeichnet.

Die allgemeine Form des zu schätzenden empirischen Modells lautet:

$$NZ_{i,t} = f(SegRang_{i,t-1}, \text{Kontrollgrößen}) \tag{3.2}$$

92 Ber u. a. (2005) zeigen mit Daten zum deutschen Fondsmarkt, dass die gemäß Gleichung (3.1) berechneten synthetischen Zuflüsse ein guter Proxy für die tatsächlichen Zuflüsse sind. Die Korrelation zwischen den beiden Größen beträgt 0,96.

93 Die Ergebnisse hängen jedoch nicht von der Wahl des Performancemaßes ab. Sie sind unter Verwendung von Renditerängen und Rängen basierend auf 3- bzw. 4-Faktor Alphas sehr ähnlich. Vgl. dazu und für weitere Stabilitätsuntersuchungen Abschnitt 3.2.3.

Im Folgenden wird Modell (3.2) detailliert beschrieben. Zunächst wird ausgeführt, wie der in der Literatur dokumentierte nichtlineare Zusammenhang zwischen vergangener Performance und Zuflüssen abgebildet wird. Danach werden die verwendeten Kontrollgrößen beschrieben.

Um den nichtlinearen Einfluss der Performance auf die Zuflüsse in einem empirischen Modell abzubilden, wird im Folgenden die von Sirri und Tufano (1998) und Fant und O'Neal (2000) vorgeschlagene Methodologie der stückweise linearen Regression angewendet. Dabei werden die Steigungskoeffizienten für verschiedene Performancequintile getrennt bestimmt. Im Folgenden wird die Steigung separat für das schlechteste und beste Performance-Quintil geschätzt. Für die drei mittleren Performance-Quintile wird die Steigung jedoch gemeinsam geschätzt.[94] Für die Durchführung der stückweise-linearen Regression müssen folgende Hilfsvariablen definiert werden:

$$\begin{aligned} SegQ1_{i,t-1} &= min(SegRang_{i,t-1}; 0,2) \\ SegQ2-4_{i,t-1} &= min(SegRang_{i,t-1} - SegQ1_{i,t-1}; 0,6) \\ SegQ5_{i,t-1} &= SegRang_{i,t-1} - (SegQ1_{i,t-1} + SegQ2-4_{i,t-1}) \end{aligned}$$

Dieses Vorgehen stellt sicher, dass insgesamt ein geschlossener Linienzug geschätzt wird. Das Regressionsmodell lautet dann:

$$\begin{aligned} NZ_{i,t} &= \beta_1 \cdot SegQ1_{i,t-1} + \beta_2 \cdot SegQ2-4_{i,t-1} + \beta_3 \cdot SegQ5_{i,t-1} \\ &\quad + \gamma \cdot Kontrollgrößen + \sum_{J=J_1}^{J_N} \alpha_J \cdot D(J)_{i,t} + \varepsilon_{i,t}, \end{aligned} \tag{3.3}$$

wobei β_1, β_2 und β_3 die Steigungskoeffizienten der Performance-Zufluss Beziehung im untersten, den drei mittleren bzw. dem obersten Performance-Quintil bezeichnen. γ ist ein Vektor bestehend aus Regressionskoeffizienten und *Kontrollgrößen* ist ein Vektor der im Folgenden beschriebenen Variablen, von denen ein möglicher Einfluss auf die Fondszuflüsse ausgeht. $D(J)$ sind Jahresdummies, die den Wert eins annehmen, falls die Beobachtung aus dem entsprechenden Jahr stammt und die sonst den Wert null

---

94 Es ist auch möglich, die Steigung für jedes Quintil einzeln zu schätzen. Eine entsprechende Schätzung hat jedoch ergeben, dass sich die Steigungen für die Quintile 2 bis 4 nicht signifikant voneinander unterscheiden. Daher werden die drei mittleren Quintile im Folgenden zusammengefasst.

Tabelle 3.3: Auflistung der Kontrollgrößen

Variable	Bedeutung
$std_{i,t-1}$	Standardabweichung der Fondsrendite im Vorjahr
$NZ_{i,t-1}$	Externes Wachstum des Fonds im Vorjahr
$lnTNA_{i,t-1}$	Logarithmus der Fondsgröße am Ende des Vorjahres
$lnAlter_{i,t}$	Logarithmus des Alters des Fonds
$FixGeb_{i,t-1}$	Ausgabeaufschlag und andere fixe Gebühren des Fonds am Ende des Vorjahres
$lfdGeb_{i,t-1}$	laufende Gebühren des Fonds (approximiert über die *Total Expense Ratio*) am Ende des Vorjahres
$Geb_{i,t-1}$	Gesamtgebühren des Fonds am Ende des Vorjahres $= \frac{1}{7} \cdot FixGeb_{i,t-1} + lfdGeb_{i,t-1}$
$Turnover_{i,t-1}$	Umschlaghäufigkeit des Fondsportfolios im Vorjahr
$NZ_{i,t}^{Seg}$	Externes Wachstum des Marktsegments des Fonds im gleichen Jahr (ohne den Fonds selbst)
$NZ_{i,t}^{Fam}$	Externes Wachstum der Familie des Fonds im gleichen Jahr (ohne den Fonds selbst)
$lnTNA_{i,t-1}^{Fam}$	Logarithmus des verwalteten Vermögens der Familie des Fonds am Ende des Vorjahres (ohne den Fonds selbst)
$lnAnzahl_{i,t-1}^{Fam}$	Logarithmus der Anzahl der Fonds in der Familie am Ende des Vorjahres
$Star_{i,t-1}$	Anteil der Top-5% Fonds (in ihrem jeweiligen Segment) einer Familie

annehmen. Damit wird um mögliche jahresspezifische Einflüsse korrigiert.[95] $\varepsilon_{i,t}$ bezeichnet den Störterm der Regression.

Die in den verschiedenen empirischen Modellen verwendeten Kontrollgrößen sind in Tabelle 3.3 zusammengefasst. Sie entsprechen weitgehend den in Abschnitt 3.1.2.1 beschriebenen Größen, sofern die jeweiligen Daten vorliegen.[96] Alle entscheidungsrelevanten Größen, die dem Fondsanleger bei einer Investition in t noch nicht bekannt sind, werden mit ihrem jeweiligen Vorjahreswert verwendet. Außerdem wird in Einklang mit der Literatur das verwaltete Vermögen des Fonds und der Familie, das Alter des Fonds, sowie die Anzahl der Fonds in der Familie logarithmiert. Die Kontrollgröße $Star_{i,t-1}$ soll

[95] Da für jedes Jahr des Datensatzes ein Dummy verwendet wird, enthält das Modell (3.3) keine Konstante. Dies würde die Regressoren linear abhängig machen. Neben der Regression mit Jahresdummies, in der Beobachtungen aus allen Jahren gemeinsam untersucht werden, wurde auch die Fama und MacBeth (1973) Methodologie angewendet. Die Ergebnisse (werden nicht in Tabellen dargestellt) sind sehr ähnlich.

[96] Wegen nicht verfügbarer Daten kann in der vorliegenden Studie der Einfluss von Ratings, Werbung und Medienpräsenz nicht berücksichtigt werden.

mögliche Spillover-Effekte erfassen.[97] Diese Größe wird berechnet, indem die Anzahl der Fonds in der Familie, die in ihrem Segment im vorangegangenen Jahr zu den Top 5% gehört haben, durch die Gesamtanzahl der Fonds in der Familie geteilt wird. Nanda u. a. (2004) verwenden stattdessen eine Dummy-Variable, die den Wert eins annimmt, falls irgendein Fonds der Familie in seinem Segment zu den Top-Fonds gehört, und null sonst. Allerdings verwenden diese Autoren eine sehr grobe Segmenteinteilung, d.h. es gibt bei ihnen sehr wenige Segmente und somit insgesamt und pro Familie nur wenige Stars. Bei der hier verwendeten feineren Segmenteinteilung würde ein so definierter Dummy jedoch in über 50% der Fälle den Wert eins annehmen, weil es oft vorkommt, dass die Familie in irgendeinem der vielen Segmente einen Fonds unter den besten 5% hat. Eine so definierte Größe wäre also wenig informativ, weshalb die oben beschriebene Star-Ratio verwendet wird.[98]

Datenbasis

Die empirische Studie wird mit Daten zum US Aktienfondsmarkt durchgeführt. Grundlage ist die CRSP Survivorship Bias Free Mutual Fund Database.[99] Diese Datenbank enthält Angaben zum gesamten Universum der in den USA vertriebenen Investmentfonds. Insbesondere sind in der Datenbank die Charakteristika der individuellen Fonds wie ihr Alter, ihre Größe und ihre Gebührenstruktur enthalten.[100] Darüberhinaus sind auch Angaben über die monatlichen Renditen aller Fonds enthalten. Die CRSP Fondsdatenbank ist besonders gut für empirische Studien geeignet, weil sie auch Angaben über Fonds enthält, die nicht mehr existieren. Da diese Fonds meist vor ihrer Schließung eine vergleichsweise schlechte Performance aufgewiesen haben, kann eine Nicht-Berücksichtigung dieser Fonds zu einer Verzerrung der Ergebnisse führen (*Survivorship Bias*).[101]

97 Zu Spillover-Effekten vgl. Abschnitt 3.1.2.1.

98 Tatsächlich hat ein Star-Dummy, wie Nanda u. a. (2004) ihn verwenden, in den folgenden Untersuchungen keinen signifikanten Einfluss.

99 Quelle: CRSP™, Centre for Research in Security Prices. Graduate School of Business, The University of Chicago. Verwendung für die vorliegende Arbeit gestattet, alle Rechte vorbehalten. crsp.uchicago.edu. Für eine detaillierte Beschreibung dieser Datenbank vgl. Carhart (1997) und Elton u. a. (2001).

100 Es sind keine Angaben über die laufenden Managementgebühren enthalten, sondern lediglich Angaben über die gesamte laufende Kostenbelastung, die *Total Expense Ratio* (TER). Da die laufenden Gebühren jedoch einen Großteil der TER ausmachen (lt. Rea u. a. (1999) über 70%), wird letztere hier als Proxy für die laufenden Gebühren verwendet.

101 Studien, in denen die Auswirkung des Survivorship Bias im Rahmen der Performancemessung untersucht werden, sind Brown und Goetzmann (1995), Elton u. a. (1996a), Blake und Timmermann (1998), Carhart u. a. (2000) und Griese und Kempf (2003).

In der Datenbank werden die Fonds in verschiedene Segmente klassifiziert. Dazu werden unterschiedliche Klassifikationen verwendet, die für unterschiedliche Teilzeiträume der Datenbank vorliegen. Diese erlauben es, jeden Fonds einem bestimmten Marktsegment zuzuordnen. Eine sehr feine Klassifizierung stellen die *SI-Objectives* dar. Diese Klassifizierung wird in der vorliegenden Studie zur Definition der Segmente verwendet. Die *SI-Objectives* sind in der Datenbank für die Jahre ab 1993 für alle Fonds verfügbar. Die vorliegende Studie verwendet Daten aus allen Aktienfondssegmenten. Insgesamt enthält die *SI-Objectives* Klassifizierung 38 Aktienfondssegmente. Die Studie umfasst die Jahre 1993 - das Jahr ab dem die verwendete Klassifizierung verfügbar ist - bis 2001, das Jahr in dem der vorliegende Datensatz endet.

Im Rahmen dieser Untersuchung wird jede von einem Fonds angebotene Anlageklasse als eigene Beobachtung behandelt.[102] Die verschiedenen Klassen eines Fonds werden hier aus zwei Gründen nicht zusammengefasst. Zum einen erlaubt es nur die Betrachtung einzelner Klassen, die konkrete Auswirkung der einzelnen Gebührenstrukturen auf die Zuflüsse zu untersuchen. Zum anderen haben die einzelnen Anlageklassen unterschiedliche Charakteristika und stellen somit aus Sicht der Investoren unterschiedliche Anlagealternativen dar.[103]

Da für die folgenden Auswertungen der Performancerang eines Fonds innerhalb seines Segments berechnet wird, muss sichergestellt sein, dass in dem entsprechenden Segment und Jahr auch ausreichend viele Fonds vorhanden sind. Nur so kann eine aussagekräftige Rangzahl berechnet werden. Für die folgenden Untersuchungen werden daher Beobachtungen für Fonds, deren Segment in dem betrachteten Jahr weniger als 20 Fonds angehören, ausgeschlossen. Dadurch werden knapp 5% aller Beobachtungen ausgeschlossen. Außerdem werden extreme Beobachtungen, definiert als Fonds mit einer Wachstumsrate von mehr als 500%, ausgeschlossen.[104] Dies betrifft weniger als 2% der verbliebenen Beobachtungen. Insgesamt umfasst der Datensatz somit 16.928 Beobachtungen zu Fonds(klassen) aus verschiedenen Jahren. Angaben über die Charak-

[102] In der später folgenden Studie zum Risikoverhalten in Abschnitt 3.3 wird dagegen der Fonds als Beobachtungseinheit gewählt um eine mehrfache Berücksichtigung zu vermeiden, da allen Anlageklassen das gleiche Portfolio zugrunde liegt und sich das Risikoverhalten der Fondsmanager somit in allen Anlageklassen gleich widerpiegelt.

[103] Das Hauptergebnis einer konvexen Performance-Zufluss Beziehung kann jedoch auch gezeigt werden, wenn alle Klassen eine Fonds zu einer Beobachtung zusammengefasst werden.

[104] Anstatt 500% wird auch 1000% als Grenze verwendet und die darüberliegenden Beobachtungen werden auf 500% bzw. 1000% gesetzt, anstatt ausgeschlossen. Die Ergebnisse ändern sich dadurch qualitativ nicht (s. dazu auch Abschnitt 3.2.3).

Tabelle 3.4: Deskriptive Statistiken

	Anzahl Fonds	*NZ*	*TNA* in Mio USD	*Alter* in Jahren	*FixGeb*	*lfdGeb* p.a.	*Turn–over*
1993	744	28,77%	771	15,43	2,87%	1,21%	0,75
1994	837	10,00%	769	14,90	2,80%	1,20%	0,73
1995	1.092	10,21%	894	13,35	2,57%	1,24%	0,78
1996	1.518	19,10%	911	11,27	2,42%	1,31%	0,82
1997	2.141	20,22%	924	9,94	2,49%	1,36%	0,85
1998	2.595	12,91%	953	9,48	2,54%	1,40%	0,86
1999	3.936	13,24%	969	9,08	2,29%	1,40%	0,87
2000	3.772	13,26%	853	9,02	2,49%	1,41%	0,98
2001	4.244	10,88%	677	9,02	2,51%	1,42%	1,04

Quelle: Eigene Berechnung.

terisitika der verwendenten Fonds(klassen) in den einzelnen Jahren sind in Tabelle 3.4 zusammengefasst.

Der Stichprobenzeitraum ist durch ein starkes Wachstum des Fondsmarktes gekennzeichnet. Die Fondsanzahl wächst von 744 im Jahr 1993 auf über 4.200 im Jahr 2001. Das Wachstum der einzelnen Fonds aufgrund von Zuflüssen neuer Gelder beträgt dabei pro Jahr in den meisten Fällen zwischen 10% und 20%. Das Jahr 1993 stellt mit einem extremen Wachstum von durchschnittlich fast 30% eine Ausnahme dar. Die durchschnittliche Größe der Fonds steigt zunächst von 771 Millionen USD in 1993 auf 969 Millionen USD in 1999 an und geht dann bis 2001 auf 677 Millionen USD zurück. Dieser Rückgang kann durch ein Absinken der insgesamt in Fonds verwalteten Gelder und durch die große Anzahl neuer Fonds erklärt werden, die in dieser Zeit gegründet wurden. Diese Fonds sind als sehr junge Fonds tendenziell relativ klein. Die große Anzahl neu gegründeter Fonds erklärt auch, weshalb das Durchschnittsalter der Fonds von über 15 Jahren in 1993 auf 9 Jahre in 2001 sinkt. Die mittlere Belastung durch einmalige Gebühren war in 1993 mit 2,86% noch relativ hoch, ist seitdem jedoch gesunken und hat sich bei etwa 2,5% stabilisiert. Die laufenden Gebühren sind dagegen über die Zeit leicht gestiegen. Während sie im Jahr 1993 noch 1,2% p.a. betrugen, verlangte der durchschnittliche Fonds in 2001 ca. 1,4% p.a. Die Umschlaghäufigkeit des Fondsportfolios ist zwischen 1993 und 2001 von 0,75 auf 1,04 um ca. 40% gestiegen.

3.2.2 Ergebnisse

Konvexität der Performance-Zufluss Beziehung

Die Schätzergebnisse für Modell (3.3) finden sich in Tabelle 3.5.[105] Sie sprechen deutlich für einen positiven und konvexen Zusammenhang zwischen vergangener Performance und Zuflüssen. Die Steigung der Performance-Zufluss Beziehung in den untersten vier Performancequintilen ist relativ ähnlich. Dies kommt in den Schätzwerten für den Einfluss von $SegQ1_{i,t-1}$ und $SegQ2-4_{i,t-1}$ zum Ausdruck, die 0,37 bzw. 0,51 betragen. Die Performancesensitivität der Anleger ist im untersten Quintil dabei geringfügig stärker ausgeprägt als in den mittleren Quintilen. Die Schätzwerte für die Steigung der Performance-Zufluss Beziehung im untersten und in den mittleren Quintilen sind jedoch nicht statistisch signifikant voneinander verschieden. Im obersten Quintil ist die Performance-Zufluss Beziehung dagegen wesentlich stärker ausgeprägt. Der Schätzwert für den Einfluss der vergangenen Performance beträgt dort ca. 1,4 und ist somit etwa drei Mal so hoch als in den restlichen Quintilen. Der Steigungskoeffizient im obersten Quintil ist auf 1%-Niveau signifikant vom Steigungskoeffizienten in den mittleren Quintilen verschieden. Der geschätzte Zusammenhang ist in Abbildung 3.1 abgetragen. Auch hier ist der konvexe Zusammenhang deutlich zu erkennen.

Damit werden die Ergebnisse früherer Studien wie Sirri und Tufano (1998) weitgehend bestätigt. Investoren kaufen verstärkt solche Fonds, die in der Vergangenheit eine gute Performance geliefert haben. Fonds mit einer schlechten vergangenen Performance werden aber nicht in gleichem Ausmaß verkauft. Die konvexe Performance-Zufluss Beziehung erinnert an das Auszahlungsdiagramm einer Kaufoption. Da der Wert einer Option positiv von der Volatilität abhängt, ergeben sich aus der gefundenen Beziehung interessante Risikoanreize für Fondsmanager. Diese werden später in Abschnitt 3.3 gesondert untersucht.

Einfluss der Kontrollgrößen

Die vergangene Renditestandardabweichung hat keinen signifikanten Einfluss auf die Fondszuflüsse. Das Fehlen eines signifikant negativen Einflusses von Risiko auf die Nachfrage nach Fonds mag zunächst überraschen. Dieses Ergebnis legt nahe, dass Investoren sich bei der Kaufentscheidung wenig für das vergangene Risiko eines Fonds interessieren

[105] Die Schätzergebnisse für die Jahresdummies sind aus Gründen der Übersichtlichkeit nicht angegeben.

Tabelle 3.5: Ergebnisse zur Performance-Zufluss Beziehung im Segment - Modell (3.3)

Variable	Geschätzter Koeffizient
$SegQ1_{i,t-1}$	$0,5051^{***}$
$SegQ2-4_{i,t-1}$	$0,3655^{***}$
$SegQ5_{i,t-1}$	$1,3880^{***}$
$std_{i,t-1}$	$0,0692$
$NZ_{i,t-1}$	$0,2308^{***}$
$lnTNA_{i,t-1}$	$-0,0485^{***}$
$lnAlter_{i,t}$	$-0,0232^{***}$
$Geb_{i,t-1}$	$-0,9677^{*}$
$Turnover_{i,t-1}$	$0,0055^{***}$
$NZ_{i,t}^{Seg}$	$0,0820^{***}$
$NZ_{i,t}^{Fam}$	$0,0545^{***}$
$Star_{i,t-1}$	$0,1080^{**}$
R^2	21,50%
N	16.932

***, **, * bezeichnet einen Einfluss auf dem 1%-, 5%- bzw. 10%-Signifikanzniveau (2-seitige Tests).

oder die Renditestandardabweichung nicht richtig interpretieren können. Shiller (1984) legt dar, dass Investoren oftmals nicht in der Lage sind, die Risiken einer Finanzanlage richtig einzuschätzen.[106] Dies hat auch wichtige Konsequenzen in Hinblick auf die oben angesprochenen Risikoanreize für Fondsmanager. Diese werden nämlich nach diesen Ergebnissen nicht durch niedrigere Zuflüsse bestraft, wenn sie zusätzliche Risiken eingehen.

Die vergangenen Zuflüsse haben einen signifikant positiven Einfluss auf die gegenwärtigen Zuflüsse. Dafür gibt es zwei mögliche Erklärungen. Zum einen kann dieses Ergebnis durch das Vorliegen zeitinvariabler fondsindividueller Charakteristika, welche die Nachfrage nach Fonds beeinflussen, erklärt werden. Zum anderen spricht der Einfluss dafür, dass Fondsinvestoren einem Status Quo Bias unterliegen.[107]

In Einklang mit der Literatur sprechen die Ergebnisse für einen negativen Einfluss der Fondsgröße und des Fondsalters auf das Wachstum eines Fonds. Es ist also für jüngere und kleinere Fonds leichter zu wachsen als für ältere und größere Fonds.

106 Das Fehlen eines negativen Einflusses könnte auch damit erklärt werden, dass als Performancemaß in diesem Fall Ränge basierend auf Sharpe Ratios verwendet wurden, bei denen die Renditestandardabweichung bereits berücksichtigt wird. Auch unter Verwendung von Renditerängen ergibt sich jedoch kein negativer Einfluss des Risikos (vgl. Abschnitt 3.2.3).

107 Zum Status Quo Bias am Fondsmarkt vgl. detaillierter Kempf und Ruenzi (2004b) und (2004c).

Abbildung 3.1: Geschätzte Performance-Zufluss Beziehung im Segment

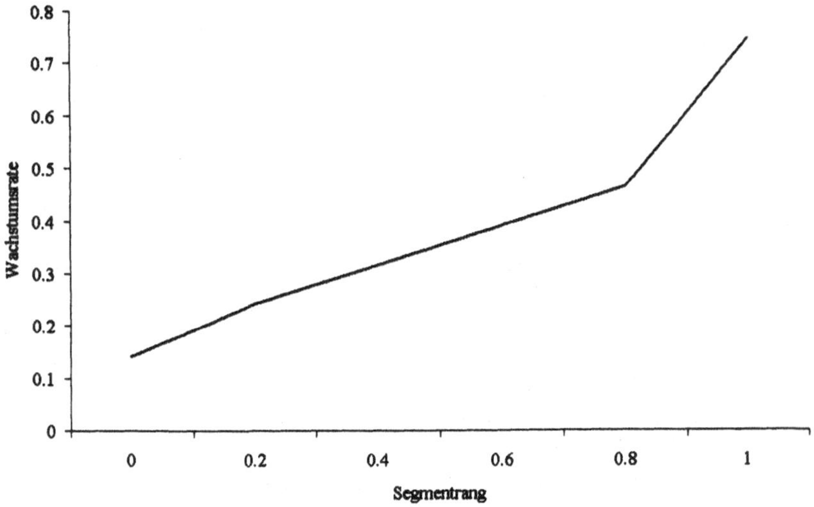

Quelle: Eigene Darstellung basierend auf den Schätzergebnissen aus Tabelle 3.3. Der Achsenabschnitt ergibt sich aus der durchschnittlichen Wachstumsrate aller Beobachtungen.

Der Einfluss der Gesamtgebührenbelastung, $Geb_{i,t-1}$, ist signifikant negativ. Investoren scheinen sich also rational in dem Sinne zu verhalten, dass sie Fonds bevorzugen, die geringere Kosten verursachen. Allerdings wird hier nur ein sehr grobes Maß für die gesamte Gebührenbelastung verwendet. Der Einfluss verschiedener Gebührenarten auf die Fondszuflüsse wird weiter unten nochmals genauer analysiert.

Die Handelsaktivität eines Fonds hat einen positiven Einfluss auf seine Zuflüsse. Dies deutet darauf hin, dass manche Investoren eine hohe Handelsaktivität als Signal für die Fähigkeiten oder für das Vorliegen privater Informationen eines Fondsmanagers interpretieren. Dieser positive Einfluss mag zunächst erstaunen, wenn man bedenkt, dass eine hohe Handelsaktivität in der Regel mit hohen Handelskosten und einer Verschlechterung der Performance einhergeht (Chalmers u. a. (2000)). Allerdings wurde bei den vorliegenden Ergebnissen um den Einfluss der Performance bereits korrigiert, so dass nur der zusätzliche Einfluss der Handelsaktivität erfasst wird.

Wie erwartet haben die Zuflüsse in das Segment und in die Familie des Fonds einen signifikant positiven Einfluss auf sein externes Wachstum. Die Attraktivität des Markt-

Tabelle 3.6: Einfluss verschiedener Gebührenarten auf die Fondszuflüsse

Variable	Geschätzter Koeffizient
$SegQ1_{i,t-1}$	0,4942***
$SegQ2-4_{i,t-1}$	0,3623***
$SegQ5_{i,t-1}$	1,3959***
$std_{i,t-1}$	0,1006**
$NZ_{i,t-1}$	0,2309***
$lnTNA_{i,t-1}$	−0,0515***
$lnAlter_{i,t}$	−0,0295***
$FixGeb_{i,t-1}$	0,0063***
$lfdGeb_{i,t-1}$	−4,1508***
$Turnover_{i,t-1}$	0,0060***
$NZ^{Seg}_{i,t}$	0,0825***
$NZ^{Fam}_{i,t}$	0,0547***
$Star_{i,t-1}$	0,1257***
R^2	21,63%
N	16.932

***, **, * bezeichnet einen Einfluss auf dem 1%-, 5%- bzw. 10%-Signifikanzniveau (2-seitige Tests).

segments und die Eigenschaften der Familie spielen also für Investoren eine wichtige Rolle bei der Investitionsentscheidung. Der Einfluss konkreter Familieneigenschaften wird weiter unten nochmals differenzierter untersucht.

Schließlich werden unter Verwendung der Star-Ratio die in früheren Studien dokumentierten positiven Spillover Effekte bestätigt, die von der guten Performance anderer Fonds in der gleichen Familie ausgehen. Dies kommt im signifikant positiven Einfluss von $Star_{i,t-1}$ zum Ausdruck.

Einfluss verschiedener Gebührenarten

Im Folgenden wird der Einfluss der Gebühren auf die Zuflüsse nochmals gesondert betrachtet. Die Ergebnisse einer Regression, bei der die Gesamtgebührenbelastung, $Geb_{i,t-1}$, in die laufenden Gebühren, $lfdGeb_{i,t-1}$, und die einmaligen Gebühren, $FixGeb_{i,t-1}$, aufgespaltet wird, werden in Tabelle 3.6 berichtet.

Es ergibt sich nun ein differenzierteres Bild. Die laufenden Gebühren haben weiterhin einen stark negativen Einfluss auf die Nettozuflüsse, während die einmaligen Gebühren einen signifikant positiven Einfluss ausüben. Dies scheint zunächst überraschend, steht jedoch in Einklang mit der Literatur (z.B. Bergstresser und Poterba (2002) und Reuter und Zitzewitz (2004)). Der positive Einfluss kann damit erklärt werden, dass einmalige Gebühren oftmals für Vertriebs- und Marketingausgaben verwendet werden. Dies führt im vorliegenden Fall schließlich sogar zu einer Erhöhung der Nachfrage nach diesen Fonds. Dieses Ergebnis deutet an, dass sich Investoren nicht nur nach der tatsächlichen finanziellen Belastung durch Gebühren für einen bestimmten Fonds bzw. eine bestimmte Anlageklasse entscheiden. Vielmehr spielen auch Gesichtspunkte wie Distribution und Marketing eine wichtige Rolle. Dies bestätigt das Ergebnis von Wilcox (2005). Er berichtet, dass Investoren Präferenzen für bestimmte Gebührenstrukturen zeigen, die sich nicht alleine durch die tatsächliche monetäre Belastung erklären lassen. Somit eröffnet das Ergebnis aus Fall B4 des in Abschnitt 2.2 entwickelten Gebührenmodells interessante Möglichkeiten. Dort wurde gezeigt, dass eine Fondsgesellschaft viele Möglichkeiten hat, eine gewinnmaximale Gebührenstruktur zu implementieren. Diese zusätzlichen Freiheitsgrade können nämlich genutzt werden, um Gebührenstrukturen nach weiteren Kriterien, z.B. Marketingkriterien, optimal auszugestalten.

Der Einfluss der restlichen Kontrollgrössen bleibt ähnlich wie in Tabelle 3.5, allerdings ergibt sich nun sogar ein positiver Einfluss der vergangenen Renditestandardabweichung auf die Zuflüsse. Dies ist wiederum konsistent mit den von Shiller (1984) dokumentierten Schwierigkeiten von Individuen bei der Interpretation und Verarbeitung von Risikokennzahlen.

Einfluss von Familieneigenschaften

Der starke Einfluss der Zuflüsse in die Familie auf die Zuflüsse in ihre individuellen Fonds in den Tabellen 3.5 und 3.6 deutet darauf hin, dass die Eigenschaften der Familie wichtige Determinanten für Fondszuflüsse darstellen. Der Einfluss der Eigenschaften der Familie auf die Nachfrage nach individuellen Fonds wurde bislang nur wenig untersucht. Eine Eigenschaft der Familie, welche die Nachfrage nach Fonds beeinflussen kann, ist ihre Sichtbarkeit. Wenn ein Fonds zu einer gut sichtbaren Familie gehört, so sind die Suchkosten potenzieller Anleger für diesen Fonds gering und seine Zuflüsse sollten daher höher sein (Huang u. a. (2004)). Im Folgenden wird der Einfluss der Sichtbarkeit der Familie auf die Zuflüsse in ihre Fonds gesondert untersucht. Die Sichtbarkeit der Fondsfamilie wird über zwei Proxies erfasst: 1. In Spalte (a) von Tabelle 3.7 mittels der Größe der Familie, gemessen über den Logarithmus des insgesamt verwalteten

Tabelle 3.7: Einfluss von Familieneigenschaften auf Fondszuflüsse

Variable	(a)	(b)	(c)
$SegQ1_{i,t-1}$	$0,4750^{***}$	$0,4732^{***}$	$0,4857^{***}$
$SegQ2-4_{i,t-1}$	$0,3588^{***}$	$0,3612^{***}$	$0,3581^{***}$
$SegQ5_{i,t-1}$	$1,4057^{***}$	$1,4084^{***}$	$1,3982^{***}$
$std_{i,t-1}$	$0,1132^{**}$	$0,1019^{**}$	$0,1185^{**}$
$NZ_{i,t-1}$	$0,2282^{***}$	$0,2298^{***}$	$0,2280^{***}$
$lnTNA_{i,t-1}$	$-0,0678^{***}$	$-0,0568^{***}$	$-0,0709^{***}$
$lnAlter_{i,t}$	$-0,0135^{**}$	$-0,0204^{***}$	$-0,0143^{**}$
$FixGeb_{i,t-1}$	$0,0016$	$0,0029^{*}$	$0,0026^{*}$
$lfdGeb_{i,t-1}$	$-4,1063^{***}$	$-4,2368^{***}$	$-3,7184^{***}$
$Turnover_{i,t-1}$	$0,0057^{***}$	$0,0058^{**}$	$0,0057^{***}$
$NZ_{i,t}^{Seg}$	$0,0812^{***}$	$0,0821^{***}$	$0,0809^{***}$
$NZ_{i,t}^{Fam}$	$0,0633^{***}$	$0,0593^{***}$	$0,0631^{***}$
$lnTNA_{i,t-1}^{Fam}$	$0,0272^{***}$		$0,0415^{***}$
$lnAnzahl_{i,t-1}^{Fam}$		$0,0320^{***}$	$-0,0325^{***}$
$Star_{i,t-1}$	$0,1321^{***}$	$0,1442^{***}$	$0,1166^{***}$
R^2	22,44%	21,95%	22,55%
N	16.932	16.932	16.932

***, **, * bezeichnet einen Einfluss auf dem 1%-, 5%- bzw. 10%-Signifikanzniveau (2-seitige Tests).

Vermögens. 2. In Spalte (b) von Tabelle 3.7 mittels der Größe, gemessen über den Logarithmus der Anzahl der von der Familie angebotenen Fonds. Beide Größen üben isoliert betrachtet einen signifikant positiven Einfluss auf die Nachfrage aus. Betrachtet man jedoch beide Größen in einer gemeinsamen Regression, so ist der Einfluss des in der Familie verwalteten Vermögens weiterhin positiv, der Einfluss der Anzahl angebotener Fonds jedoch signifikant negativ (Spalte (c)). Dies deutet auf das Vorliegen eines Kannibalisierungseffektes hin und bestätigt ein in Ber u. a. (2005) in ähnlicher Weise für den deutschen Markt dokumentiertes Ergebnis. Je mehr Fonds eine Familie anbietet, desto geringer sind die Zuflüsse der einzelnen Fonds. Dies ist ein deutlicher Hinweis darauf, dass manche Investoren sich nur zwischen den Fonds einer Familie entscheiden. Wird die Konkurrenz innerhalb der Familie dann mit steigender Fondsanzahl größer, so sinken auch die Zuflüsse in die einzelnen Fonds.

Betrachtet man die Anpassungsgüte der Modelle in den Tabellen 3.5 bis 3.7, ausgedrückt durch das R^2 in Höhe von ca. 22%, so fällt auf, dass die getesteten Modelle nur etwa ein Fünftel der Streuung der Fondszuflüsse erklären können. Dieser Wert ist jedoch im Vergleich zu den in der Literatur bei ähnlichen Studien berichteten Werten für das R^2

relativ hoch.[108]

3.2.3 Stabilitätsuntersuchungen

In diesem Abschnitt wird die Stabilität der Ergebnisse aus dem vorherigen Abschnitt überprüft. Zunächst wird ein alternativer Modellierungsansatz untersucht, mit dem die Konvexität der Performance-Zufluss Beziehung erfasst werden kann. Außerdem wird untersucht, ob sich die konvexe Performance-Zufluss Beziehung auch bei isolierter Betrachtung von kleinen und großen Segmenten des Fondsmarktes beobachten lässt. Die meisten bisherigen Arbeiten (z.B. Sirri und Tufano (1998)) haben sich immer auf ein großes Segment oder wenige große Segmente wie Wachstumsfonds beschränkt. Schließlich werden die Ergebnisse weiterer Robustheitstests berichtet.

Alternativer Modellierungsansatz für die Konvexität

Als alternativer Modellierungsansatz zur Erfassung der Nichtlinearität der Performance-Zufluss Beziehung wird eine Dummy-Spezifikation verwendet. Dazu werden die Koeffizienten der stückweise-linearen Regression aus (3.3) durch vier Dummy-Variablen ersetzt:[109]

$$\begin{aligned} NZ_{i,t} &= \delta_1 \cdot SegD2_{i,t-1} + \delta_2 \cdot SegD3_{i,t-1} + \delta_3 \cdot SegD4_{i,t-1} + \delta_4 \cdot SegD5_{i,t-1} \\ &\quad + \gamma \cdot Kontrollgrößen + \sum_{J=1993}^{2001} \alpha_J \cdot D(J)_{i,t} + \varepsilon_{i,t}, \end{aligned} \tag{3.4}$$

wobei

$$SegD2_{i,t-1} = \begin{cases} 1 & \text{falls } SegRang_{i,t-1} \geq 0.2 \\ 0 & \text{sonst} \end{cases}$$

$$\vdots$$

[108] Das R^2 einer vergleichbaren Regression beträgt bei Sirri und Tufano (1998) ca. 14%. Allerdings vernachlässigen diese Autoren den Einfluss familienbezogener Größen.

[109] Die drei mittleren Quintile werden hier, anders als bei der stückweise-lineare Regression, nicht zusammengefasst. Dies erlaubt es den Wachstumsimpuls, der davon ausgeht, wenn ein Fonds das nächsthöhere Quintil erreicht, für jedes Quintil direkt am geschätzten Koeffzienten abzulesen.

Tabelle 3.8: Ergebnisse zur Performance-Zufluss Beziehung im Segment - Modell (3.4)

Variable	(a)	(b)	(c)	(d)	(e)
$SegD2_{i,t-1}$	$0,0806^{***}$	$0,0790^{***}$	$0,0753^{***}$	$0,0764^{***}$	$0,0761^{***}$
$SegD3_{i,t-1}$	$0,1549^{***}$	$0,1535^{***}$	$0,1487^{***}$	$0,1504^{***}$	$0,1494^{***}$
$SegD4_{i,t-1}$	$0,2349^{***}$	$0,2320^{***}$	$0,2276^{***}$	$0,2295^{***}$	$0,2279^{***}$
$SegD5_{i,t-1}$	$0,4221^{***}$	$0,4200^{***}$	$0,4181^{***}$	$0,4195^{***}$	$0,4188^{***}$
$std_{i,t-1}$	$0,0308$	$0,0616$	$0,0726$	$0,0614$	$0,0790$
$NZ_{i,t-1}$	$0,2311^{***}$	$0,2313^{***}$	$0,2283^{***}$	$0,2309^{***}$	$0,2280^{***}$
$lnTNA_{i,t-1}$	$-0,0473^{***}$	$-0,0504^{***}$	$-0,0671^{***}$	$-0,0557^{***}$	$-0,0705^{***}$
$lnAlter_{i,t}$	$-0,0239^{***}$	$-0,0302^{***}$	$-0,0138^{**}$	$-0,0211^{***}$	$-0,0147^{**}$
$Geb_{i,t-1}$	$-0,7281$				
$FixGeb_{i,t-1}$		$0,0067^{***}$	$0,0018$	$0,0032^{*}$	$0,0029^{*}$
$lfdGeb_{i,t-1}$		$-3,9131^{***}$	$-3,8599^{***}$	$-4,2678^{***}$	$-3,4363^{***}$
$Turnover_{i,t-1}$	$0,0053^{**}$	$0,0057^{***}$	$0,0054^{***}$	$0,0056^{***}$	$0,0054^{***}$
$NZ_{i,t}^{Seg}$	$0,0827^{***}$	$0,0832^{***}$	$0,0819^{***}$	$0,0828^{***}$	$0,0816^{***}$
$NZ_{i,t}^{Fam}$	$0,0515^{***}$	$0,0518^{***}$	$0,0605^{***}$	$0,0563^{***}$	$0,0604^{***}$
$lnTNA_{i,t-1}^{Fam}$			$0,0281^{***}$		$0,0437^{***}$
$lnAnzahl_{i,t-1}^{Fam}$				$0,0323^{***}$	$-0,0357^{***}$
$Star_{i,t-1}$	$0,2608^{***}$	$0,2790^{***}$	$0,2842^{***}$	$0,2987^{***}$	$0,2652^{***}$
R^2	21,63%	21,76%	22,63%	22,08%	22,75%
N	16.932	16.932	16.932	16.932	16.932

***, **, * bezeichnet einen Einfluss auf dem 1%-, 5%- bzw. 10%-Signifikanzniveau (2-seitige Tests).

$$SegD5_{i,t-1} = \begin{cases} 1 & \text{falls } SegRang_{i,t-1} \geq 0.8 \\ 0 & \text{sonst.} \end{cases}$$

Der Schätzwert für δ_2 gibt dann bspw. an, um wieviel ein Fonds, der einen Rang von über 0,2 erreicht, stärker wächst, als ein Fonds mit einem Rang unter 0,2. Anstatt für jedes Quintil eine separate Steigung zu schätzen, wie in Modell (3.3), wird in (3.4) eine Stufenfunktion modelliert.

Die den Ergebnissen aus den Tabellen 3.5 bis 3.7 entsprechenden Schätzergebnisse für den zweiten Modellansatz (3.4) finden sich zusammengefasst in Tabelle 3.8. Auch diese Ergebnisse sprechen für eine deutliche Konvexität der Performance-Zufluss Beziehung. So ist der Einfluss von $D2_{i,t-1}$ bis $D5_{i,t-1}$ jeweils positiv und signifikant. Der Einfluss für das Erreichen des jeweils nächsthöheren Performancequintils wird tendenziell größer und der Effekt ist jeweils statistisch signifikant größer als beim vorhergehenden Quintil. Während ein Fonds aus dem zweitschlechtesten Quintil im Vergleich zum schlechtesten

Quintil um 8% stärker wächst, beträgt der Wachstumsimpuls, der von einer Verbesserung vom zweitbesten zum besten Quintil ausgeht, über 40%. In Bezug auf die anderen Einflussgrößen werden die Ergebnisse aus Modell (3.3) weitgehend bestätigt. Auch hier zeigt sich der interessante Unterschied im Einfluss von fixen und laufenden Gebühren und die Relevanz des Familienumfelds für die Fondsnachfrage.

Einfluss der Segmentgröße

Um zu überprüfen, ob die Ergebnisse von Fonds aus bestimmten Marktsegmenten getrieben werden, wird die Stichprobe in Beobachtungen aus großen und kleinen Segmenten unterteilt. Als groß werden dabei die drei größten Segmente des Marktes definiert.[110] Diese Segmente können als Standardsegmente bezeichnet werden, da es sich jeweils um eine relativ homogene Gruppe breit diversifizierter Fonds handelt. Die restlichen Segmente umfassen dagegen auch sehr spezialisierte Segmente wie etwa *Chinese Equity* oder *Health Sector* Fonds. Diese Aufteilung führt zu zwei Teilstichproben mit einer ähnlichen Anzahl an Beobachtungen. Die Schätzergebnisse für große und kleine Segmente des Modells (3.3) werden in Tabelle 3.9 dargestellt. Berichtet werden die Ergebnisse für die Modellspezifikation aus Spalte (c) in Tabelle 3.7.

Es zeigt sich, dass sowohl in kleinen als auch in großen Segmenten eine deutlich konvexe Performance-Zufluss Beziehung vorliegt. In beiden Teilstichproben ist die Steigung der Performance-Zufluss Beziehung im obersten Quintil auf 1%-Niveau signifikant größer als in den mittleren Quintilen. Die Steigung zwischen dem untersten und den mittleren Quintilen unterscheidet sich bei kleinen Segmenten nicht signifikant, während der Unterschied für große Segmente marginal signifikant auf dem 10%-Niveau ist.

Während auch der Einfluss der meisten anderen erklärenden Variablen in großen und kleinen Segmenten ähnlich ist, zeigen sich doch auch einige interessante Unterschiede. So ist der negative Einfluss der Größe auf das externe Wachstum in kleinen Segmenten mehr als zehnmal stärker ausgeprägt als in großen Segmenten. Insbesondere in kleinen Segmenten ist es für relativ große Fonds also schwieriger, in gleichem Ausmaß zu

110 Dies sind im vorliegenden Datensatz die Segmente *Growth*, *Growth & Income* und *Small Company Growth*. Sirri und Tufano (1998) verwenden statt *Small Company Growth* Fonds das Segment *Aggressive Growth*. Die hier präsentierten Ergebnisse bleiben qualitativ unverändert, wenn die drei von Sirri und Tufano (1998) verwendeten Segmente betrachtet werden.

Tabelle 3.9: Ergebnisse zur Performance-Zufluss Beziehung in großen und kleinen Segmenten

Variable	(a): große Segmente	(b): kleine Segmente
$SegQ1_{i,t-1}$	0,6146***	0,3871***
$SegQ2-4_{i,t-1}$	0,3525***	0,3613***
$SegQ5_{i,t-1}$	1,6916***	1,1265***
$std_{i,t-1}$	−0,0113	0,1304*
$NZ_{i,t-1}$	0,2400***	0,2149***
$lnTNA_{i,t-1}$	−0,0679***	−0,761***
$lnAlter_{i,t}$	−0,0222***	−0,0052
$FixGeb_{i,t-1}$	0,0049**	0,0002
$lfdGeb_{i,t-1}$	−1,9717*	−3,8479***
$Turnover_{i,t-1}$	0,0258***	0,0049**
$NZ_{i,t}^{Seg}$	0,0128	0,1090***
$NZ_{i,t}^{Fam}$	0,0645***	0,0636***
$lnTNA_{i,t-1}^{Fam}$	0,0468***	0,0414***
$lnAnzahl_{i,t-1}^{Fam}$	−0,0385**	−0,0307***
$Star_{i,t-1}$	0,0084	0,2471***
R^2	26,03%	21,33%
N	8.269	8.659

***, **, * bezeichnet einen Einfluss auf dem 1%-, 5%- bzw. 10%-Signifikanzniveau (2-seitige Tests).

wachsen wie kleinere Fonds. Eine mögliche Begründung hierfür ist, dass der potenzielle Investorenkreis in den kleineren und oft spezielleren Segmenten wesentlich kleiner ist.

Ein weiterer Unterschied bezieht sich auf den Einfluss der Gebühren. Der Einfluss der einmaligen Gebühren ist nur in den großen Segmenten signifikant positiv. Dies ist konsistent mit der Vorstellung, dass in diesen Standardsegmenten mehr unerfahrene Investoren Fonds nachfragen als in den kleineren, spezielleren Segmenten.[111] Es sind vor allem solche relativ unerfahrenen Investoren, die auf Broker angewiesen sind und bereit sind, höhere Ausgabeaufschläge als Kompensation für deren Dienste zu bezahlen (s. z.B. Ruenzi (2005)).

Der Einfluss der Segmentzuflüsse ist für Fonds in großen Segmenten nicht signifikant. Dies kann daran liegen, dass diese großen Segmente sehr breit gestreut und dem Gesamtmarkt ähnlich sind. Marktweite Einflüsse auf die Nachfrage werden jedoch bereits über die

[111] Fondsinvestoren, die zum ersten Mal einen Fonds kaufen, wählen in der Regel einen großen und bekannten Fonds aus einem der Standardsegmente aus.

Jahresdummies aufgefangen. Segmentspezifische Einflüsse spielen daher vor allem bei Fonds aus den kleineren, spezielleren Segmenten eine Rolle.

Außerdem ist der Einfluss der Star-Ratio nur für Fonds aus kleinen Segmenten signifikant. Dies bedeutet, dass Fonds aus kleinen Segmenten vom Star-Status bestimmter Fonds in der Familie profitieren, während dieser Effekt für Fonds aus großen Segmenten keinen signifikanten Einfluss ausübt. Eine mögliche Interpretation dieses Ergebnisses ist, dass neue Investoren zunächst einen großen Standardfonds der Familie kaufen. Wenn dieser Fonds dann eine sehr gute Performance liefert, so kaufen diese Investoren in der Folge auch andere Fonds der Familie, weil sie gute Erfahrungen mit einem Fonds der Familie gemacht haben. Investoren, die Fonds aus den kleineren und oft spezielleren Segmenten halten, haben dagegen vermutlich meist schon mehrere Fonds der Familie in ihrem Portfolio. Spillovereffekte, die durch den Kauf neuer Fonds erklärt werden können, fallen dann weniger ins Gewicht, weil diese Investoren vermutlich direkt diejenigen Fonds nachkaufen, die eine Top-Performance geliefert haben.

Die Anpassungsgüte, gemessen über das R^2, ist außerdem für große Segmente (26,03%) wesentlich höher, als für kleine Segmente (21,33%). Dies ergibt sich dadurch, dass die Fonds in den großen Segmenten als breit diversifizierte Fonds insgesamt eine wesentlich homogenere Gruppe bilden als die teilweise stark spezialisierten Fonds aus kleinen Segmenten. Daher ist der Einfluss vieler erklärender Variablen in großen Segmenten einheitlicher und kann in einer gemeinsamen Regression besser abgebildet werden als bei kleinen Segmenten.

Weitere Stabilitätsuntersuchungen[112]

Neben den bereits aufgeführten Untersuchungen wurden weitere Regressionen durchgeführt, um die Robustheit der Ergebnisse zu überprüfen. Zunächst wurde untersucht, ob die Performance-Zufluss Beziehung im Segment davon abhängt, auf welchem Performancemaß die Ränge basieren. Es wurden Ränge basierend auf Renditen, 3-Faktor-Alphas nach Fama und French (1993) und 4-Faktor-Alphas nach Carhart (1997) berechnet. Das Hauptergebnis einer konvexen Performance-Zufluss Beziehung kann für alle Performance-

[112] Die Regressionsergebnisse dieser Untersuchungen werden nicht in Tabellen dargestellt, da sie sich praktisch nicht von den oben berichteten Ergebnissen unterscheiden.

maße bestätigt werden. Auch der Einfluss der vergangenen Renditestandardabweichung ist unabhängig vom verwendeten Maß immer positiv.

Um die zeitliche Stabilität der Ergebnisse zu überprüfen, wurde die Stichprobe in die Jahre 1993 bis 1996 und 1997 bis 2001 aufgespalten. Auch hier zeigen sich keine qualitativen Unterschiede in den Ergebnissen zwischen den beiden Perioden und dem Gesamtzeitraum.

Als weiterer Stabilitätstest wurde die Rendite des Fonds in Jahr t, $R_{i,t}$, als erklärende Variable aufgenommen, da die Zuflüsse in einen Fonds in einem bestimmten Jahr möglicherweise bereits von der Rendite in diesem Jahr beeinflusst werden.[113] Tatsächlich hat $R_{i,t}$ einen signifikant positiven Einfluss auf die Zuflüsse. Der Einfluss aller anderen erklärenden Variablen bleibt jedoch praktisch unverändert.

In Tabelle 3.5 und in Spalte (a) von Tabelle 3.8 wurde zur Berechnung der Gesamtgebührenbelastung wie von Sirri und Tufano (1998) vorgeschlagen eine Haltedauer von sieben Jahren unterstellt. Barber u. a. (2005) berichten jedoch eine durchschnittliche Haltedauer von nur 30 Monaten für Fondsinvestoren. Die Berechnung der Gesamtgebührenbelastung $Geb_{i,t-1}$ wurde daher entsprechend angepasst. Die Ergebnisse bleiben unverändert.

Schließlich wurde die Grenze für das maximale Wachstum eines Fonds von 500% auf 1000% gesetzt und die Beobachtungen alternativ auch auf diese Maximalwerte gesetzt, anstatt die Beobachtungen auszuschliessen. Auch dies beeinflusst die qualitativen Ergebnisse nicht.

Ebenso bleiben die Ergebnisse qualitativ unverändert, wenn statt einer gepoolten Regression das Verfahren von Fama und MacBeth (1973) angewendet wird.

113 Diese Größe wurde in den obigen Regressionen nicht aufgenommen, um mögliche Endogenitätsprobleme zu vermeiden. Diese können entstehen, weil $R_{i,t}$ auch zur Berechnung der abhängigen Variablen gemäß (3.1) verwendet wird.

3.2.4 Zusammenfassung der wesentlichen Ergebnisse und Implikationen

Zusammenfassend lässt sich festhalten, dass die Untersuchung der Performance-Zufluss Beziehung insbesondere drei im Kontext der vorliegenden Arbeit und für die folgende Studie zum Segmentturnier wichtige Ergebnisse geliefert hat:

1. Die Performance-Zufluss Beziehung weist eine ausgeprägte Konvexität auf und hat somit optionsähnliche Eigenschaften, die zu Risikoanreizen für Fondsmanager führen. Die Anreize zur Risikoübernahme werden auch nicht durch einen negativen Einfluss der Renditestandardabweichung auf die Nachfrage nach Fonds kompensiert. Vielmehr findet sich in den meisten Spezifikationen sogar ein signifikant positiver Einfluss des Risikos auf die Zuflüsse.

2. Der Einfluss der Gebührenhöhe ist nicht immer negativ. Ausgabeaufschläge haben in der Regel einen positiven Effekt auf die Nachfrage. Dies legt nahe, dass für Investoren neben der tatsächlichen monetären Belastung auch andere Kriterien in Bezug auf die Gebührenstruktur eine wichtige Rolle spielen. Dies bestätigt zum einen die empirischen Ergebnisse von Wilcox (2005). Zum anderen zeigt dieses Ergebnis, dass die Flexibilität, die sich durch die Möglichkeit, verschiedene Anlageklassen mit unterschiedlichen Gebührenstrukturen anzubieten, ergibt (vgl. Abschnitt 2.2), für die Fondsgesellschaft interessant sein kann.

3. Der positive Einfluss der familienbezogenen Größen macht deutlich, dass das durch die Familie gegebene organisatorische Umfeld für die Fondsnachfrage wesentlich ist.

Der Beitrag der Untersuchungen in diesem Abschnitt im Vergleich zur bisherigen Literatur besteht hauptsächlich darin, die bekannten Ergebnisse zur Performance-Zufluss Beziehung mit einem umfangreichen, alle Aktienfondsmarktsegmente umfassenden, Datensatz zu bestätigen. Während sich die bisherigen Studien in der Regel auf große Segmente beschränken, wird hier gezeigt, dass die Performance-Zufluss Beziehung sowohl in großen als auch in kleinen Segmenten der Fondsindustrie konvex ist. Zudem wurde hier erstmals der Einfluss familienbezogener Größen auf die Fondszuflüsse detaillierter betrachtet.

Aus den Ergebnissen dieses Abschnitts ergeben sich wichtige Implikationen für die weiteren Untersuchungen. Wie bereits in Abschnitt 3.1.2.2 ausgeführt, wird in der Literatur gezeigt, dass durch eine konvexe Performance-Zufluss Beziehung Risikoanreize entstehen (Brown u. a. (1996)). Diese sich aus der konvexen Performance-Zufluss Beziehung ergebenden Risikoanreize und das Risikoverhalten der Fondsmanager im Segmentturnier werden im folgenden Abschnitt untersucht. Aufbauend auf dem Ergebnis dieses Abschnitts, dass eine konvexe Performance-Zufluss Beziehung auch in kleinen Segmenten vorliegt, wird im nächsten Abschnitt untersucht, ob ein Segmentturnier sowohl in großen als auch in kleinen Segmenten stattfindet. Dies erlaubt es auch, im Folgenden explizit die Unterschiede im Verhalten von Fondsmanagern in diesem Segmentturnier zwischen großen und kleinen Segmenten zu untersuchen und somit erstmals den Einfluss der kompetitiven Situation zu analysieren.

3.3 Empirische Studie zum Segmentturnier

In der Literatur werden widersprüchliche Ergebnisse zum Risikoverhalten im Segmentturnier präsentiert (vgl. Abschnitt 3.1.2.2). Auch aus theoretischer Sicht ist es nicht von vornherein klar, wie Fondsmanager ihr Risiko anpassen sollten. In Abhängigkeit davon, ob strategische Interaktionen eine Rolle spielen oder nicht, ergeben sich gemäß Taylor (2003) unterschiedliche Implikationen für das optimale Risikoverhalten von Managern.

Im Folgenden wird angenommen, dass Fondsmanager in einem jährlich stattfindenden Turnier gegen die anderen Fondsmanager aus ihrem Segment konkurrieren. Chevalier und Ellison (1997) und Brown u. a. (1996) unterstellen, dass Fondsmanager sich an zur Jahresmitte erscheinenden Rankings orientieren und in Abhängigkeit davon ihr Risiko für den Rest des Jahres anpassen. Damit versuchen die Fondsmanager, ihre erwarteten Zuflüsse zu maximieren. Daher wird die Risikoänderung von Fonds nach dem ersten Halbjahr in Abhängigkeit ihres Segmentrangs nach dem ersten Halbjahr untersucht. Nachfolgend wird das Segmentturnier in analoger Weise modelliert.

Basierend auf den Argumenten in Taylor (2003) wird außerdem untersucht, wie das Risikoverhalten davon abhängt, ob Fondsmanager strategisch interagieren oder nicht. Dabei ist nicht von vornherein klar, unter welchen Umständen sich Fondsmanager strategisch verhalten. Allgemein spielen strategische Interaktionen immer dann eine Rolle, wenn die Wettbewerber bei ihren Entscheidungen berücksichtigen, wie sich die anderen Wettbewerber verhalten. Die Aktionen der anderen Wettbewerber können jedoch nur dann antizipiert und berücksichtigt werden, wenn die Gesamtanzahl der Wettbewerber überschaubar ist. Dieser Fall ist mit der Situation in einem Oligopol vergleichbar. Ist die Anzahl der Wettbewerber dagegen sehr groß, so ist es nicht möglich, die Aktionen aller Teilnehmer zu antizipieren, und sich entsprechend zu verhalten. Dies entspricht einer Situation vollständiger Konkurrenz, bei der davon ausgegangen wird, dass die Aktionen der einzelnen Wettbewerber keinen Einfluss auf das Gleichgewicht haben und daher nicht berücksichtigt werden müssen.

Da Fonds laut Navone (2002) hauptsächlich gegen die anderen Fonds aus ihrem eigenen Segment konkurrieren, im Allgemeinen jedoch nicht gegen Fonds aus anderen Segmenten, findet der Wettbewerb um Zuflüsse in jedem Segment getrennt statt. Somit ist die Anzahl der Wettbewerber in diesen Segmentturnieren durch die Anzahl der Fonds in dem entsprechenden Segment gegeben. Daher wird im Folgenden untersucht, ob sich das Risikoverhalten der Fondsmanager in Segmenten mit vielen Fonds vom Risikoverhalten der Fondsmanager in Segmenten mit wenigen Fonds unterscheidet. In kleinen Segmenten konkurrieren nur wenige Fondsmanager miteinander und strategische Aktionen spielen eher eine Rolle als in großen Segmenten. Es kann daher vermutet werden, dass sich das empirisch beobachtbare Risikoverhalten in großen und kleinen Segmenten unterscheidet. Nach Taylor (2003) sollten deshalb Verlierer in großen Segmenten ihr Risiko stärker erhöhen als Gewinner, während in kleinen Segmenten das Gegenteil beobachtet werden sollte.

Zunächst wird in Abschnitt 3.3.1 die verwendete Methodologie und die Datenbasis vorgestellt. In Abschnitt 3.3.2 werden die Resultate präsentiert. Die Robustheit der Ergebnisse wird in Abschnitt 3.3.3 überprüft, bevor in 3.3.4 die wesentlichen Resultate zusammengefasst und Implikationen der Ergebnisse aufgezeigt werden.

3.3.1 Methodologie und Daten

Empirisches Modell

Es soll untersucht werden, wie Fondsmanager das Risiko ihres Fonds in Abhängigkeit ihrer relativen Performance nach dem ersten Teil des Jahres anpassen. Als abhängige Variable wird daher die Änderung des Risikos des Fonds zwischen dem ersten und dem zweiten Teil des Jahres, $\Delta std_{i,t}$, verwendet. Diese Größe wird berechnet als

$$\Delta std_{i,t} = std_{i,t}^{(2)} - std_{i,t}^{(1)},$$

wobei $std_{i,t}^{(1)}$ die Renditestandardabweichung im ersten Jahresteil und $std_{i,t}^{(2)}$ die Renditestandardabweichung im zweiten Jahresteil bezeichnet. Als erster Teil des Jahres werden die ersten sieben Monate definiert, da viele Fondsmanager sich laut Brown u. a. (1996) an den zur Jahresmitte erscheinenden Rankings orientieren. Danach brauchen sie noch einige Zeit, um ihr Portfoliorisiko tatsächlich anzupassen.[114]

Um die Risikoanpassungsstrategie zu untersuchen, wird folgende multiple Regression geschätzt:

$$\Delta std_{i,t} = \beta_1 \cdot SegRang_{i,t}^{(1)} + \beta_2 \cdot \Delta std_{i,t}^{m} + \beta_3 \cdot std_{i,t}^{(1)} + \sum_{J=1993}^{2001} \alpha_J \cdot D(J)_{i,t} + \varepsilon_{i,t}. \quad (3.5)$$

Die zentrale erklärende Variable in Modell (3.5) ist die Position des Fonds in seinem Segment nach dem ersten Teil des Jahres, $SegRang_{i,t}^{(1)}$. Dieser Segmentrang wird berechnet, indem alle Fonds eines Segments nach ihrer Rendite im ersten Jahresteil geordnet werden und basierend darauf eine Rangzahl erhalten. Diese Rangzahl wird normalisiert, so dass die Ränge gleichmäßig zwischen null und eins verteilt sind. Der Fonds mit der höchsten Rendite erhält die Rangzahl eins, während der Fonds mit der schlechtesten Rendite die Rangzahl null erhält. Ein negativer Schätzwert für β_1 bedeutet, dass schlechte Fonds ihr Risiko stärker erhöhen als gute Fonds. Dies würde das Ergebnis von Brown u. a. (1996) bestätigen und nach dem Modell von Taylor (2003) dafür sprechen, dass strategische Interaktionen für Fondsmanager bei ihrer Risikoentscheidung keine Rolle spielen. Entsprechend spricht ein positiver Schätzwert für eine stärkere Risikoerhöhung von Gewinnern als von Verlierern, und somit nach Taylor (2003) auch für strategisches Verhalten.

Da in der empirischen Auswertung Fonds aus verschiedenen Segmenten betrachtet werden, wird als Kontrollvariable außerdem die Risikoänderung in dem Marktsegment des Fonds, $\Delta std_{i,t}^{m}$, mit aufgenommen. Damit wird für den Einfluss einer Änderung der Renditestandardabweichung des Fonds korrigiert, die nur durch eine Änderung der Volatilität in dem entsprechenden Segment verursacht wurde. Diese betrifft alle Fonds

114 Zur Robustheit der Ergebnisse gegenüber dieser und anderen Annahmen vgl. Abschnitt 3.3.3.

gleichermaßen und stellt keine aktive Risikoänderung des Fondsmanagers dar. Da nicht für jedes Segment ein passender Index verfügbar ist, mit dessen Hilfe die Änderung des Risikos im Segment gemessen werden kann, wird diese Größe endogen definiert (vgl. Kempf und Ruenzi (2005)). Dazu wird der Median der Renditestandardabweichung aller Fonds in dem Segment im ersten Jahresteil, $std_{i,t}^{m(1)}$, vom Median der Renditestandardabweichung aller Fonds in dem Segment im zweiten Jahresteil, $std_{i,t}^{m(2)}$, abgezogen: $\Delta std_{i,t}^{m} := std_{i,t}^{m(2)} - std_{i,t}^{m(1)}$.

Um für mögliche Autokorrelation der Standardabweichung zwischen der ersten und zweiten Jahreshälfte zu korrigieren, wird außerdem $std_{i,t}^{(1)}$ als Kontrollgröße aufgenommen. Nach Daniel und Wermers (2000) ist ein negativer Einfluss dieser Größe zu erwarten, weil Fondsmanager sich oftmals an ein Risikobudget halten müssen. Sie sind daher gezwungen, nach einem hohen realisierten Fondsrisiko im ersten Jahresteil ihr Risiko im zweiten Jahresteil zu senken.

Schließlich werden noch Jahres-Dummies verwendet, um für jahresspezifische Einflüsse auf die Risikoänderung zu korrigieren.[115] Rockinger (1995) führt aus, dass solche Effekte durch die Liquidität im Markt verursacht werden können, die vom Konjunkturzyklus und somit vom betrachteten Jahr abhängen kann.

Datenbasis

Die Datenbasis entspricht weitgehend der Datenbasis, die im Rahmen der Untersuchung zur Performance-Zufluss Beziehung verwendet und in Abschnitt 3.2.1 vorgestellt wurde. Allerdings wird für die vorliegende Untersuchung darauf verzichtet, Beobachtungen aus Segmenten mit weniger als 20 Fonds in einem bestimmten Jahr auszuschließen. Dies ist hier sinnvoll, um später den Einfluss des Risikos auch in sehr kleinen Segmenten mit weniger als 20 Fonds untersuchen zu können. Außerdem wird hier, anders als in Abschnitt 3.2, bei Fonds mit mehreren Anlageklassen nur die erste Klasse im Datensatz betrachtet, da allen Klassen dasselbe Portfolio zugrunde liegt. Entscheidungen bezüglich des Portfoliorisikos treffen also alle Klassen eines Fonds in gleicher Weise. Eine Betrachtung aller Klassen würde daher dieselbe Entscheidung mehrfach berücksichtigen. Bei der ersten Anlageklasse im Datensatz handelt es sich jeweils um die älteste und in der Regel auch größte Klas-

[115] In Modell (3.5) gibt es keine Konstante, da für jedes Jahr ein Dummy eingesetzt wurde und eine zusätzliche Konstante linear abhängige Regressoren erzeugen würde.

Tabelle 3.10: Ergebnisse zum Segmentturnier

Variable	(a)	(b)	(c)	(d)	(e)
$SegRang_{i,t}^{(1)}$	$0,0145^{***}$	-	-	-	-
$SegRang_{i,t}^{(1)} \cdot D_k^{Seg}$	-	$0,0134^{***}$	$0,0146^{***}$	$0,0138^{***}$	$0,0144^{***}$
$SegRang_{i,t}^{(1)} \cdot D_g^{Seg}$	-	$0,0154^{***}$	$0,0139^{***}$	$0,0196^{***}$	$0,0195^{***}$
$\Delta std_{i,t}^{m}$	$0,8965^{***}$	$0,8972^{***}$	$0,8962^{***}$	$0,8966^{***}$	$0,8964^{***}$
$std_{i,t}^{(1)}$	$-0,7063^{***}$	$-0,7051^{***}$	$-0,7035^{***}$	$-0,7064^{***}$	$-0,7040^{***}$
Untergrenze für große Segmente	-	225	77	28	10
R^2	69,35%	69,35%	69,35%	69,36%	69,35%
N	22.756	22.756	22.756	22.756	22.756

***, **, * bezeichnet einen Einfluss auf dem 1%-, 5%- bzw. 10%-Signifikanzniveau (2-seitige Tests in Spalte (a), 1-seitige Tests in Spalten (b) bis (e)).

se des Fonds, die als repräsentativ für den Fonds angesehen werden kann. Somit stehen 22.756 Fonds-Jahr-Beobachtungen für die Auswertung zur Verfügung.[116]

3.3.2 Ergebnisse

Die Schätzergebnisse für Modell (3.5) werden in Spalte (a) von Tabelle 3.10 präsentiert. Die Position des Fonds im Verhältnis zu den anderen Fonds des Segments nach dem ersten Teil des Jahres, $SegRang_{i,t}^{(1)}$, beeinflusst seine Risikoanpassung signifikant auf 1%-Niveau. Dies spricht für das Vorliegen eines Segmentturniers. Der Koeffizient ist positiv, d.h. Gewinner erhöhen ihr Risiko stärker als Verlierer. Fondsmanager scheinen also die Entscheidungen ihrer Konkurrenten bei ihrer Risikoanpassung zu berücksichtigen und sich im Segmentturnier strategisch zu verhalten.

Wie erwartet ist der Einfluss der fondsspezifischen Risikoänderung in dem entsprechenden Segment signifikant positiv. Die Höhe der Standardabweichung im ersten Jahresteil hat dagegen einen negativen Einfluss auf die Risikoänderung. Fonds, die im ersten Jahresteil eine hohe Renditestandardabweichung realisiert haben, vermindern ihr Risiko tendenziell im zweiten Jahresteil und umgekehrt. Dies bestätigt das Ergebnis von Koski und Pontiff (1999) und spricht für das Argument von Daniel und Wermers (2000), dass Fondsmanager sich an einem Zielwert für das Risiko ihres Fonds im Gesamtjahr orientieren.

116 Die Anzahl der Beobachtungen ist hier größer als bei der Untersuchung der Performance-Zufluss Beziehung, da in der Regression zum Segmentturnier keine Vorjahresgrößen verwendet werden.

Die starke Evidenz für strategisches Verhalten in Spalte (a) von Tabelle 3.10 bestätigt zwar einige der neueren empirischen Studien (z.B. Bolster und DiBartolomeo (2002) und Lin u. a. (2004)), widerspricht aber dem Ergebnis von Brown u. a. (1996). Ein möglicher Grund hierfür liegt in der unterschiedlichen Stichprobe. Brown u. a. (1996) betrachten das Risikoverhalten wachstumsorientierter Fonds in den Jahren 1976 bis 1991. Bei den von Brown u. a. (1996) betrachteten Segmenten handelt es sich um sehr große Segmente des Fondsmarktes, während in der vorliegenden Auswertung Fonds aus allen Segmenten des Aktienfondsmarktes berücksichtigt wurden. Wie oben ausgeführt, kann die Größe des Segments einen wesentlichen Einfluss auf die Relevanz strategischer Interaktionen und somit auf das optimale Risikoverhalten haben.[117] Um den Einfluss der Segmentgröße auf das Risikoverhalten zu untersuchen, wird daher das folgende erweiterte Modell geschätzt:

$$\begin{aligned} \Delta std_{i,t} &= \beta_k^{Seg} \cdot D_k^{Seg} \cdot SegRang_{i,t}^{(1)} + \beta_g^{Seg} \cdot D_g^{Seg} \cdot SegRang_{i,t}^{(1)} \\ &\quad + \beta_2 \cdot \Delta std_{i,t}^m + \beta_3 \cdot std_{i,t}^{(1)} + \sum_{J=1993}^{2001} \alpha_J \cdot D(J)_{i,t} + \varepsilon_{i,t}. \end{aligned} \tag{3.6}$$

Dabei bezeichnet D_k^{Seg} (D_g^{Seg}) eine Dummy-Variable, die den Wert eins annimmt, wenn der Fonds zu einem kleinen (großen) Segment gehört, und die sonst den Wert null annimmt. Nach dem Modell von Taylor (2003) wird das in den folgenden Hypothesen formulierte Verhalten der Fondsmanager im Segmentturnier erwartet:

1. In kleinen Segmenten erhöhen Gewinner ihr Risiko stärker als Verlierer ($\beta_k^{Seg} > 0$).

2. In großen Segmenten erhöhen Verlierer ihr Risiko stärker als Gewinner ($\beta_g^{Seg} < 0$).[118]

Die Schätzergebnisse für Modell (3.6) finden sich ebenfalls in Tabelle 3.10. In Spalte (b) wurde als Untergrenze für die Anzahl Fonds in großen Segmenten 225 angesetzt. Fonds aus Segmenten mit mehr als 225 Fonds werden zu großen Segmenten gehörend klassifiziert, die restlichen als kleinen Segmenten zugehörig. Diese Zahl teilt die Stichprobe in zwei etwa gleich große Teile. Da diese Zahl jedoch sicherlich in Hinblick auf die Relevanz strategischer Interaktionen sehr hoch ist, wird alternativ in den Spalten (c) -

---

117 In Abschnitt 3.2.3 wurde gezeigt, dass die Performance-Zufluss Beziehung in großen und kleinen Segmenten konvex ist, d.h. grundsätzlich gibt es in beiden Gruppen von Segmenten Risikoanreize.

118 Da die Hypothesen sich auf ein konkretes Vorzeichen beziehen (und nicht nur bezüglich $\neq 0$ formuliert wurden), werden die Signifikanzen hier erstmals mit einseitigen Tests untersucht.

(e) auch 77, 28 und 10 als Grenze verwendet. Diese Grenzen führen dazu, dass 25%, 10% bzw. 1% aller Beobachtungen als aus kleinen Segmenten stammend klassifiziert werden. Unabhängig von der konkret verwendeten Grenze zeigen die Ergebnisse in den Spalten (b) - (e) jedoch immer einen positiven Einfluss des Segmentrangs auf die Risikoänderung. Diese Ergebnisse sprechen für strategisches Verhalten sowohl in großen als auch in kleinen Segmenten. Dies widerspricht der nach Taylor (2003) entwickelten Hypothese, dass Fonds in großen Segmenten nicht-strategisches Verhalten zeigen sollten. Auch für die von Brown u. a. (1996) betrachteten großen Segmente kann das von diesen Autoren berichtete Ergebnis nicht-strategischen Verhaltens also nicht bestätigt werden.

Neben den in die Analyse einbezogenen Segmenten besteht der zweite zentrale Unterschied zwischen Brown u. a. (1996) und der vorliegenden Studie im betrachteten Stichprobenzeitraum. Um den Einfluss des Stichprobenzeitraums zu untersuchen, wird daher die Gesamtstichprobe in die Zeiträume 1993 bis 1996 und 1997 bis 2001 aufgespalten. Der erste Teilzeitraum deckt sich zwar nicht mit dem in Brown u. a. (1996) untersuchten Zeitraum, umfasst aber mit den frühen 1990er Jahren diejenigen Jahre, die auch in den Studien untersucht wurden, die das Ergebnis von Brown u. a. (1996) bestätigen konnten. Der zweite Teilzeitraum umfasst dagegen tendenziell die Jahre, die hauptsächlich von späteren Studien betrachtet wurden und in denen ein positiver Einfluss des Rangs auf die Risikoänderung dokumentiert wurde.[119]

Die Schätzergebnisse für die Jahre 1993 bis 1996 finden sich in Tabelle 3.11. Tatsächlich ist der Einfluss von $SegRang_{i,t}^{(1)}$ in Modell (3.5), in dem nicht zwischen großen und kleinen Segmenten unterschieden wird, nun signifikant negativ. Dies spricht für nicht-strategisches Verhalten und bestätigt das Ergebnis von Brown u. a. (1996). Dieser Einfluss ist jedoch nur auf dem 10%-Niveau signifikant. Da hier nicht zwischen dem Einfluss in großen und kleinen Segmenten unterschieden wird, ist es möglich, dass Modell (3.5) nicht korrekt spezifiziert ist. Der Einfluss ist möglicherweise deshalb nur schwach signifikant, weil sich positive und negative Risikoänderungen in großen und kleinen Segmenten teilweise kompensieren. Daher wird auch Modell (3.6) für alternative Abgrenzungen zwischen großen und kleinen Segmenten geschätzt.

---

119 Diese späteren Studien wie z.B. Bolster und DiBartolomeo (2002) und Lin u. a. (2004) verwenden zwar insgesamt längere Zeiträume, die auch die frühen 1990er Jahre und noch weiter zurückliegende Zeiträume umfassen. Allerdings werden die Ergebnisse dieser Studien meist von der wesentlich höheren Anzahl an Beobachtungen in den späteren Jahren getrieben.

Tabelle 3.11: Ergebnisse zum Segmentturnier für die Jahre 1993 bis 1996

Variable	(a)	(b)	(c)	(d)	(e)
$SegRang_{i,t}^{(1)}$	$-0,0024^{*}$	-	-	-	-
$SegRang_{i,t}^{(1)} \cdot D_k^{Seg}$	-	$-0,0021^{*}$	$0,0018$	$0,0071^{***}$	$0,0162^{***}$
$SegRang_{i,t}^{(1)} \cdot D_g^{Seg}$	-	$-0,0028^{**}$	$-0,0048^{***}$	$-0,0047^{***}$	$-0,0033^{***}$
$\Delta std_{i,t}^{m}$	$0,6820^{***}$	$0,6828^{***}$	$0,6865^{***}$	$0,6818^{***}$	$0,6733^{***}$
$std_{i,t}^{(1)}$	$-1,1449^{***}$	$-1,1446^{***}$	$-1,1559^{***}$	$-1,1746^{***}$	$-1,1673^{***}$
Untergrenze für große Segmente	-	225	77	28	10
R^2	62,20%	62,20%	62,35%	62,50%	62,42%
N	6.557	6.557	6.557	6.557	6.557

***, **, * bezeichnet einen Einfluss auf dem 1%-, 5%- bzw. 10%-Signifikanzniveau (2-seitige Tests in Spalte (a), 1-seitige Tests in Spalten (b) bis (e)).

Außer für die sehr hohe Grenze von 225 in Spalte (b), zeigt sich tatsächlich ein interessanter Unterschied bezüglich des Einflusses des Segmentrangs nach dem ersten Jahresteil (Spalten (c) bis (e)). In großen Segmenten ist der Einfluss negativ, während er in kleinen Segmenten positiv ist. Dies deutet auf strategisches Verhalten in kleinen Segmenten und nicht-strategisches Verhalten in großen Segmenten hin. Während der Einfluss in kleinen Segmenten in Spalte (c) für eine Grenze von 77 noch insignifikant ist, wird der Unterschied immer deutlicher, je kleiner die als klein definierten Segmente werden (Spalten (d) und (e)).[120] Die Ergebnisse aus Tabelle 3.11 stehen somit in Einklang mit den aus dem Modell von Taylor (2003) abgeleiteten Hypothesen, dass strategisches Verhalten in kleinen Segmenten und nicht-strategisches Verhalten in großen Segmenten erwartet werden kann.

Die Auswertungen für den Teilzeitraum 1997 bis 2001 liefern jedoch ein anderes Ergebnis (vgl. Tabelle 3.12). Der Einfluss des Segmentrangs in Modell (3.5) in Spalte (a) ist positiv. Dieses Ergebnis könnte wiederum dadurch erklärt werden, dass der positive Einfluss in diesem (fehlspezifizierten) Modell durch die Beobachtungen aus kleinen Segmenten getrieben wird. Allerdings zeigen die Schätzergebnisse für Modell (3.6) in den Spalten (b) bis (e), dass in den Jahren 1997 bis 2001 Gewinner ihr Risiko in allen Fällen stärker erhöhen als Verlierer. Dieses Ergebnis ist unabhängig von der gewählten Untergrenze zur Defi-

120 Der Einfluss in Spalte (b) ist für kleine Segmente noch negativ und in Spalte (c) zwar positiv aber nicht signifikant. Eine mögliche Erklärung hierfür ist, dass unter Verwendung der sehr hohen Untergrenzen von 225 bzw. 77 sehr viele Segmente als klein definiert werden, die tatsächlich aber so groß sind, dass dort keine strategischen Interaktionen stattfinden können.

Tabelle 3.12: Ergebnisse zum Segmentturnier für die Jahre 1997 bis 2001

Variable	(a)	(b)	(c)	(d)	(e)
$SegRang^{(1)}_{i,t}$	0,0219***	-	-	-	-
$SegRang^{(1)}_{i,t} \cdot D^{Seg}_k$	-	0,0233***	0,0196***	0,0272***	0,0316***
$SegRang^{(1)}_{i,t} \cdot D^{Seg}_g$	-	0,0206***	0,0225***	0,0214***	0,0218***
$\Delta std^m_{i,t}$	0,9250***	0,9256***	0,9243***	0,9246***	0,9254***
$std^{(1)}_{i,t}$	−0,6720***	−0,6741***	−0,6722***	−0,6720***	−0,6720***
Untergrenze für große Segmente	-	225	77	28	10
R^2	68,32%	68,33%	68,33%	68,33%	68,32%
N	16.199	16.199	16.199	16.199	16.199

***, **, * bezeichnet einen Einfluss auf dem 1%-, 5%- bzw. 10%-Signifikanzniveau (2-seitige Tests in Spalte (a), 1-seitige Tests in Spalten (b) bis (e)).

nition großer Segmente und spricht dafür, dass sich Fondsmanager in diesem Zeitraum in großen und kleinen Segmenten strategisch verhalten. Dies wurde nach dem Modell von Taylor (2003) für Fonds aus kleinen Segmenten zwar erwartet, überrascht jedoch für Fonds aus großen Segmenten. Ein Vergleich der Ergebnisse aus Tabelle 3.11 und aus Tabelle 3.12 zeigt einen deutlichen zeitlichen Bruch im Verhalten der Fondsmanager aus großen Segmenten, für den es keinen offensichtlichen Grund gibt.

3.3.3 Stabilitätsuntersuchungen

Neben der zeitlichen Stabilität wurden weitere Untersuchungen durchgeführt, um die Robustheit der Resultate zu überprüfen.[121] Bei den oben genannten Ergebnissen wurde die Risikoanpassung nach den ersten sieben Monaten des Jahres betrachtet. Die Ergebnisse sind qualitativ sehr ähnlich, aber geringfügig schwächer, wenn die ersten sechs Monate des Jahres als erster Jahresteil definiert werden. Dies spricht dafür, dass die Fondsmanager tatsächlich einige Zeit brauchen, um ihr Risiko anzupassen, und die Aufteilung in sieben und fünf Monate daher das Verhalten besser abbilden kann.

Anstatt Unterschiede im Risikoverhalten zwischen großen und kleinen Segmenten mittels einer Dummy-Interaktion zu untersuchen, wie in Modell (3.6), wurde alternativ Modell (3.5) jeweils für Teilstichproben großer und kleiner Segmente geschätzt. Die Schätzergebnisse bestätigen wiederum die obigen Resultate.

[121] Die Ergebnisse werden nicht in Tabellen dargestellt, da sich die grundsätzlichen Aussagen nicht ändern.

Schließlich wurde eine alternative Methodologie zur Überprüfung der Ergebnisse angewendet. Anstelle der Korrektur um Markteinflüsse mittels $\Delta std^{m}_{i,t}$ als erkärender Variable wurde auf diese Variable verzichtet. Um den Einfluss einer allgemeinen Risikoänderung im Segment zu berücksichtigen, wurde stattdessen die zu erklärende Variable als $(std^{(2)}_{i,t}/std^{m(2)}_{i,t})/(std^{(1)}_{i,t}/std^{m(1)}_{i,t})$ definiert. Auch dies lässt die Ergebnisse qualitativ unverändert.

3.3.4 Zusammenfassung der wesentlichen Ergebnisse und Implikationen

Die im vorangegangenen Abschnitt 3.2 dokumentierte Konvexität der Performance-Zufluss Beziehung verursacht Risikoanreize für Fondsmanager. Dies führt dazu, dass sie in einem Segmentturnier miteinander konkurrieren. Sie versuchen, eine Top-Position in ihrem Segment zu erreichen, um so von möglichst hohen Zuflüssen zu profitieren. Nach dem Modell von Taylor (2003) sollten Verlierer in großen Segmenten im Segmentturnier ihr Risiko stärker erhöhen als Gewinner, während in kleinen Segmenten das Gegenteil gelten sollte.

Diese Hypothesen wurden bislang in der Literatur noch nicht untersucht. Sie werden von den Daten nur teilweise gestützt. Die Auswertungen zeigen, dass das Verhalten der Fondsmanager nicht in allen Segmenten über die Zeit stabil ist. Während sich Fondsmanager aus kleinen Segmenten wie zu vermuten in beiden betrachteten Teilzeiträumen strategisch verhalten, zeigt sich im Verhalten der Fondsmanager aus großen Segmenten ein deutlicher Bruch. Letztere verhalten sich in den früheren Jahren tatsächlich nicht-strategisch. In den späteren Jahren beobachtet man dagegen strategisches Verhalten. Mögliche Gründe für eine solche Verhaltensänderung zu bestimmen ist eine bislang ungelöste Aufgabe.

Das Risikoverhalten von Fondsmanagern im Segmentturnier hat einige wichtige Implikationen. Zunächst ist ein solches Verhalten aus Sicht der Fondsanleger problematisch. Passen Fondsmanager ihr Risiko im Segmentturnier an, so führt dies zu einem aus Sicht der Investoren ineffizienten Portfolio (Bagnoli und Watts (2000) und Lin u. a. (2004)). Einzelne Fondsinvestoren haben jedoch wenig Möglichkeiten, ein solches Verhalten von Fondsmanagern zu verhindern.

Auch aus gesamtökonomischer Sicht hat das Turnierverhalten von Fondsmanagern problematische Folgen. So konnten James und Isaac (2000) im Rahmen einer experimentellen Studie zeigen, dass die Preise am Kapitalmarkt verzerrt sein können, wenn Fondsmanager ihr Risiko im Rahmen eines Turniers anpassen.

Für die Fondsgesellschaft selbst ist die Risikoanpassung der Fondsmanager im Segmentturnier dagegen weniger problematisch, da die Fondsmanager in diesem Turnier hauptsächlich mit Fonds anderer Familien um Zuflüsse konkurrieren.[122] Die Fondsgesellschaft versucht ihre Gebühreneinnahmen zu maximieren, während die Fondsmanager ihr Einkommen maximieren wollen. Da beides vom verwalteten Vermögen abhängt, haben beide einen Anreiz, möglichst hohe Zuflüsse zu generieren. Insofern besteht in Bezug auf das Verhalten im Segmentturnier eine weitgehende Zielkongruenz zwischen Fondsmanager und Fondsgesellschaft.

Nachdem in den vorangegangenen Abschnitten die sich aus der Position eines Fondsmanagers in seinem Marktsegment ergebenden Risikoanreize und sein Risikoverhalten analysiert wurden, wenden sich die folgenden Abschnitte dem Einfluss der Position eines Fondsmanagers innerhalb seiner Familie zu.

3.4 Empirische Studie zur Performance-Zufluss Beziehung in der Familie

In diesem Abschnitt soll im Rahmen einer empirischen Studie erstmals untersucht werden, ob die Position eines Fonds innerhalb seiner Familie eine Auswirkung auf seine Zuflüsse hat, die nicht durch seine Position innerhalb seines Segments erklärt werden kann. Es ist wichtig festzustellen, ob ein solcher Einfluss existiert, da dieser zu zusätzlichen Anreizen für Fondsmanager führen würde. Ein Einfluss der Position innerhalb der Familie auf die Zuflüsse ist aus folgenden Gründen zu vermuten:

1. Viele Fondsfamilien betreiben Werbung. Da die Werbebudgets begrenzt sind, werden in der Regel nur die besten Fonds der Familie beworben (vgl. Abschnitt 2.1.3.1).

[122] Dies mag für sehr spezialisierte Fondsgesellschaften, die in der Regel relativ klein sind und ihre Fonds hauptsächlich in einem oder wenigen Segmenten anbieten, unter Umständen nur in eingeschränktem Maße gelten. Bei diesen Familien konkurrieren die Fonds der Gesellschaft nämlich im Segmentturnier oft mit Fonds der eigenen Familie. Dies liefert eine mögliche Erklärung für das von Almazan u. a. (2004) berichtete Ergebnis, dass kleine Familien ihre Manager stärker restringieren als größere Familien.

Da Werbung einen positiven Einfluss auf Fondszuflüsse hat (Jain und Wu (2000)), sollte dies zu einem positiven Zusammenhang zwischen der Position eines Fonds in seiner Familie und seinen Zuflüssen führen.

2. Es gibt eine große Anzahl von Fondsanlegern, die sich ausschließlich zwischen den Fonds einer Familie entscheiden (Elton u. a. (2004b)). Für diese Anleger ist nur die relative Position eines Fonds im Vergleich zu den anderen Fonds in der gleichen Familie relevant. Ein möglicher Grund für eine solche Beschränkung auf die Fonds einer Familie sind die Restriktionen in vielen Rentenplänen in den USA, die ihren Anlegern nur die Fonds einer Familie anbieten. Auch dies sollte dazu führen, dass Top-Fonds in ihrer jeweiligen Familie größere Zuflüsse als die anderen Fonds in ihrer Familie haben, die nicht durch die Position dieser Fonds in ihrem Segment erklärt werden können.[123]

In Abschnitt 3.4.1 wird zunächst kurz auf die Daten und die Methodologie eingegangen, mit der die Performance-Zufluss Beziehung in der Familie untersucht werden soll. Insbesondere wird dort erläutert, wie die Position eines Fonds innerhalb seiner Familie bestimmt werden kann. Die Ergebnisse werden in Abschnitt 3.4.2 vorgestellt und in Abschnitt 3.4.3 auf ihre Robustheit hin überprüft. Ein kurzes Fazit findet sich in Abschnitt 3.4.4.

3.4.1 Methodologie und Daten

Empirisches Modell

Grundsätzlich kann die Performance-Zufluss Beziehung in der Familie mit einer ähnlichen Methodologie untersucht werden wie die Performance-Zufluss Beziehung im Segment. Dazu ist jedoch zunächst ein geeignetes Maß für die Position eines Fonds in seiner Familie zu entwickeln. Dabei muss berücksichtigt werden, dass eine Familie Fonds in sehr unterschiedlichen Segmenten anbieten kann. Die Fonds aus diesen Segmenten weisen dann oft sehr unterschiedliche Rendite- und Risiko-Charakteristika auf. Es ist daher nicht problemlos möglich, eine Reihung von Fonds aus diesen verschiedenen Segmenten bspw. auf Basis ihrer Rendite oder ihrer Sharpe Ratio vorzunehmen. Ein zwischen den Fonds aus verschiedenen Segmenten vergleichbares Maß stellt jedoch der in Abschnitt 3.2.1 entwickelte Segmentrang eines Fonds dar. In diesem Maß kommt die

[123] Dieser Effekt wird noch dadurch verstärkt, dass die meisten Fondsfamilien in den USA ihren Anlegern die Möglichkeit einräumen, kostenlos zwischen den Fonds der Familie zu wechseln (Massa (2003)).

relative Position eines Fonds in seinem Segment zum Ausdruck. Die Position eines Fonds innerhalb seiner Familie kann bestimmt werden, indem alle Fonds einer Familie nach ihrem Segmentrang sortiert werden. Basierend auf dieser Reihung wird dem Fonds dann ein Familienrang zugeordnet. Es handelt sich also um einen (Familien-)Rang basierend auf einem (Segment-)Rang. Auch der Familienrang wird normalisiert, so dass Ränge aus unterschiedlich großen Familien verglichen werden können. Der beste Fonds der Familie erhält die Rangzahl eins, während der schlechteste Fonds die Rangzahl null erhält. Der so berechnete Familienrang von Fonds i in Jahr t wird mit $FamRang_{i,t}$ bezeichnet. Der Familienrang wird unter Verwendung von Segmenträngen berechnet, die auf verschiedenen Performancemaßen basieren. Im Folgenden werden zunächst wiederum Ränge auf Basis der Sharpe Ratio untersucht.

Es wird folgendes auf Modell (3.3) basierende Modell geschätzt:

$$\begin{aligned} NZ_{i,t} = {} & \beta^{Fam} \cdot FamRang_{i,t-1} + \\ & \beta_1^{Seg} \cdot SegQ1_{i,t-1} + \beta_2^{Seg} \cdot SegQ2-4_{i,t-1} + \beta_3^{Seg} \cdot SegQ5_{i,t-1} \\ & +\gamma \cdot Kontrollgrößen + \sum_{J=1993}^{2001} \alpha_J \cdot D(J)_{i,t} + \varepsilon_{i,t}. \end{aligned} \quad (3.7)$$

Ein signifikanter Schätzwert für β^{Fam} spricht für einen Einfluss der Position in der Familie auf die Zuflüsse, der nicht durch die Position des Fonds im Segment erklärt werden kann.[124]

Wie oben ausgeführt, ist ein möglicher Grund für einen Einfluss des Familienrangs, dass die besten Fonds einer Familie beworben werden. Da dieser Effekt aber vermutlich nur die Top-Fonds einer Familie betrifft, ist es möglich, dass der Einfluss von $FamRang_{i,t-1}$ nichtlinear ist. Daher wird zusätzlich auch das folgende Modell geschätzt, in dem die mögliche Nichtlinearität des Einflusses des Familienrangs über eine stückweise lineare Regression erfasst wird:

124 Der Familienrang und der Segmentrang eines Fonds sind per Konstruktion positiv korreliert. Der Korrelationskoeffizient beträgt in der vorliegenden Stichprobe 0,78. Dies deutet darauf hin, dass Multikollinearität vorliegen könnte. Der obige Schätzansatz führt jedoch selbst bei Vorliegen von Multikollinearität zu unverzerrten Schätzwerten für die Parameter. Lediglich die Standardfehler sind höher, und es ist deshalb schwieriger, signifikante Ergebnisse zu finden.

$$
\begin{aligned}
NZ_{i,t} = {} & \beta_1^{Fam} \cdot FamQ1_{i,t-1} + \beta_2^{Fam} \cdot FamQ2-4_{i,t-1} + \beta_3^{Fam} \cdot FamQ5_{i,t-1} \\
& + \beta_1^{Seg} \cdot SegQ1_{i,t-1} + \beta_2^{Seg} \cdot SegQ2-4_{i,t-1} + \beta_3^{Seg} \cdot SegQ5_{i,t-1} \\
& + \gamma \cdot Kontrollgrößen + \sum_{J=1993}^{2001} \alpha_J \cdot D(J)_{i,t} + \varepsilon_{i,t},
\end{aligned} \tag{3.8}
$$

wobei

$$
\begin{aligned}
FamQ1_{i,t-1} &= min(FamRang_{i,t-1}; 0,2) \\
FamQ2-4_{i,t-1} &= min(FamRang_{i,t-1} - FamQ1_{i,t-1}; 0,6) \\
FamQ5_{i,t-1} &= FamRang_{i,t-1} - (FamQ1_{i,t-1} + FamQ2-4_{i,t-1}).
\end{aligned}
$$

In beiden Modellen wird um den in Abschnitt 3.2 dokumentierten konvexen Einfluss des Segmentrangs korrigiert. Außerdem werden die gleichen Kontrollvariablen wie bei der Untersuchung der Performance-Zufluss Beziehung im Segment verwendet.

Datenbasis

Die Daten, die zur Schätzung der Modelle verwendet werden, sind die gleichen wie in Abschnitt 3.3.1 beschrieben. Allerdings werden nun nicht nur alle Beobachtungen aus Segmenten mit weniger als 20 Fonds ausgeschlossen, sondern auch alle Beobachtungen aus Familien mit weniger als 20 Fonds. Dies erlaubt es, eine angemessene Verteilung der Familienränge sicherzustellen, die nicht durch das Hinzukommen eines neuen Fonds in der Familie völlig verändert wird.

3.4.2 Ergebnisse

Die Schätzergebnisse für Modell (3.7) finden sich in Spalte (a) von Tabelle 3.13. Die Position eines Fonds innerhalb seiner Familie, $FamRang_{i,t-1}$, hat einen signifikant positiven Einfluss auf seine Zuflüsse. Gleichzeitig wird ein positiv konvexer Einfluss des Segmentrangs auf die Fondszuflüsse gefunden. Dies bestätigt die Vermutung, dass es für das Wachstum eines Fonds nicht nur entscheidend ist, im Segment einen Spitzenrang zu erreichen, sondern auch in der Familie. Der Einfluss der Kontrollgrößen entspricht qualitativ den Ergebnissen aus Abschnitt 3.2.2.

Tabelle 3.13: Ergebnisse zur Performance-Zufluss Beziehung in der Familie

Variable	(a): Modell (3.7)	(b): Modell (3.8)
$FamRang_{i,t-1}$	$0,0782^{*}$	-
$FamQ1_{i,t-1}$	–	$0,1136$
$FamQ2-4_{i,t-1}$	–	$0,0419$
$FamQ5_{i,t-1}$	–	$0,3540^{**}$
$SegQ1_{i,t-1}$	$0,4115^{***}$	$0,4099^{**}$
$SegQ2-4_{i,t-1}$	$0,3418^{***}$	$0,3570^{***}$
$SegQ5_{i,t-1}$	$1,8888^{***}$	$0,9950^{***}$
$std_{i,t-1}$	$0,0154$	$0,0148$
$NZ_{i,t-1}$	$0,2201^{***}$	$0,2199^{***}$
$lnTNA_{i,t-1}$	$-0,0753^{***}$	$-0,0751^{***}$
$lnAlter_{i,t}$	$-0,0203^{**}$	$-0,0209^{**}$
$FixGeb_{i,t-1}$	$0,0061^{***}$	$0,0061^{***}$
$lfdGeb_{i,t-1}$	$-5,3016^{***}$	$-5,1840^{***}$
$Turnover_{i,t-1}$	$0,0127^{**}$	$0,0129^{*}$
$NZ_{i,t}^{Seg}$	$0,0818^{***}$	$0,0817^{***}$
$NZ_{i,t}^{Fam}$	$0,0232^{***}$	$0,0230^{***}$
$lnTNA_{i,t-1}^{Fam}$	$0,0487^{***}$	$0,0490^{***}$
$lnAnzahl_{i,t-1}^{Fam}$	$-0,0488^{***}$	$-0,0490^{***}$
$Star_{i,t-1}$	$0,7705^{***}$	$0,8112^{***}$
R^2	22,81%	22,83%
N	10.068	10.068

***, **, * bezeichnet einen Einfluss auf dem 1%-, 5%- bzw. 10%-Signifikanzniveau (2-seitige Tests).

In Modell (3.8) kann auch eine mögliche nichtlineare Beziehung zwischen dem Familienrang und den Zuflüssen abgebildet werden. Die Ergebnisse finden sich in Spalte (b) von Tabelle 3.13. Während der Einfluss von $FamQ1_{i,t-1}$ und $FamQ2-4_{i,t-1}$ insignifikant ist, ist der Einfluss von $FamQ5_{i,t-1}$ signifikant positiv. Dies spricht für eine konvexe Performance-Zufluss Beziehung in der Familie. Während der Familienrang in den vier unteren Quintilen keinen Einfluss auf die Zuflüsse hat, gibt es einen stark positiven Einfluss im besten Quintil. Die Steigung im besten Quintil ist dabei signifikant größer als in den übrigen Quintilen. Dies ist konsistent mit dem Argument, dass aufgrund begrenzter Ausgaben, die für Marketingmaßnahmen zur Verfügung stehen, nur die Top-Fonds einer Familie beworben werden. Daher ist ein Einfluss des Familienrangs nur für die besten Fonds der Familie feststellbar. Ob der Fondsmanager dagegen in der Familie einen mittleren oder schlechten Rang erreicht, hat keine signifikanten Auswirkungen auf die Zuflüsse.

Der mit Modell 3.8 geschätzte Zusammenhang zwischen Familienrang und Zuflüssen ist in Abbildung 3.2 wiedergegeben. Auch hier ist die konvexe Performance-Zufluss Beziehung in der Familie deutlich zu erkennen.

Abbildung 3.2: Geschätzte Performance-Zufluss Beziehung in der Familie

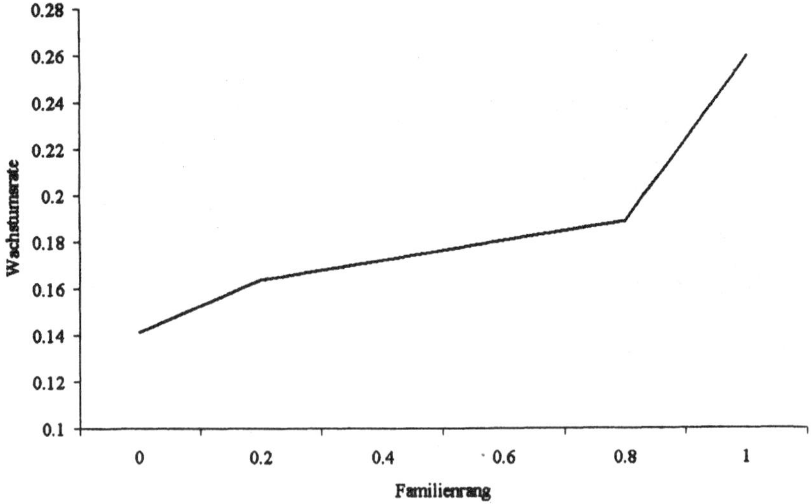

Quelle: Eigene Darstellung basierend auf den Schätzergebnissen aus Spalte (b) in Tabelle 3.4.2. Der Achsenabschnitt ergibt sich aus der durchschnittlichen Wachstumsrate aller Beobachtungen.

Auch der Einfluss des Segmentrangs in Tabelle 3.13 ist weiterhin konvex. Die Ergebnisse für den Einfluss der Kontrollvariablen sind den Ergebnissen aus der isolierten Untersuchung zur Performance-Zufluss Beziehung im Segment aus Abschnitt 3.2 ebenfalls sehr ähnlich.

3.4.3 Stabilitätsuntersuchungen

Im Folgenden wird die Stabilität der Ergebnisse zur Performance-Zufluss Beziehung in der Familie untersucht. Ähnlich wie in Abschnitt 3.2.3 wird auch hier ein alternativer Ansatz zur Modellierung der Konvexität der Performance-Zufluss Beziehung im Segment und in der Familie untersucht, bevor die Ergebnisse weitere Stabilitätsuntersuchungen kurz berichtet werden.

Alternativer Modellierungsansatz für die Konvexität

Analog zu Modell (3.4) wird nun untersucht, ob sich die Konvexität der Performance-Zufluss Beziehung in der Familie auch in einer Spezifikation mit Dummies zeigen lässt. Dazu wird folgendes Modell geschätzt:

$$\begin{aligned} NZ_{i,t} &= \delta_1^{Fam} FamD2_{i,t-1} + \delta_2^{Fam} FamD3_{i,t-1} + \delta_3^{Fam} FamD4_{i,t-1} + \delta_4^{Fam} FamD5_{i,t-1} \\ &\quad + \delta_1^{Seg} SegD2_{i,t-1} + \delta_2^{Seg} SegD3_{i,t-1} + \delta_3^{Seg} SegD4_{i,t-1} + \delta_4^{Seg} SegD5_{i,t-1} \\ &\quad + \gamma Kontrollgrößen + \sum_{J=1993}^{2001} \alpha_J D(J)_{i,t}, \end{aligned} \tag{3.9}$$

wobei

$$FamD2_{i,t-1} = \begin{cases} 1 & \text{falls } FamRang_{i,t-1} \geq 0.2 \\ 0 & \text{sonst} \end{cases}$$

$$\vdots$$

$$FamD5_{i,t-1} = \begin{cases} 1 & \text{falls } FamRang_{i,t-1} \geq 0.8 \\ 0 & \text{sonst.} \end{cases}$$

Tabelle 3.14: Ergebnisse zur Performance-Zufluss Beziehung in der Familie - Alternative Spezifikationen

Variable	(a)	(b)	(c)
$FamD2_{i,t-1}$	0,0251	0,0003	
$FamD3_{i,t-1}$	0,0269	−0,0099	
$FamD4_{i,t-1}$	0,0675***	0,0215	
$FamD5_{i,t-1}$	0,1674***	0,0771**	
$SegD2_{i,t-1}$	0,0655***		0,0457**
$SegD3_{i,t-1}$	0,1145***		0,0883***
$SegD4_{i,t-1}$	0,1842***		0,1673***
$SegD5_{i,t-1}$	0,2602***		0,2381***
$FamQ1_{i,t-1}$			0,3238**
$FamQ2-4_{i,t-1}$			0,1068**
$FamQ5_{i,t-1}$			0,7555***
$SegQ1_{i,t-1}$		0,5625***	
$SegQ2-4_{i,t-1}$		0,3398***	
$SegQ5_{i,t-1}$		0,9890***	
$std_{i,t-1}$	0,0018	0,0145	0,0028
$NZ_{i,t-1}$	0,2224***	0,2199***	0,2216***
$lnTNA_{i,t-1}$	−0,0755***	−0,0753***	−0,0752***
$lnAlter_{i,t}$	−0,0213**	−0,0204**	−0,0223**
$FixGeb_{i,t-1}$	0,0063***	0,0061***	0,0062***
$lfdGeb_{i,t-1}$	−5,1208***	−5,2108***	−4,950***
$Turnover_{i,t-1}$	0,0136*	0,0130*	0,0137*
$NZ_{i,t}^{Seg}$	0,0817***	0,0826***	0,0811***
$NZ_{i,t}^{Fam}$	0,0223***	0,0232***	0,0223***
$lnTNA_{i,t-1}^{Fam}$	0,0504***	0,0490***	0,0511***
$lnAnzahl_{i,t-1}^{Fam}$	−0,0531***	−0,0496***	−0,0527***
$Star_{i,t-1}$	1,046***	0,8185***	1,0587***
R^2	22,48%	22,90%	22,53%
N	10.068	10.068	10.068

***, **, * bezeichnet einen Einfluss auf dem 1%-, 5%- bzw. 10%-Signifikanzniveau (2-seitige Tests).

Die Schätzergebnisse für Modell (3.9) finden sich in Spalte (a) in Tabelle 3.14. Die Ergebnisse bestätigen die Konvexität der Performance-Zufluss Beziehung in der Familie und im Segment. Auch der Einfluss der Kontrollgrößen bleibt qualitativ unverändert.

Als weitere Stabilitätsuntersuchung werden die stückweise-lineare Spezifikation und die Dummy-Spezifikation kombiniert. In Spalte (b) ist die Performance-Zufluss Beziehung in der Familie mittels der Dummy-Spezifikation und die Performance-Zufluss Beziehung im Segment mittels der stückweise-linearen Spezifikation modelliert; Spalte (c) liegt der umgekehrte Fall zugrunde. Die Schätzergebnisse für alle Spezifikationen bestätigen eine konvexe Performance-Zufluss Beziehung, sowohl im Segment als auch in der Familie.

Weitere Stabilitätsuntersuchungen

Die Ergebnisse zur Performance-Zufluss Beziehung in der Familie wurden auch auf ihre Robustheit hinsichtlich weiterer Faktoren untersucht. So wurden ähnliche Untersuchungen durchgeführt, wie sie in Abschnitt 3.2.3 unter *Weitere Stabilitätsuntersuchungen* für die Performance-Zufluss Beziehung im Segment genannt wurden. Die Ergebnisse zur Performance-Zufluss Beziehung in der Familie und zur Performance-Zufluss Beziehung im Segment ändern sich dadurch qualitativ nicht.

3.4.4 Zusammenfassung der wesentlichen Ergebnisse und Implikationen

Die Ergebnisse in diesem Abschnitt zeigen deutlich, dass es neben der Performance-Zufluss Beziehung im Segment noch eine zweite Performance-Zufluss Beziehung innerhalb der Familie gibt: Neben der Position des Fonds in seinem Segment spielt die erreichte Position innerhalb der Familie eine wichtige Rolle. Eine Top-Position in der Familie ist mit beträchtlichen zusätzlichen Zuflüssen verbunden, die nicht durch die Position innerhalb des Segments erklärt werden können. Der Einfluss des Familienrangs auf die Zuflüsse wurde bislang in der Literatur nicht untersucht.

Die positive Performance-Zufluss Beziehung innerhalb der Familie hat wichtige Implikationen: Sie führt zu starken Anreizen für Fondsmanager, auch in ihrer Familie eine Top-Position zu erreichen. Ähnlich wie die Performance-Zufluss Beziehung im Segment weist auch die Performance-Zufluss Beziehung in der Familie eine ausgeprägte Konvexität auf. Dies führt zu Risikoanreizen, die mit den Anreizen im Segmentturnier vergleichbar sind. Ihre Auswirkungen werden im folgenden Abschnitt erstmals untersucht.

3.5 Empirische Studie zum Familienturnier

In Abschnitt 3.3 wurde untersucht, wie Fondsmanager mit den anderen Fondsmanagern in ihrem Segment konkurrieren. Fondsmanager agieren jedoch nicht nur am Markt, sondern sind auch Teil des organisatorischen Kontextes ihrer Familie. Daher greifen die Betrachtungen in Abschnitt 3.3, in denen das Verhalten von Fondsmanagern unabhängig von ihrer Situation innerhalb ihrer Firma betrachtet wird, zu kurz.

In diesem Abschnitt wird deshalb erstmals untersucht, wie Fondsmanager auf die Anreize, die sich aus ihrer Position innerhalb ihrer Familie ergeben, reagieren. Es wird untersucht, ob Fondsmanager nicht nur mit den anderen Managern in ihrem Marktsegment, sondern auch mit den anderen Managern in ihrer eigenen Familie konkurrieren. Es gibt eine Reihe möglicher Gründe die dafür sprechen, dass Fondsmanager Anreize haben, besser als ihre Kollegen in der eigenen Familie zu sein:

1. Diejenigen Manager, die eine gute Position in ihrer Familie erreichen, profitieren von hohen zusätzlichen Zuflüssen (vgl. Abschnitt 3.4). Da Fondsmanager nach dem von ihnen verwalteten Vermögen bezahlt werden, führt dies zu einer Erhöhung des Einkommens der besten Manager in der Familie.

2. Gute Manager werden befördert. Wenn Fondsmanager eine gute Performance zeigen und den Fonds wechseln, so verwalten sie danach in der Regel einen größeren Fonds und verdienen mutmaßlich auch mehr (vgl. Abschnitt 2.1.4.1).

3. Es gibt Manager, die aus persönlichen Gründen besser als die Kollegen in der gleichen Firma sein wollen, selbst wenn dies nicht mit monetären Vorteilen einhergeht.

Da die Beförderungsmöglichkeiten in einer Fondsfamilie begrenzt sind, wird die Familie nur die in ihrer Familie jeweils besten Fondsmanager befördern. Außerdem wurde in Abschnitt 3.4 gezeigt, dass nur die Top-Fonds in einer Familie von zusätzlichen Zuflüssen profitieren. Es genügt also für einen Fondsmanager nicht, in seinem Segment sehr gut zu sein, wenn in seiner Familie gleichzeitig viele Fondsmanager in ihren jeweiligen

Segmenten noch besser sind. Auch innerhalb seiner Familie sollte der Fondsmanager sehr gut abschneiden. Dagegen spielt es keine große Rolle, ob der Fonds eine mittlere oder schlechte Position einnimmt, da weder schlechte noch mittlere Fondsmanager befördert oder beworben werden.[125] Dies führt zu einer dem Segmentturnier ähnlichen Anreizstruktur.

Ob diese Anreize für Manager tatsächlich eine Rolle spielen, soll im Folgenden untersucht werden. Es wird überprüft, ob Manager neben dem Segmentturnier auch in einem Familienturnier konkurrieren. Ähnlich wie beim Segmentturnier kann man auch hier vermuten, dass die konkrete Risikoanpassungsstrategie von der Konkurrenzsituation innerhalb der Familie abhängt.

Im Folgenden werden zunächst in Abschnitt 3.5.1 die Methodologie und die Daten zur Untersuchung des Familienturniers vorgestellt. Abschnitt 3.5.2 präsentiert die Ergebnisse und in Abschnitt 3.5.3 wird der mögliche Einfluss weiterer Determinanten auf das Verhalten von Fondsmanagern im Familienturnier untersucht. Dort wird auch die zeitliche Stabilität der Ergebnisse überprüft und es werden weitere Robustheitsuntersuchungen durchgeführt. In Abschnitt 3.5.4 werden die wichtigsten Ergebnisse zusammengefasst und es wird kurz auf die Implikationen der Resultate eingegangen.

3.5.1 Methodologie und Daten

Empirisches Modell

Die Funktionsweise des Familienturniers ist der des Segmentturniers ähnlich. Die Fondsmanager beobachten ihre Position innerhalb ihrer Familie nach dem ersten Teil des Jahres. Sie passen dann ihr Risiko im zweiten Teil des Jahres in Abhängigkeit ihrer Position in der Familie an. Damit versuchen sie, die Wahrscheinlichkeit zu maximieren, bis zum Jahresende in der Familie eine Top-Position einzunehmen. Das Jahresende ist dabei ein sinnvoller Bewertungszeitpunkt, da viele Gesellschaften zu Beginn des Jahres das Werbebudget für die Fonds in Abhängigkeit der Performance im vorigen Jahr festlegen. Die Risikoanpassung im Familienturnier kann mit folgendem empirischen Modell untersucht werden:

[125] Bei dieser Argumentation wird wiederum von einer extrem schlechten Position abstrahiert, die zu einer Entlassung führen kann. Vgl. hierzu auch Fußnote 85.

$$\Delta std_{i,t} = \beta^{Fam} \cdot FamRang_{i,t}^{(1)} + \beta^{Seg} \cdot SegRang_{i,t}^{(1)} \\ +\beta_2 \cdot \Delta std_{i,t}^{m} + \beta_3 \cdot std_{i,t}^{(1)} + \sum_{J=1993}^{2001} \alpha_J \cdot D(J)_{i,t} + \varepsilon_{i,t}. \quad (3.10)$$

Dabei bezeichnet $FamRang_{i,t}^{(1)}$ den Familienrang von Fonds i nach dem ersten Teil des Jahres t. Der Familienrang wird dabei wie in Abschnitt 3.4.1 beschrieben berechnet. Ähnlich wie im Segmentturnier spricht ein positiver Schätzwert für β^{Fam} dafür, dass Gewinner ihr Risiko im Familienturnier stärker erhöhen als Verlierer, also strategisches Verhalten zeigen. Ein negativer Schätzwert spricht dagegen für nicht-strategisches Verhalten im Familienturnier.

In Abschnitt 3.3.2 wurde gezeigt, dass der Segmentrang des Fonds einen signifikanten Einfluss auf das Risikoverhalten der Fondsmanager ausübt. Daher wird auch der Segmentrang, $SegRang_{i,t}^{(1)}$, als erklärende Variable aufgenommen.[126] Zusätzlich werden die gleichen Kontrollvariablen wie bei der Untersuchung des Segmentturniers aufgenommen.

Datenbasis

Die verwendeten Daten entsprechen weitgehend den in der Untersuchung des Segmentturniers verwendeten Daten (vgl. Abschnitt 3.3.1). Die Auswertungen zum Segmentturnier haben allerdings gezeigt, dass das Verhalten von Fondsmanagern teilweise von der kompetitiven Situation in ihrem Segment abhängt. Um den Einfluss der Wettbewerbssituation in der Familie isoliert untersuchen zu können, beschränken sich die folgenden Auswertungen auf die drei größten Segmente des Fondsmarktes.[127] In jedem dieser Segmente konkurrieren die Fondsmanager mit sehr vielen anderen Fondsmanagern, so dass die dortige Konkurrenzsituation ohne Zweifel als atomistisch beschrieben werden kann. Außerdem handelt es sich bei den Fonds aus diesen Segmenten um gut diversifizierte Fonds, so dass die Möglichkeiten zur Risikoanpassung vergleichbar sind. Die Anzahl an Beobachtungen beträgt 10.321.

---

126 Per Konstruktion sind auch der Familienrang und der Segmentrang, den der Fonds nach der ersten Hälfte des Jahres erreicht, positiv korreliert. Solange signifikante Ergebnisse gefunden werden, ist dies jedoch kein Problem für die empirische Auswertung (vgl. Fußnote 124 in diesem Kapitel).

127 Dies sind die Segmente *Growth*, *Growth & Income* und *Small Company Growth*. Es ist jedoch zu beachten, dass die Familienränge zunächst unter Verwendung aller Daten berechnet werden, um die Konkurrenzsituation in der Familie korrekt zu erfassen. Erst danach werden die Beobachtungen aus den kleineren Segmenten ausgeschlossen.

Tabelle 3.15: Ergebnisse zum Familienturnier

Variable	(a)	(b)
$FamRang_{i,t}^{(1)}$	$0,0059^{**}$	-
$SegRang_{i,t}^{(1)}$	$0,0110^{***}$	-
$FamRang_{i,t}^{(1)} \cdot D_k^{Fam}$	-	$0,0092^{***}$
$FamRang_{i,t}^{(1)} \cdot D_g^{Fam}$	-	$-0,0182^{***}$
$SegRang_{i,t}^{(1)} \cdot D_k^{Fam}$	-	$0,0089^{***}$
$SegRang_{i,t}^{(1)} \cdot D_g^{Fam}$	-	$0,0332^{***}$
$\Delta std_{i,t}^{m}$	$0,8359^{***}$	$0,8363^{***}$
$std_{i,t}^{(1)}$	$-1,1837^{***}$	$-1,1837^{***}$
R^2	72,17%	72,22%
N	10.321	10.321

***, **, * bezeichnet einen Einfluss auf dem 1%-, 5%- bzw. 10%-Signifikanzniveau (zweiseitiger Test in (a) und einseitiger Test in (b)).

3.5.2 Ergebnisse

Die Schätzergebnisse für Modell (3.10) finden sich in Spalte (a) in Tabelle 3.15. Der Einfluss des Familienrangs auf die Risikoänderung ist signifikant positiv. Dieses Ergebnis deutet an, dass Fondsmanager in einem Familienturnier mit den anderen Managern der gleichen Familie konkurrieren. Der positive Schätzwert spricht für strategisches Verhalten im Familienturnier, d.h. Gewinner erhöhen ihr Risiko stärker als Verlierer. Allerdings ist der Schätzwert von 0,0059 sehr klein. Er sagt aus, dass die besten Manager in einer Familie ihr Risiko nur um 0,59 Prozentpunkte stärker erhöhen als die schlechtesten Manager.

Die ökonomisch relativ geringe Bedeutung des Einflusses des Familienrangs liegt allerdings möglicherweise daran, dass Modell (3.10) fehlspezifiziert ist. Da die Intuition des Modells von Taylor (2003) in gleicher Weise für das Familien- wie für das Segmentturnier gilt, kann es sein, dass sich Fondsmanager in manchen Familien strategisch und in anderen Familien nicht-strategisch verhalten. Wie bereits in Abschnitt 3.3 ausgeführt, sollten Gewinner ihr Risiko stärker erhöhen als Verlierer, wenn strategische Interaktionen relevant sind. Sind strategische Interaktionen nicht relevant, sollten dagegen Verlierer ihr Risiko stärker erhöhen. Untersucht man Familien, in denen strategische Interaktionen eine Rolle spielen, und solche, in denen sie keine Rolle spielen, alle zusammen in einer gemeinsamen Regression, so können sich die positiven und negativen Risikoanpassungen zum Teil ausgleichen.

Ähnlich wie im Fall des Segmentturniers kann auch hier davon ausgegangen werden, dass strategische Interaktionen im Familienturnier dann relevant sind, wenn es nur wenige Wettbewerber gibt. Dies ist in kleinen Familien der Fall. In großen Familien konkurrieren dagegen sehr viele Fondsmanager miteinander. Strategische Interaktionen sollten daher dort keine Rolle spielen. Um Unterschiede im Risikoverhalten von Fondsmanagern aus kleinen und großen Familien zu untersuchen, wird folgendes Modell geschätzt:

$$\begin{aligned} \Delta std_{i,t} &= \beta_k^{Fam} \cdot D_k^{Fam} \cdot FamRang_{i,t}^{(1)} + \beta_g^{Fam} \cdot D_g^{Fam} \cdot FamRang_{i,t}^{(1)} \\ &\quad + \beta_k^{Seg} \cdot D_k^{Fam} \cdot SegRang_{i,t}^{(1)} + \beta_g^{Seg} \cdot D_g^{Fam} \cdot SegRang_{i,t}^{(1)} \\ &\quad + \beta_2 \cdot \Delta std_{i,t}^{m} + \beta_3 \cdot std_{i,t}^{(1)} + \sum_{J=1993}^{2001} \alpha_J \cdot D(J)_{i,t} + \varepsilon_{i,t}. \end{aligned} \tag{3.11}$$

Dabei bezeichnet D_k^{Fam} (D_g^{Fam}) eine Dummy-Variable, die den Wert eins annimmt, wenn der Fonds zu einer kleinen (großen) Familie gehört, und die sonst den Wert null annimmt.[128] Wendet man das Modell von Taylor (2003) auf das Familienturnier an, so kann man folgende Hypothesen ableiten:

1. In kleinen Familien erhöhen Gewinner ihr Risiko stärker als Verlierer ($\beta_k^{Fam} > 0$).

2. In großen Familien erhöhen Verlierer ihr Risiko stärker als Gewinner ($\beta_g^{Fam} < 0$).[129]

Als Obergrenze für kleine Familien wird eine Fondsanzahl von 26 verwendet.[130] Dies ist die Mediananzahl an Fonds, gegen die ein Fondsmanager in seiner Familie konkurriert. Die Schätzergebnisse für Modell (3.11) finden sich in Spalte (b) in Tabelle 3.15. Die Auswertungen zeigen, dass der Familienrang einen Einfluss auf die Risikoänderung hat. Insbesondere bestätigen die Ergebnisse beide oben genannten Hypothesen. Der positive Einfluss von $FamRang_{i,t}^{(1)} \cdot D_k^{Fam}$ spricht für strategisches Verhalten in kleinen Familien, während der negative Einfluss von $FamRang_{i,t}^{(1)} \cdot D_g^{Fam}$ für nicht-strategisches Verhalten in großen Familien spricht. Beide Koeffizienten sind signifikant auf dem 1%-Niveau. Die Schätzwerte sind nun auch ökonomisch bedeutsam. So erhöhen bspw. die schlechtesten

[128] Auch der Segmentrang wird mit den Dummies für große bzw. kleine Familien interagiert. Damit können mögliche Unterschiede im Verhalten im Segmentturnier zwischen Fondsmanagern aus großen und kleinen Familien erfasst werden.

[129] Auch hier wird wieder auf ein konkretes Vorzeichen der Koeffizienten getestet und es werden daher einseitige Tests verwendet.

[130] Alternative Grenzen werden in Abschnitt 3.5.3 untersucht.

Manager in großen Familien ihr Risiko um 1,83 Prozentpunkte stärker als die besten Manager. Dies ist mehr als 10% des durchschnittlichen Fondsrisikos, das 17,7% beträgt.

Die Ergebnisse bezüglich des Einflusses der Kontrollgrößen bestätigen die Ergebnisse aus Abschnitt 3.3. Fondsmanager zeigen strategisches Verhalten im Segmentturnier, unabhängig davon, ob sie zu kleinen oder großen Familien gehören. Nach dem Modell von Taylor (2003) hätte man hier eigentlich in beiden Fällen nicht-strategisches Verhalten im Segmentturnier erwartet, da nur Beobachtungen aus großen Segmenten berücksichtigt wurden. Die Ergebnisse bestätigen jedoch die Resultate aus Abschnitt 3.3.

Die Ergebnisse in Spalte (b) deuten außerdem an, dass Fondsmanager in großen Familien ihr Risiko stärker ändern als Fondsmanager in kleinen Familien. So ist die absolute Höhe des geschätzten Koeffizienten für die Risikoanpassung im Familienturnier in großen Familien doppelt so groß wie in kleinen Familien und im Segmentturnier sogar fast viermal so groß.[131] Ein möglicher Grund hierfür ist, dass Fondsmanager in großen Familien weniger streng überwacht werden und ihr Risiko freier anpassen können. Dies steht auch in Einklang mit Almazan u. a. (2004). Diese Autoren berichten, dass Fondsmanager in großen Familien weniger Restriktionen unterliegen als Fondsmanager in kleinen Familien.

3.5.3 Stabilitätsuntersuchungen

Im Folgenden wird die Robustheit der Ergebnisse zum Familienturnier untersucht. Zunächst wird betrachtet, ob die Ergebnisse - im Gegensatz zu den Ergebnissen zum Segmentturnier - über die Zeit stabil sind. Danach wird untersucht, ob die Ergebnisse von Fonds mit bestimmten Eigenschaften getrieben werden. Möglicherweise werden die Unterschiede im Risikoverhalten von Fondsmanagern nicht durch die Anzahl der Fonds in der Familie getrieben. Es ist denkbar, dass Fonds aus großen Familien sich bezüglich anderer Eigenschaften von Fonds aus kleinen Familien unterscheiden und diese Eigenschaften die Unterschiede im Risikoverhalten determinieren. Schließlich werden Ergebnisse bezüglich weiterer Stabilitätsuntersuchungen berichtet.

131 Der Unterschied der (absoluten) Koeffizienten für die Risikoanpassung zwischen großen und kleinen Familien im Segmentturnier ist auf dem 1%-Niveau signifikant, im Familienturnier jedoch insignifikant.

Tabelle 3.16: Ergebnisse zum Familienturnier - Zeitliche Stabilität

Variable	(a): 1993-1996	(b): 1997-2001
$FamRang_{i,t}^{(1)} \cdot D_k^{Fam}$	$0,0072^{***}$	$0,0015^{***}$
$FamRang_{i,t}^{(1)} \cdot D_g^{Fam}$	$-0,0256^{**}$	$-0,0156^{*}$
$SegRang_{i,t}^{(1)} \cdot D_k^{Fam}$	$-0,0108^{***}$	$0,0168^{***}$
$SegRang_{i,t}^{(1)} \cdot D_g^{Fam}$	$0,0195$	$0,0401^{***}$
$\Delta std_{i,t}^{m}$	$0,3430^{***}$	$1,1259^{***}$
$std_{i,t}^{(1)}$	$-1,8519^{***}$	$-1,150^{***}$
R^2	57,36%	72,41%
N	3.086	7.235

***, **, * bezeichnet einen Einfluss auf dem 1%-, 5%- bzw. 10%-Signifikanzniveau (einseitige Tests).

Zeitliche Stabilität

Die Ergebnisse zum Segmentturnier aus Abschnitt 3.3 sind über die Zeit nicht stabil. Im Folgenden soll untersucht werden, ob das Verhalten der Manager im Familienturnier stabil ist. Dazu wird die Stichprobe wiederum in die zwei Teilzeiträume 1993 bis 1996 und 1997 bis 2001 aufgespalten. Die Ergebnisse finden sich in Tabelle 3.16.

Die Resultate im Familienturnier sind, im Gegensatz zu den Ergebnissen aus dem Segmentturnier, stabil über die Zeit. In beiden Teilzeiträumen zeigen Fonds aus kleinen Familien strategisches Verhalten und Fonds aus großen Familien nicht-strategisches Verhalten im Familienturnier.

Im Segmentturnier zeigt sich dagegen wiederum, dass es im Verhalten der Fondsmanager aus großen Segmenten einen Bruch zwischen den beiden Teilzeiträumen gibt. Ähnlich wie in den Tabellen 3.11 und 3.12 sprechen auch die hier präsentierten Ergebnisse dafür, dass sich Fondsmanager in großen Segmenten in den früheren Jahren nicht-strategisch verhalten, später jedoch strategisches Verhalten zeigen. Der Einfluss der anderen Kontrollgrößen ist dagegen über die Zeit stabil.

Einfluss bestimmter Fondseigenschaften auf das Verhalten im Familienturnier

In diesem Abschnitt wird das Verhalten von Fonds mit unterschiedlichen Eigenschaften im Familienturnier betrachtet. Damit soll untersucht werden, ob die Unterschiede im

Verhalten zwischen großen und kleinen Familien von fondsindividuellen Charakteristika getrieben werden. Es werden junge und alte Fonds, große und kleine Fonds, Fonds mit hoher und niedriger Umschlaghäufigkeit, Fonds mit und ohne Ausgabeaufschlag und Fonds mit hohen und niedrigen laufenden Gebühren untersucht. Dazu wird Modell (3.11) um eine weitere Dummy-Interaktion erweitert. Es wird jeweils das folgende Modell geschätzt:

$$\begin{aligned}\Delta std_{i,t} = \; & \beta_k^{Fam} \cdot D_k^{Fam} \cdot D_1 \cdot FamRang_{i,t}^{(1)} + \beta_k^{Fam} \cdot D_k^{Fam} \cdot D_2 \cdot FamRang_{i,t}^{(1)} + \\ & + \beta_g^{Fam} \cdot D_g^{Fam} \cdot D_1 \cdot FamRang_{i,t}^{(1)} + \beta_g^{Fam} \cdot D_g^{Fam} \cdot D_2 \cdot FamRang_{i,t}^{(1)} \\ & + \beta_k^{Seg} \cdot D_k^{Fam} \cdot D_1 \cdot SegRang_{i,t}^{(1)} + \beta_k^{Seg} \cdot D_k^{Fam} \cdot D_2 \cdot SegRang_{i,t}^{(1)} \\ & + \beta_g^{Seg} \cdot D_g^{Fam} \cdot D_1 \cdot SegRang_{i,t}^{(1)} + \beta_g^{Seg} \cdot D_g^{Fam} \cdot D_2 \cdot SegRang_{i,t}^{(1)} \\ & + \beta_2 \cdot \Delta std_{i,t}^{m} + \beta_3 \cdot std_{i,t}^{(1)} + \sum_{J=1993}^{2001} \alpha_J \cdot D(J)_{i,t} + \varepsilon_{i,t}. \end{aligned} \tag{3.12}$$

Mit den Dummies D_1 bzw. D_2 kann der Einfluss verschiedener Fondseigenschaften untersucht werden. Die Fonds werden dazu jeweils nach einer bestimmten Eigenschaft in zwei Gruppen eingeteilt (z.B. nach Größe). D_1 nimmt dann den Wert eins an, wenn der Fonds zur ersten Gruppe in Bezug auf das jeweils untersuchte Merkmal gehört (z.B. groß), und null sonst. Entsprechend nimmt D_2 den Wert eins an, wenn der Fonds zur zweiten Gruppe gehört (z.B. klein), und null sonst.

Zunächst wird der Einfluss der Größe eines Fonds untersucht. D_1 (D_2) nimmt dann den Wert eins an, wenn das verwaltete Vermögen des Fonds (nicht) über der Medianfondsgröße liegt. Die Ergebnisse werden in Spalte (a) in Tabelle 3.17 präsentiert.

Es zeigt sich, dass sich das Verhalten von Fondsmanagern in großen und kleinen Familien weiterhin in der oben dokumentierten Art und Weise unterscheidet. Die Ergebnisse werden also nicht von Unterschieden in der Größe zwischen Fonds aus kleinen und großen Familien getrieben.

Chevalier und Ellison (1999b) haben gezeigt, dass das Risikoverhalten vom Fondsalter abhängen kann. Um den Einfluss des Fondsalters auf das Risikoverhalten zu untersuchen, wird D_1 (D_2) gleich eins gesetzt, wenn das Alter des Fonds (nicht) über dem Medianalter aller Fonds liegt, und sonst gleich null. Die Ergebnisse werden in Spalte (b) in Tabelle 3.17 präsentiert. Der Einfluss des Familienrangs ist in kleinen Familien sowohl für alte als auch für junge Fonds positiv, während er in großen Familien unabhängig vom Alter des Fonds einen negativen Einfluss hat. Dies spricht erneut für strategisches Verhalten in kleinen und nicht-strategisches Verhalten in großen Familien. Der Unterschied im Verhalten zwischen Fonds aus großen und kleinen Familien wird also auch nicht von Unterschieden im Fondsalter getrieben.

Um den Einfluss der Handelsaktivität zu untersuchen, wird das Verhalten von Fonds, deren Portfolio-Umschlaghäufigkeit über dem Median liegt, mit dem Verhalten von Fonds verglichen, bei denen die Umschlaghäufigkeit nicht über dem Median liegt. Die Ergebnisse in Spalte (c) in Tabelle 3.17 legen nahe, dass die Unterschiede im Risikoverhalten zwischen großen und kleinen Familien nicht durch Unterschiede in der Handelsaktivität der Fonds dieser Familien erklärt werden können.

Wie in Abschnitt 2.1.2 ausgeführt, weisen Fonds unterschiedliche Gebührenstrukturen auf. Es gibt Fonds, die mehrere Anlageklassen anbieten, und Fonds, die nur eine Anlageklasse anbieten. Der Unterschied im Risikoverhalten zwischen diesen beiden Gruppen wird in Spalte (d) von Tabelle 3.17 untersucht. Auch die Tatsache, ob ein Fonds nur eine oder mehrere Anlageklassen anbietet, erklärt die Unterschiede im Risikoverhalten zwischen großen und kleinen Familien nicht.

Schließlich wird der Einfluss der Gebühren auf das Risikoverhalten untersucht.[132] In Spalte (e) werden Fonds mit über dem Median liegenden einmaligen Gebühren mit Fonds verglichen, bei denen die Höhe der einmaligen Gebühren unter dem Median liegt. Da der Median-Fonds ein No-Load Fonds ist, werden hier No-Load Fonds mit Fonds mit positiven einmaligen Gebühren verglichen. Es zeigt sich, dass der Status als No-Load Fonds oder Fonds mit einmaligen Gebühren die Unterschiede im Verhalten zwischen großen und kleinen Familien nicht erklären kann. In Spalte (f) werden Fonds mit über und unter dem Median liegenden laufenden Gebühren betrachtet. Auch die Höhe der laufenden Gebühren kann die Unterschiede im Risikoverhalten zwischen großen und kleinen Familien nicht erklären.

[132] Um den Einfluss der Gebührenhöhe isoliert untersuchen zu können, werden in den folgenden Ausführungen nur solche Fonds betrachtet, die nur eine Anlageklasse anbieten. Dies reduziert die Anzahl der Beobachtungen auf 4.287.

Tabelle 3.17: Ergebnisse zum Familienturnier - Einfluss individueller Fondscharakteristika

	(a): Größe	(b): Alter	(c): Turnover	(d): Klassen	(e): Gebühren	(f): lfd. Geb.
D_1 : D_2 :	groß klein	alt jung	hoch niedrig	eine mehrere	No-Load Load	hoch niedrig
$FamRang_{i,t}^{(1)} \cdot D_k^{Fam} \cdot D_1$	$0,0149^{***}$	$0,0075^{**}$	$0,0126^{***}$	$0,0119^{***}$	$0,0105^{***}$	$0,0059^{*}$
$FamRang_{i,t}^{(1)} \cdot D_k^{Fam} \cdot D_2$	$0,0051^{*}$	$0,0104^{***}$	$0,0061^{**}$	$0,0054^{*}$	$0,0180^{***}$	$0,0227^{***}$
$FamRang_{i,t}^{(1)} \cdot D_g^{Fam} \cdot D_1$	$-0,0244^{***}$	$-0,0195^{**}$	$-0,0165^{*}$	$-0,0232^{*}$	$-0,0308^{**}$	$-0,0395^{*}$
$FamRang_{i,t}^{(1)} \cdot D_g^{Fam} \cdot D_2$	$-0,0066$	$-0,0168^{**}$	$-0,0179^{**}$	$-0,0172^{**}$	$-0,0069$	$-0,0164$
R^2	72,26%	72,24%	72,22%	72,23%	71,47%	74,86%
N	10,321	10,321	10,321	10,321	4,287	4,287
Anteil D_1 in gr. Fam.	54,78%	40,42%	49,15%	30,86%	69,21%	31,16%
Anteil D_1 in kl. Fam.	47,56%	44,15%	47,56%	46,97%	77,43%	55,60%

***, **, * bezeichnet einen Einfluss auf dem 1%-, 5%- bzw. 10%-Signifikanzniveau (einseitige Tests).

Die Untersuchungen in diesem Abschnitt haben gezeigt, dass die Ergebnisse zum Risikoverhalten nicht von Unterschieden in den fondspezifischen Eigenschaften zwischen den Fonds aus großen und kleinen Familien getrieben werden.

Alternative Untergrenzen für große Familien

Schließlich wird der Einfluss der Gebühren auf das Risikoverhalten untersucht.[133] In Spalte (e) werden Fonds mit über dem Median liegenden einmaligen Gebühren mit Fonds verglichen, bei denen die Höhe der einmaligen Gebühren unter dem Median liegt. Da der Median-Fonds ein No-Load Fonds ist, werden hier No-Load Fonds mit Fonds mit positiven einmaligen Gebühren verglichen. Es zeigt sich, dass der Status als No-Load Fonds oder Fonds mit einmaligen Gebühren die Unterschiede im Verhalten zwischen großen und kleinen Familien nicht erklären kann. In Spalte (f) werden Fonds mit über und unter dem Median liegenden laufenden Gebühren betrachtet. Auch die Höhe der laufenden Gebühren kann die Unterschiede im Risikoverhalten zwischen großen und kleinen Familien nicht erklären.

Eine kritische Größe in den vorangegangenen Untersuchungen ist die Grenze für die Aufteilung in große und kleine Familien. Im Folgenden wird daher untersucht, wie stabil die Ergebnisse sind, wenn diese Grenze variiert wird. In Abschnitt 3.5.2 wurde 26 als Obergrenze für kleine Familien gewählt. Dies entspricht der Mediananzahl an Konkurrenten, die ein Fonds in seiner Familie hat. Die Schätzergebnisse des Modells (3.10) für die alternativen Grenzen 16, 21, 31 und 36 Fonds finden sich in Tabelle 3.18.

Für alle Grenzen ist der Einfluss des Familienrangs für Fonds aus Familien, die als groß klassifiziert werden negativ und für Fonds aus Familien, die als klein klassifiziert werden positiv. In kleinen Familien wird beobachtet, dass der Einfluss des Familienrangs sinkt, wenn die Obergrenze für kleine Familien höher als der Median gesetzt wird. Eine Erklärung hierfür ist, dass bei einer zu hohen Obergrenze große Familien als klein klassifiziert werden und das Ergebnis verwässern. Der Koeffizient für den Einfluss des Familienrangs in großen Familien wird dagegen (absolut) umso größer, je höher die Grenze gesetzt wird. Dies spricht dafür, dass für sehr niedrige Grenzen manche

[133] Um den Einfluss der Gebührenhöhe isoliert untersuchen zu können, werden in den folgenden Ausführungen nur solche Fonds betrachtet, die nur eine Anlageklasse anbieten. Dies reduziert die Anzahl der Beobachtungen auf 4.287.

Tabelle 3.18: Ergebnisse zum Familienturnier - Alternative Abgrenzungen für kleine und große Familien

	Obergrenze für kleine Familien			
Variable	(a): 16 Fonds	(b): 21 Fonds	(c): 31 Fonds	(d): 36 Fonds
$FamRang_{i,t}^{(1)} \cdot D_k^{Fam}$	$0,0075^{***}$	$0,0087^{***}$	$0,0084^{***}$	$0,0081^{***}$
$FamRang_{i,t}^{(1)} \cdot D_g^{Fam}$	$-0,0017$	$-0,0121^{**}$	$-0,0195^{***}$	$-0,0251^{***}$
R^2	72,18%	72,19%	72,21%	72,21%
N in kl. Familien	3.878	4.591	5.613	6.051
N in gr. Familien	6.443	5.730	4.708	4.270

***, **, * bezeichnet einen Einfluss auf dem 1%-, 5%- bzw. 10%-Signifikanzniveau (einseitige Tests).

kleinen Familien fälschlicherweise als große Familien klassifiziert werden. Dadurch kommt es ebenfalls zu einer teilweisen Verwässerung der Ergebnisse. Insgesamt sprechen die Ergebnisse dafür, dass eine Fondsanzahl von 26 eine sinnvolle Wahl zur Abgrenzung kleiner und großer Familien darstellt.

Weitere Stabilitätsuntersuchungen

Ähnlich wie bei der Untersuchung des Segmentturniers wurde auch hier schließlich noch eine alternative Methodologie angewendet. Anstelle von $\Delta std_{i,t}$ wurde wiederum $(std_{i,t}^{(2)}/std_{i,t}^{m(2)})/(std_{i,t}^{(1)}/std_{i,t}^{m(1)})$ als zu erklärende Variable definiert, und daher auf $\Delta std_{i,t}^{m}$ als erklärende Variable verzichtet. Die Ergebnisse werden davon nicht beeinflusst.

Diese Stabilitätsuntersuchungen zeigen also, dass die Ergebnisse zum Verhalten von Fondsmanagern im Familienturnier - anders als im Segmentturnier - über die Zeit sehr stabil und gegenüber verschiedenen methodischen Ansätzen robust sind.

3.5.4 Zusammenfassung der wesentlichen Ergebnisse und Implikationen

In diesem Abschnitt wurden die Risikoanpassungsstrategien der Fondsmanager in Abhängigkeit des Familienrangs zur Jahresmitte untersucht. Dabei hat sich gezeigt, dass Fondsmanager ihr Risiko tatsächlich in Abhängigkeit ihres Familienrangs anpassen. Die Richtung der Anpassungsstrategie in diesem Familienturnier hängt von der kompetitiven Situation in der Familie ab. Die Ergebnisse sind konsistent mit den aus dem theoretischen

Modell von Taylor (2003) abgeleiteten Hypothesen, dass Fondsmanager sich in kleinen Familien strategisch verhalten, während sie sich in großen Familien nicht-strategisch verhalten. Insbesondere sind die gefundenen Ergebnisse zum Familienturnier über die Zeit erstaunlich stabil, während die in der Literatur berichteten und in Abschnitt 3.3 dokumentierten Ergebnisse zum Segmentturnier vom Stichprobenzeitraum abhängen.

Die gefundenen Ergebnisse sprechen für die Existenz eines intensiven Intra-Firmen Wettbewerbs zwischen den Fondsmanagern einer Fondsfamilie. Bislang gibt es nur sehr wenige Studien, in denen empirische Evidenz für Intra-Firmen Wettbewerb geliefert wird.[134] Die vorliegende Untersuchung liefert einen Beitrag zu dieser noch sehr kleinen Literatur.

Die gefundene Evidenz zum Intra-Firmen Wettbewerb innerhalb von Fondsgesellschaften bietet außerdem eine völlig neue Sichtweise auf die Fondsindustrie. Während die bisherigen Studien zur Fondsindustrie die Fonds einer Gesellschaft implizit als koordinierte Einheiten aufgefasst haben (vgl. bspw. Mamaysky und Spiegel (2002) oder Nanda u. a. (2004)), sprechen die hier gefundenen Ergebnisse dafür, dass die Fondsmanager einer Familie sich unkoordiniert verhalten.

Die Ergebnisse zum Familienturnier haben einige wichtige Implikationen. Zunächst ergeben sich für Fondsanleger und aus gesamtwirschaftlicher Sicht ähnliche Implikationen wie beim Segmentturnier (s. Abschnitt 3.3.4). Zusätzlich ergeben sich nun jedoch auch wesentliche Implikationen für Fondsgesellschaften. Während das Turnierverhalten von Fondsmanagern im Rahmen des Segmentturniers aus Sicht der Fondsfamilie in der Regel wenig problematisch ist (vgl. Abschnitt 3.3.4), gilt dies für das Familienturnier nicht notwendigerweise. Es gibt keinen Grund anzunehmen, dass die Konkurrenz zwischen den Fondsmanagern einer Familie aus Sicht der Fondsfamilie optimal ist.[135] Daher stellt sich die Frage, welche Maßnahmen Fondsgesellschaften ergreifen können, um ein solches Verhalten zu verhindern.

---

134 Ein Beispiel ist Ruebeck (2002), der Intra-Firmen Wettbewerb im Markt für PC-Festplatten untersucht. Theoretische Modelle zum Intra-Firmen Wettbewerb finden sich in Corchon (1991), Baye u. a. (1996) und Corchon und Gonzalez-Maestre (2000).

135 Dies ist insbesondere der Fall, da die Fondsmanager im Rahmen des hier betrachteten Familienturniers über ihr Risikoverhalten miteinander konkurrieren, und nicht durch eine Erhöhung ihres Anstrengungsniveaus. Wäre letzteres der Fall, so könnte man argumentieren, dass dies evtl. zu einer Verbesserung der Performance führt und somit aus Sicht der Fondsfamilie wünschenswert ist.

Fondsfamilien können die Risikoänderung von Fondsmanagern explizit begrenzen. Dies ist jedoch aus mindestens zwei Gründen problematisch: Zum einen beschränkt eine solche Regelung Fondsmanager in ihren Anlageentscheidungen und kann dazu führen, dass gute Anlageideen nicht realisiert werden können. Zum anderen würde die Beschränkung der Risikoanpassung auch eine Teilnahme am Segmentturnier verhindern. Ein Ausschluss vom Segmentturnier ist jedoch aus Sicht der Fondsgesellschaft nicht vorteilhaft (vgl. Abschnitt 3.3.4).

Eine weitere Möglichkeit zur Verhinderung der Teilnahme von Fondsmanagern an einem Familienturnier kann der Einsatz von Teams sein, wobei jeder Manager in mehreren Teams eingebunden sein sollte. Wenn die Fonds einer Gesellschaft von Teams in unterschiedlicher Zusammensetzung geleitet werden, haben die Manager eines Fonds oft widersprüchliche Anreize, da sie jetzt im Familienturnier teilweise auch mit Fonds konkurrieren, die von ihnen selbst geleitet werden. Insgesamt kann dies die Anreize zum Turnierverhalten innerhalb des Familienturniers abschwächen.[136] Ob in Familien, in denen Teams eingesetzt werden, tatsächlich eine weniger ausgeprägte Risikoanpassung im Rahmen des Familienturniers zu beobachten ist, ist eine offene empirische Frage.[137]

136 Qiu (2003) berichtet, dass Teams im Rahmen des Segmentturniers ihr Risiko weniger stark anpassen als Einzelmanager.

137 Bislang mussten Fondsgesellschaften die tatsächliche Zusammensetzung ihrer Teams nicht bekanntgeben. Daher ist es unklar, welche Anreize die einzelnen Manager eines Teams haben und ob es sich überhaupt tatsächlich um ein Team handelt. Fondsgesellschaften können nämlich auch einen Anreiz haben, als Manager 'Team' anzugeben, wenn sie verhindern möchten, dass ein bestimmter einzelner Manager mit dem Erfolg eines Fonds identifiziert wird. Somit können die Anreize der Manager aus teamgeleiteten Fonds nicht exakt bestimmt werden. Ab März diesen Jahres sind Fondsgesellschaften jedoch erstmals verpflichtet, die Namen der Manager eines Teams zu veröffentlichen (Pizzani (2004)). Dies wird es zukünftig erlauben, das Verhalten von Managern aus Teams mit unterschiedlicher Zusammensetzung im Rahmen des Familienturniers zu untersuchen.

Kapitel 4

Schlussbetrachtung

Fondsfamilien sind die zentralen organisatorischen Einheiten in der Fondsindustrie. Fast alle Fonds sind Teil einer Fondsfamilie. Die vorliegende Arbeit beschäftigte sich mit dem Phänomen Fondsfamilie und untersuchte im Wesentlichen zwei Kernfragen:

1. Welche Entscheidungen werden vom Top-Management einer Fondsfamilie getroffen und wie werden diese Entscheidungen getroffen?
2. Wie verhalten sich Fondsmanager unter Berücksichtigung des organisatorischen Umfelds in ihrer Familie?

Nach einer kurzen Einleitung in Kapitel 1 wurden in Kapitel 2 die Entscheidungen, die vom Top-Management der Fondsgesellschaft zentral zu treffen sind, behandelt. In diesem Kapitel wurde auch ein neues theoretisches Modell zur optimale Gebührensetzung von Investmentfonds entwickelt. Kapitel 3 wendete sich dann der zweiten Kernfrage zu und beschäftigte sich damit, wie sich individuelle Fondsmanager verhalten. Damit wurde der Fokus der Arbeit von den Entscheidungen des Top-Managements einer Fondsfamilie auf die Entscheidungen der Manager der einzelnen Fonds verschoben. Vor allem wurden hier die Risikostrategien von Fondsmanagern in Abhängigkeit ihrer Position am Markt und in Abhängigkeit ihrer Position in ihrer Familie untersucht. Dabei wurde insbesondere auch der Einfluss der jeweiligen kompetitiven Situation im Segment bzw. in der Familie, zu der ein Fonds gehört, berücksichtigt.

Insgesamt liefert die vorliegende Arbeit drei zentrale Beiträge:

Der erste zentrale Beitrag besteht in der Entwicklung eines neuen theoretischen Gebührenmodells für Investmentfonds. Insbesondere wurde mit dem Modell die Frage untersucht, wie Fondsfamilien durch optimale Kombination von laufenden und einmaligen Gebühren ihren Gewinn maximieren können. Zudem wurde die Frage untersucht, wie die Gebühren unterschiedlicher Anlageklassen *eines* Fonds optimal gesetzt werden können. Diese Fragen wurde in der theoretischen Literatur zu Fonds bislang nicht behandelt. Es wurde gezeigt, dass Fonds durch die Auflage verschiedener Anlageklassen unter bestimmten Voraussetzungen Investoren mit unterschiedlichen Haltedauern separieren können. Gleichzeitig kann dabei weiterhin der maximal mögliche Gewinn realisiert werden. Die Möglichkeit, im Gewinnmaximum verschiedene Anlageklassen anbieten und Investoren separieren zu können, bietet zusätzliche Spielräume für die Fondsfamilie, die z.B. im Rahmen der Marketing- und Distributionspolitik genutzt werden können.

Der zweite zentrale Beitrag der Arbeit ist es, erstmals aufzuzeigen, dass das Verhalten der Fondsmanager in dem von Brown u. a. (1996) eingeführten Segmentturnier von der kompetitiven Situation innerhalb des Segments abhängt. Damit konnten aus einem theoretischen Modell von Taylor (2003) abgeleitete Hypothesen teilweise bestätigt werden. Es konnte zudem gezeigt werden, dass das Verhalten von Fondsmanagern im Segmentturnier über die Zeit nicht stabil ist. Die von Brown u. a. (1996) und anderen Studien berichteten Ergebnisse hängen somit wesentlich von der von ihnen gewählten Stichprobe ab.

Der dritte und wohl wichtigste Beitrag der vorliegenden Arbeit besteht in der erstmaligen Untersuchung des Familienturniers. Die Ergebnisse haben nämlich gezeigt, dass ein Fondsmanager nicht nur in Abhängigkeit der Anreize handelt, die sich durch das Marktumfeld in seinem Segment ergeben. Vielmehr wird sein Handeln auch durch den organisatorischen Kontext seiner Familie bestimmt. Die Auswertungen in Abschnitt 3.4 haben erstmals gezeigt, dass die besten Fonds innerhalb einer Familie von großen zusätzlichen Zuflüssen profitieren, die nicht durch die Position der Fonds in ihrem Segment erklärt werden. Fondsmanager haben daher auch Anreize, mit den übrigen Fondsmanagern in ihrer Familie in einem Familienturnier um die Top-Positionen in der Familie zu konkurrieren. Dieses Familienturnier wurde in der vorliegenden Arbeit erstmals untersucht (Abschnitt 3.5).

Es konnte außerdem gezeigt werden, dass das Verhalten von Fondsmanagern im Familienturnier von der kompetitiven Situation in der Familie abhängt. Die Ergebnisse legen nahe, dass sich Fondsmanager strategisch verhalten, wenn sie nur mit wenigen anderen Fondsmanagern konkurrieren. Fondsmanager zeigen jedoch kein strategisches Verhalten, wenn sie mit vielen anderen Managern konkurrieren. Damit konnten wiederum Hypothesen bestätigt werden, die aus dem theoretischen Modell von Taylor (2003) zum Verhalten von Fondsmanagern in Abhängigkeit der kompetitiven Situation abgeleitet wurden.

Die Evidenz zum Familienturnier liefert eine völlig neue Sichtweise auf die Fondsindustrie. Bislang wurde in der Literatur implizit davon ausgegangen, dass die einzelnen Fonds einer Familie koordiniert handeln. Eine wesentliche Botschaft dieser Arbeit ist daher, dass dies gerade nicht der Fall zu sein scheint. Die Ergebnisse legen vielmehr nahe, dass die Fonds einer Gesellschaft in einem intensiven Intra-Firmen Wettbewerb miteinander konkurrieren. Die Arbeit erweitert somit auch die noch sehr kleine empirische Literatur zum Intra-Firmen Wettbewerb.

Insgesamt trägt die Arbeit zu einem besseren Verständnis der Anreizstrukturen und Entscheidungen des Top-Managements von Fondsfamilien und der in diesen Familien handelnden Fondsmanager bei.

Literaturverzeichnis

[Adkisson und Fraser 2003] ADKISSON, Amanda J.; FRASER, Don R.: *Realigning the Stars: The Reaction of Investors and Fund Managers to Changes in the Morningstar Rating Methodology for Mutual Funds.* 2003. – Working Paper

[Agarwal u. a. 2004] AGARWAL, Vikas; DANIEL, Naveen D.; NAIK, Narayan Y.: *Flow, Performance and Managerial Incentives in the Hedge Fund Industry.* 2004. – Working Paper

[Agarwal und Naik 2000] AGARWAL, Vikas; NAIK, Narayan N.: On Taking the Alternative Route: Risks, Rewards, and Performance Persistence of Hedge Funds. In: *Journal of Alternative Investments* 2 (2000), S. 6–23

[Alexander u. a. 2005] ALEXANDER, Gordon J.; CICI, Gjergji; GIBSON, Scott: *Does Motivation Matter When Assessing Trade Performance? An Analysis of Mutual Funds.* 2005. – Working Paper

[Almazan u. a. 2004] ALMAZAN, Andres; BROWN, Keith C.; CARLSON, Murray; CHAPMAN, David A.: Why Constrain Your Mutual Fund Manager? In: *Journal of Financial Economics* 73 (2004), S. 289–321

[Amihud und Mendelson 1986] AMIHUD, Yakov; MENDELSON, Haim: Asset Pricing and the Bid-Ask Spread. In: *Journal of Financial Economics* 17 (1986), S. 223–249

[Anson 2001] ANSON, Mark J.: Hedge Fund Incentive Fees and the 'Free Option'. In: *Journal of Alternative Investments* 4 (2001), S. 43–48

[Arora und Ou-Yang 2001] ARORA, Navneet; OU-YANG, Hui: *Explicit and Implicit Incentives in a Delegated Portfolio Management Problem: Theory and Evidence.* 2001. – Working Paper

[Arteaga u. a. 1998] ARTEAGA, Kenneth R.; CICCOTELLO, Conrad S.; GRANT, Terry C.: New Equity Funds: Marketing and Performance. In: *Financial Analysts Journal* 54 (1998), Nr. 6, S. 43–49

[Atkinson u. a. 2003] ATKINSON, Stanely M.; BAIRD, Samantha B.; FRYE, Melissa B.: Do Female Mutual Fund Managers Manage Differently? In: *Journal of Financial Research* 26 (2003), S. 1–18

[Bagnoli und Watts 2000] BAGNOLI, Mark; WATTS, Susan G.: Chasing Hot Funds: The Effects of Relative Performance on Portfolio Choice. In: *Financial Management* 29 (2000), S. 31–50

[Bagwell 2003] BAGWELL, Kyle: *The Economic Analysis of Advertising.* 2003. – mimeo

[Bagwell und Ramey 1994] BAGWELL, Kyle; RAMEY, Gary: Coordination Economies, Advertising and Search Behavior in Retail Markets. In: *American Economic Review* 84 (1994), S. 498–517

[Baks 2003] BAKS, Klaas P.: *On the Performance of Mutual Fund Managers.* 2003. – Working Paper

[Bär u. a. 2005] BÄR, Michaela; KEMPF, Alexander; RUENZI, Stefan: *Determinants and Consequences of Team Management in the Mutual Fund Industry.* 2005. – Working Paper

[Barber u. a. 2005] BARBER, Brad M.; ODEAN, Terrance; ZHENG, Lu: Out of Sight, Out of Mind: The Effects of Expenses on Mutual Fund Flows. In: *forthcoming in: Journal of Business* 78 (2005)

[Baye u. a. 1996] BAYE, Michael R.; CROCKER, Keith J.; JU, Jiandong: Divisionalization, Franchising, and Divestiture Incentives in Oligopoly. In: *American Economic Review* 86 (1996), S. 223–236

[Becker 1962] BECKER, Gary S.: Investment in Human Capital: A Theoretical Analysis. In: *Journal of Political Economy* 70 (1962), S. 9–49

[Ber u. a. 2005] BER, Silke; KEMPF, Alexander; RUENZI, Stefan: *Determinanten der Mittelzuflüsse bei deutschen Aktienfonds.* 2005. – Working Paper

[Bergstresser und Poterba 2002] BERGSTRESSER, Daniel; POTERBA, James: Do After-Tax Returns Affect Mutual Fund Inflows? In: *Journal of Financial Economics* 63 (2002), S. 381–414

[Berk und Green 2004] BERK, Jonathan B.; GREEN, Richard C.: Mutual Fund Flows and Performance in Rational Markets. In: *Journal of Political Economy* 112 (2004), S. 1269–1295

[Berkowitz und Kotowitz 2000] BERKOWITZ, Michael K.; KOTOWITZ, Yehuda: Investor Risk Evaluation in the Determination of Management Incentives in the Mutual Fund Industry. In: *Journal of Financial Markets* 3 (2000), S. 365–387

[Bernhardt u. a. 2004] BERNHARDT, Dan; DAVIES, Ryan J.; WESTBROOK, Harvey: *Smart Fund Managers? Stupid Money?* 2004. – Working Paper

[Beveridge 2000] BEVERIDGE, Steve: The Reaction of Mutual Fund Flows to Short-Term Returns. In: *Canadian Investment Review* 2 (2000), Nr. 3, S. 1–5

[Blake und Timmermann 1998] BLAKE, David; TIMMERMANN, Alan: Mutual Fund Performance: Evidence from the UK. In: *European Finance Review* 2 (1998), S. 57–77

[Bliss und Potter 2001] BLISS, Richard T.; POTTER, Mark E.: *Mutual Fund Managers: Does Gender Matter?* 2001. – Working Paper

[Bollen und Busse 2005] BOLLEN, Nicolas P.; BUSSE, Jeffrey A.: Short-Term Persistence in Mutual Fund Performance. In: *Review of Financial Studies* 18 (2005), S. 569–597

[Bolster und DiBartolomeo 2002] BOLSTER, Paul; DIBARTOLOMEO, Daniel: *Mutual Fund Performance, Risk Exposure, and the Compromise of Investment Objectives.* 2002. – Working Paper

[Boyer und Zheng 2003] BOYER, Brian; ZHENG, Lu: *Who Moves the Market? A Study of Stock Prices and Sector Cashflows.* 2003. – Working Paper

[Braithwaite 1928] BRAITHWAITE, Dorothea: The Economic Effects of Advertisement. In: *Economic Journal* 38 (1928), S. 16–37

[Bris u. a. 2004] BRIS, Arturo; GULEN, Huseyin; KADIYALA, Padma; RAU, R. R.: *Closing Time? Mutual Fund Closures and the Scalability of Fund Performance.* 2004. – Working Paper

[Brown und Harlow 2004] BROWN, Keith C.; HARLOW, W.V.: *Staying the Course: Performance Persistence and the Role of Investment Style Consistency in Professional Asset Management.* 2004. – Working Paper

[Brown u. a. 1996] BROWN, Keith C.; HARLOW, W.V.; STARKS, Laura T.: Of Tournaments and Temptations: An Analysis of Managerial Incentives in the Mutual Fund Industry. In: *Journal of Finance* 51 (1996), S. 85–110

[Brown und Goetzmann 1995] BROWN, S. J.; GOETZMANN, William N.: Performance Persistence. In: *Journal of Finance* 50 (1995), S. 679–698

[Brown u. a. 1992] BROWN, Stephen J.; GOETZMANN, William; IBBOTSON, Roger G.; ROSS, Stephen A.: Survivorship Bias in Performance Studies. In: *Review of Financial Studies* 5 (1992), S. 553–580

[Busse 2001] BUSSE, Jeffery A.: Another Look at Mutual Fund Tournaments. In: *Journal of Financial and Quantitative Analysis* 36 (2001), S. 53–73

[Cameron und Hall 2003] CAMERON, A. C.; HALL, Anthony D.: A Survival Analysis of Australian Equity Mutual Funds. In: *Australian Journal of Management* 28 (2003)

[Capon u. a. 1996] CAPON, Noel; FITZSIMONS, Gavan J.; PRINCE, Russ A.: An Individual Level Analysis of the Mutual Fund Investment Decision. In: *Journal of Financial Services Research* 10 (1996), S. 59–82

[Capon u. a. 1994] CAPON, Noel; FITZSIMONS, Gavan J.; WEINGARTEN, Rick: Affluent Investors and Mutual Fund Purchases. In: *International Journal of Bank Marketing* 12 (1994), Nr. 3, S. 17–25

[Carhart 1997] CARHART, M. M.: On Persistence in Mutual Fund Performance. In: *Journal of Finance* 52 (1997), S. 57–82

[Carhart u. a. 2000] CARHART, Mark M.; CARPENTER, Jennifer N.; LYNCH, Antony W.; MUSTO, David K.: *Mutual Fund Survivorship.* 2000. – Working Paper

[Carlson 1970] CARLSON, Robert S.: Aggregate Performance of Mutual Funds: 1948-1967. In: *Journal of Financial and Quantitative Analysis* 5 (1970), S. 1–32

[Carpenter 2000] CARPENTER, Jennifer: Does Optimal Compensation Increase Managerial Risk Appetite? In: *Journal of Finance* 55 (2000), S. 2311–2331

[Cashman 2003] CASHMAN, George: *Mutual Funds Performance-Flow Relationship.* 2003. – Working Paper

[Cha und Lee 2001] CHA, Heung-Joo; LEE, Bong-Soo: The Market Demand Curve for Common Stocks: Evidence from Equity Mutual Fund Flows. In: *Journal of Financial and Quantitative Analysis* 36 (2001), S. 195–220

[Chalmers u. a. 2000] CHALMERS, John M.; EDELEN, Roger M.; KADLEC, Gregory B.: *An Analysis Of Mutual Fund Trading Costs.* 2000. – Working Paper

[Chance und Ferris 1991] CHANCE, Don M.; FERRIS, Stephen P.: Mutual Fund Distribution Fees: An Empiricial Analysis of the Impact of Deregulation. In: *Journal of Financial Services Research* 5 (1991), S. 25–42

[Chen u. a. 2000] CHEN, Hsiu-Lang; JEGADEESH, Narasimhan; WERMERS, Russ: The Value of Active Mutual Fund Management: An Examination of the Stockholdings and Trades of Fund Managers. In: *Journal of Financial and Quantitative Analysis* 35 (2000), S. 343–368

[Chen u. a. 2004a] CHEN, Joseph; HONG, Harrison; HUANG, Ming; KUBIK, Jeffrey D.: Does Fund Size Erode Performance? Liquidity, Organizational Diseconomies and Active Money Management. In: *American Economic Review* 94 (2004), S. 1276–1302

[Chen u. a. 2004b] CHEN, Xuanjuan; YAO, Tong; YU, Tong: *Prudent Man or Agency Problem? On the Performance of Insurance Mutual Funds.* 2004. – Working Paper

[Chevalier und Ellison 1997] CHEVALIER, Judith; ELLISON, Glenn: Risk Taking by Mutual Funds as a Response to Incentives. In: *Journal of Political Economy* 105 (1997), S. 1167–1200

[Chevalier und Ellison 1999a] CHEVALIER, Judith; ELLISON, Glenn: Are Some Mutual Fund Managers Better Than Others? Cross-Sectional Patterns in Behavior and Performance. In: *Journal of Finance* 54 (1999), S. 875–899

[Chevalier und Ellison 1999b] CHEVALIER, Judith; ELLISON, Glenn: Career Concerns of Mutual Fund Managers. In: *Quarterly Journal of Economics* 114 (1999), S. 389–432

[Chiang 1999] CHIANG, Kevin C.: *Survival, Tournament, and Asset Allocation Strategy in the Mutual Fund Industry.* 1999. – Working Paper

[Chordia 1996] CHORDIA, Tarun: The Structure of Mutual Fund Charges. In: *Journal of Financial Economics* 41 (1996), S. 3–39

[Ciccotello u. a. 2002] CICCOTELLO, Conrad S.; MILES, James A.; WALSH, Lori S.: *Does Focus Matter? A Study of Mutual Fund Families.* 2002. – Working Paper

[Clement 1999] CLEMENT, Michael B.: Analyst Forecast Accuracy: Do Ability, Resources, and Portfolio Complexity Matter? In: *Journal of Accounting and Economics* 27 (1999), S. 285–303

[Clement und Tse 2003] CLEMENT, Michael B.; TSE, Senyo Y.: Do Investors Respond to Analysts' Forecast Revisions as if Forecast Accuracy is All That Matters? In: *Accounting Review* 78 (2003), S. 227–249

[Clement und Tse 2005] CLEMENT, Michael B.; TSE, Senyo Y.: Financial Analyst Characteristics and Herding Behavior in Forecasting. In: *Journal of Finance* 35 (2005), S. 307–341

[Cohen und Starks 1988] COHEN, Susan I.; STARKS, Laura T.: Estimation Risk and Incentive Contracts for Portfolio Managers. In: *Management Science* 34 (1988), S. 1067–1079

[Cooper u. a. 2004] COOPER, Michael; GULEN, Huseyin; RAU, P. R.: Changing Names With Style: Mutual Fund Name Changes and Their Effects on Fund Flows. In: *Journal of Finance* forthcoming (2004)

[Corchon 1991] CORCHON, Luis C.: Oligopolistic Competition Among Groups. In: *Economics Letters* 36 (1991), S. 1–3

[Corchon und Gonzalez-Maestre 2000] CORCHON, Luis C.; GONZALEZ-MAESTRE, Muguel: On the Competitive Effects of Divisionalization. In: *Mathematical Social Sciences* 39 (2000), S. 71–79

[Cornell und Roll 2005] CORNELL, Bradford; ROLL, Richard: A Delegated-Agent Asset-Pricing Model. In: *Financial Analysts Journal* 61 (2005), Nr. 1, S. 57–67

[Cronqvist 2003] CRONQVIST, Henrik: *Advertising and Portfolio Choice.* 2003. – Working Paper

[Dagupta und Prat 2004] DAGUPTA, Amil; PRAT, Andrea: *Career Concerns in Financial Markets.* 2004. – Working Paper

[Dangl u. a. 2005] DANGL, Thomas; WU, Youchang; ZECHNER, Josef: *Market Discipline and Internal Governance in the Mutual Fund Industry.* 2005. – Working Paper

[Daniel u. a. 1997] DANIEL, Kent; GRINBLATT, Mark; TITMAN, Sheridan; WERMERS, Russ: Measuring Mutual Fund Performance With Characteristic-Based Benchmarks. In: *Journal of Finance* 52 (1997), S. 1035–1058

[Daniel und Wermers 2000] DANIEL, Naveen D.; WERMERS, Russ: *Risk-Taking Behavior by Mutual Fund Managers: Do Managers 'Walk Away' from the Tournament?* 2000. – Working Paper

[Das und Sundaram 2002] DAS, Sanjiv R.; SUNDARAM, Rangarajan K.: Fee Speech: Signaling, Risk-Sharing, and the Impact of Fee Structures on Investor Welfare. In: *Review of Financial Studies* 15 (2002), S. 1465–1497

[Deaves 2004] DEAVES, Richard: Data-Conditioning Biases, Performance, Persistence and Flows: The Case of Canadian Equity Funds. In: *Journal of Banking and Finance* 28 (2004), S. 673–694

[DelGuercio und Tkac 2002a] DELGUERCIO, Diane; TKAC, Paula A.: The Determinants of the Flow of Funds of Managed Portfolios: Mutual Funds versus Pension Funds. In: *Journal of Financial and Quantitiative Analysis* 37 (2002), S. 523–558

[DelGuercio und Tkac 2002b] DELGUERCIO, Diane; TKAC, Paula A.: *Star Power: The Effect of Morningstar Ratings on Mutual Fund Flows.* 2002. – Working Paper

[Deli und Varma 2002] DELI, Daniel L.; VARMA, Raj: Closed-End versus Open-End: The Choice of Organizational Form. In: *Journal of Corporate Finance* 8 (2002), S. 1–27

[Ding und Wermers 2004] DING, Bill; WERMERS, Russ: *The Performance and Risk-Taking Behavior of Mutual Fund Managers and the Role of Fund Directors.* 2004. – Working Paper

[Dybvig u. a. 2004] DYBVIG, Philip H.; FARNSWORTH, Heber K.; CARPENTER, Jennifer N.: *Portfolio Performance and Agency.* 2004. – Working Paper

[Edelen 1999] EDELEN, Roger M.: Investor Flows and the Assessed Performance of Open-End Mutual Funds. In: *Journal of Financial Economics* 53 (1999), S. 439–466

[Edelen und Warner 2001] EDELEN, Roger M.; WARNER, Jerold B.: Aggregate Price Effects of Institutional Trading: A Study of Mutual Fund Flow and Market Returns. In: *Journal of Financial Economics* 59 (2001), S. 195–220

[Elton u. a. 1996a] ELTON, E. J.; GRUBER, M. J.; BLAKE, C. R.: The Persistence of Risk-Adjusted Mutual Fund Performance. In: *Journal of Business* 69 (1996), S. 133–157

[Elton u. a. 1996b] ELTON, Edwin J.; GRUBER, Martin J.; BLAKE, Christopher R.: Survivorship Bias and Mutual Fund Performance. In: *Review of Financial Studies* 9 (1996), S. 1097–1120

[Elton u. a. 2001] ELTON, Edwin J.; GRUBER, Martin J.; BLAKE, Christopher R.: A First Look at the Accuracy of the CRSP Mutual Fund Database and a Comparison of the CRSP and Morningstar Mutual Fund Databases. In: *Journal of Finance* 56 (2001), S. 2415–2430

[Elton u. a. 2003] ELTON, Edwin J.; GRUBER, Martin J.; BLAKE, Christopher R.: Incentive Fees and Mutual Funds. In: *Journal of Finance* 58 (2003), S. 779–804

[Elton u. a. 2004a] ELTON, Edwin J.; GRUBER, Martin J.; BUSSE, Jeffrey A.: Are Investors Rational? Choices Among Index Funds. In: *Journal of Finance* 59 (2004), S. 261–288

[Elton u. a. 2004b] ELTON, Edwin J.; GRUBER, Martin J.; GREEN, T. C.: *The Impact of Mutual Fund Family Membership on Investor Risk.* 2004. – Working Paper

[Evans 2004] EVANS, Richard B.: *Does Alpha Really Matter? Evidence from Mutual Fund Incubation, Termination and Manager Change.* 2004. – Working Paper

[Fama und French 1993] FAMA, Eugene F.; FRENCH, Kenneth R.: Common Risk Factors in the Return on Bonds and Stocks. In: *Journal of Financial Economics* 33 (1993), S. 3–53

[Fama und MacBeth 1973] FAMA, Eugene F.; MACBETH, James: Risk, Return and Equilibrium: Empirical Tests. In: *Journal of Political Economy* (1973), S. 607–636

[Fant 1999] FANT, L. Franklin: Investment Behavior of Mutual Fund Shareholders: The Evidence from Aggregate Fund Flows. In: *Journal of Financial Markets* 2 (1999), S. 391–402

[Fant und O'Neal 2000] FANT, L. Franklin; O'NEAL, Edward S.: Temporal Changes in the Determinants of Mutual Fund Flows. In: *Journal of Financial Research* 23 (2000), S. 353–371

[Farnsworth 2004] FARNSWORTH, Heber: *Reputation Effects in Portfolio Management.* 2004. – Working Paper

[Farnsworth und Taylor 2004] FARNSWORTH, Heber; TAYLOR, Jonathan: *Evidence on the Compensation of Portfolio Managers.* 2004. – Working Paper

[Ferris und Chance 1987] FERRIS, Stephen P.; CHANCE, Don M.: The Effect of 12b-1 Plans on Mutual Fund Expense Ratios: A Note. In: *Journal of Finance* 42 (1987), S. 1077–1082

[Feuerborn 2001] FEUERBORN, Thomas A.: New Mutual Funds: Misplaced Marketing Through Consumer Misdirection. In: *Journal of Consumer Marketing* 18 (2001), S. 7–9

[Fletcher und Forbes 2002] FLETCHER, Jonathan; FORBES, David: An Exploration of the Persistence of UK Unit Trust Performance. In: *Journal of Empirical Finance* 9 (2002), S. 475–494

[Fletcher u. a. 2002] FLETCHER, Jonathan; FORBES, David; MARSHALL, Andrew: An Investigation of the Impact of Derivative Use on the Risk and Performance of UK Unit Trusts. In: *Financial Services Review* 11 (2002), S. 173–187

[Frank u. a. 2004] FRANK, Mary M.; POTERBA, James M.; SHACKELFORD, Douglas A.; SHOVEN, John B.: Copycat Funds: Information Disclosure Regulation and the Returns to Active Management in the Mutual Fund Industry. In: *Journal of Law and Economics* 47 (2004), S. 515–541

[Gallagher 2003] GALLAGHER, David R.: Investment Manager Characteristics, Strategy, Top Management Changes and Fund Performance. In: *Accounting and Finance* 43 (2003), S. 283–309

[Gallagher und Nadarajah 2003] GALLAGHER, David R.; NADARAJAH, Prashanthi: Investment Director Turnover and the Impact on Performance. In: *JASSA* (2003). – forthcoming

[Gallagher und Nadarajah 2004] GALLAGHER, David R.; NADARAJAH, Prashanthi: Top Management Turnover: An Analysis of Active Australian Investment Managers. In: *Autralian Journal of Management* 29 (2004), S. 243–274

[Gallagher u. a. 2005] GALLAGHER, David R.; NADARAJAH, Prashanthi; PINNUCK, Matt: *Top Management Turnover: An Examination of Portfolio Holdings and Fund Performance.* 2005. – Working Paper

[Gallaher u. a. 2004] GALLAHER, Steven; KANIEL, Ron; STARKS, Laura: *Mutual Funds and Advertising*. 2004. – Working Paper

[Garcia 2001] GARCIA, Diego: *Optimal Menus of Linear Contracts in Portfolio Selection Models*. 2001. – Working Paper

[Gaspar u. a. 2004] GASPAR, Jose-Miguel; MASSA, Massimo; MATOS, Pedro: Favoritism in Mutual Fund Families? Evidence on Strategic Cross-Fund Subsidization. In: *Journal of Finance* forthcoming (2004)

[Ge und Zheng 2005] GE, Weili; ZHENG, Lu: *An Empirical Investigation Into The Potential Effects of More Frequent Portfolio Disclosure by Mutual Funds*. 2005. – Working Paper

[George und Hwang 2005] GEORGE, Thomas J.; HWANG, Chuan-Yang: *Disclosure Policies of Investment Companies*. 2005. – Working Paper

[Goetzmann und Ibbotson 1994] GOETZMANN, William N.; IBBOTSON, Roger G.: Do Winners Repeat? In: *Journal of Portfolio Management* 20 (1994), S. 9–18

[Goetzmann u. a. 2003] GOETZMANN, William N.; INGERSOLL, Jonathan E.; ROSS, Stephen A.: High-Water Marks and Hedge Fund Management Contracts. In: *Journal of Finance* 58 (2003), S. 1685–1718

[Goetzmann und Peles 1997] GOETZMANN, William N.; PELES, Nadav: Cognitive Dissonance and Mutual Fund Investors. In: *Journal of Financial Research* 20 (1997), S. 145–158

[Golec 1996] GOLEC, Joseph H.: The Effects of Mutual Fund Managers' Characteristics on Their Portfolio Performance, Risk and Fees. In: *Financial Services Review* 5 (1996), S. 133–148

[Goriaev u. a. 2003a] GORIAEV, Alexei; PALOMINO, Frederic; PRAT, Andrea: *Mutual Fund Tournament: Risk-Taking Incentives Induced by Ranking Objectives*. 2003. – Working Paper

[Goriaev 2003] GORIAEV, Alexei P.: *The Relative Impact of Different Classification Schemes on Mutual Fund Flows*. 2003. – Working Paper

[Goriaev u. a. 2003b] GORIAEV, Alexei P.; NIJMAN, Theo E.; WERKER, Bas J.: *The Dynamics of the Impact of Past Performance on Mutual Fund Flows*. 2003. – Working Paper

[Goriaev u. a. 2005] GORIAEV, Alexei P.; NIJMAN, Theo E.; WERKER, Bas J.: Yet Another Look at Mutual Fund Tournaments. In: *Journal of Empirical Finance* 12 (2005), S. 127–137

[Gottesman und Morey 2004] GOTTESMAN, Aron A.; MOREY, Matthew R.: *Manager Education and Mutual Fund Performance.* 2004. – Working Paper

[Greene und Hodges 2002] GREENE, Jason; HODGES, Charles: The Dilution Impact of Daily Fund Flows on Open-End Mutual Funds. In: *Journal of Financial Economics* 65 (2002), S. 131–158

[Griese und Kempf 2003] GRIESE, Knut; KEMPF, Alexander: Lohnt aktives Fondsmanagement aus Anlegersicht? Ein Vergleich von Anlagestrategien in aktiv und passiv verwalteten Aktienfonds. In: *Zeitschrift für Betriebswirtschaft* 73 (2003), S. 201–224

[Grinblatt und Titman 1987] GRINBLATT, Mark; TITMAN, Sheridan: How Clients Can Win the Gaming Game. In: *Journal of Portfolio Management* 13 (1987), S. 14–20

[Grinblatt und Titman 1989] GRINBLATT, Mark; TITMAN, Sheridan: Adverse Risk Incentives and the Design of Performance-Based Contracts. In: *Management Science* 35 (1989), S. 807–822

[Grinblatt und Titman 1993] GRINBLATT, Mark; TITMAN, Sheridan: Performance Measurement Without Benchmarks: An Examination of Mutual Fund Returns. In: *Journal of Business* 66 (1993), S. 47–68

[Grinblatt u. a. 1995] GRINBLATT, Mark; TITMAN, Sheridan; WERMERS, Russ: Momentum Investment Strategies, Portfolio Performance, and Herding: A Study of Mutual Fund Behavior. In: *American Economic Review* 85 (1995), S. 1088–1105

[Grinblatt und Titman 1992] GRINBLATT, Michael; TITMAN, Sheridan: The Persistence of Mutual Fund Performance. In: *Journal of Finance* 47 (1992), S. 1977–1984

[Gruber 1996] GRUBER, Martin J.: Another Puzzle: The Growth in Actively Managed Mutual Funds. In: *Journal of Finance* 51 (1996), S. 783–810

[Grünbichler und Pleschiutschnig 1999] GRÜNBICHLER, Andreas; PLESCHIUTSCHNIG, Ulf: *Performance Persistence: Evidence for the European Mutual Funds Market.* 1999. – Working Paper

[Guedj und Papastaikoudi 2004] GUEDJ, Ilan; PAPASTAIKOUDI, Jannette: *Can Mutual Fund Families Affect the Performance of Their Funds?* 2004. – Working Paper

[Hall 2001] HALL, Alvin D.: *Getting Started in Mutual Funds.* New York : John Wiley & Sons, 2001

[Harless und Peterson 1998] HARLESS, David W.; PETERSON, Steven P.: Investor Behavior and the Persistence of Poorly-Performing Mutual Funds. In: *Journal of Economic Behavior and Organization* 37 (1998), S. 257–276

[Hashimoto 1981] HASHIMOTO, Masanori: Firm-Specific Human Capital as a Shared Investment. In: *American Economic Review* 71 (1981), S. 475–482

[Haslem 2003] HASLEM, John A.: *Mutual Funds: Risk and Performance Analysis for Decision Making.* Oxford : Blackwell, 2003

[Heinkel und Stoughton 1994] HEINKEL, Robert; STOUGHTON, Neal: The Dynamics of Portfolio Management Contracts. In: *Review of Financial Studies* 7 (1994), S. 351–387

[Hendricks u. a. 1993] HENDRICKS, D.; PATEL, J.; ZECKHAUSER, R.: Hot Hands in Mutual Funds: Short-Run Persistence of Relative Performance, 1974-1988. In: *Journal of Finance* 48 (1993), S. 93–130

[Henne 2004] HENNE, Antje: *Arbitrage-Free Portfolio Management Contracts.* 2004. – Working Paper

[Hodder und Jackwerth 2004] HODDER, James E.; JACKWERTH, Jens C.: *Incentive Contracts and Hedge Fund Management.* 2004. – Working Paper

[Hortacsu und Syverson 2004] HORTACSU, Ali; SYVERSON, Chad: Product Differentiation, Search Costs, and Competition in the Mutual Fund Industry: A Case Study of S&P 500 Index Funds. In: *Quarterly Journal of Economics* 119 (2004), S. 403–456

[Hu u. a. 2000] HU, Fan; HALL, Alastair R.; HARVEY, Campbell R.: *Promotion or Demotion? An Empirical Investigation of the Determinants of Top Mutual Fund Manager Change.* 2000. – Working Paper

[Hu u. a. 2005] HU, Ping; KALE, Jayant R.; SUBRAMANIAM, Ajay: *Learning and Risk-Taking by Fund Managers: Theory and Evidence.* 2005. – Working Paper

[Huang u. a. 2004] HUANG, Jennifer; WEI, Kelsey D.; YAN, Hong: *Participation Costs and the Sensitivity of Fund Flows to Past Performance.* 2004. – Working Paper

[Huhmann und Bhattacharyya 2004] HUHMANN, Bruce A.; BHATTACHARYYA, Nalinaksha: *Does Mutual Fund Advertising Practice Conform to Financial Theories of the Information Needed for Investment Decisions?* 2004. – Working Paper

[Inderst 2001] INDERST, Roman: Screening in a Matching Market. In: *Review of Economic Studies* 68 (2001), S. 849–868

[Inderst 2002] INDERST, Roman: Contract Design and Bargaining Power. In: *Economics Letters* 74 (2002), S. 171–176

[Ippolito 1992] IPPOLITO, Richard A.: Consumer Reaction to Measures of Poor Quality: Evidence from the Mutual Fund Industry. In: *Journal of Law and Economics* 35 (1992), S. 45–70

[Ivkovic 2003] IVKOVIC, Zoran: *Spillovers in Mutual Fund Families: Is Blood Thicker Than Water?* 2003. – Working Paper

[Jacob u. a. 1999] JACOB, John; LYS, Thomas Z.; NEALE, Margaret A.: Expertise in Forecasting Performance of Security Analysts. In: *Journal of Accounting and Economics* 28 (1999), S. 27–50

[Jain und Wu 2000] JAIN, Prem C.; WU, Joanna S.: Truth in Mutual Fund Advertsigin: Evidence on Future Performance and Fund Flows. In: *Journal of Finance* 55 (2000), S. 937–958

[James und Karceski 2003] JAMES, Christopher; KARCESKI, Jason: *Captured Money? Differences in the Performance Characteristics of Retail and Institutional Mutual Funds.* 2003. – Working Paper

[James und Isaac 2000] JAMES, Duncan; ISAAC, R. M.: Asset Markets: How They Are Affected by Tournament Incentives for Individuals. In: *American Economic Review* 90 (2000), S. 995–1004

[Jayaraman u. a. 2002] JAYARAMAN, Narayanan; KHORANA, Ajay; NELLING, Edward: An Analysis of the Determinants and Shareholder Wealth Effects of Mutual Fund Mergers. In: *Journal of Financial Economics* 57 (2002), S. 1521–1551

[Jensen 1968] JENSEN, Michael C.: The Performance of Mutual Funds in the Period 1955-1964. In: *Journal of Finance* 23 (1968), S. 389–416

[Johnson 2004] JOHNSON, Woodrow T.: Predictable Investment Horizons and Wealth Transfers Among Mutual Fund Shareholders. In: *Journal of Finance* 59 (2004), S. 1979–2012

[Jones u. a. 2003] JONES, Michael A.; LESSEIG, Vance P.; SMYTHE, Thomas I.: *Financial Advisors and Multiple Share Class Mutual Funds.* 2003. – Working Paper

[Jones und Smythe 2003] JONES, Michael A.; SMYTHE, Thomas I.: An Examination of the Information Content of Mutual Fund Print Advertising. In: *Journal of Consumer Affairs* 37 (2003), S. 48–67

[Jordan 2004] JORDAN, Jennifer: *Behavioral Finance und Werbung für Investmentfonds: Beeinflussung der Risiko-Rendite-Wahrnehmung privater Anleger.* Wiesbaden : Deutscher Universitäts-Verlag, 2004

[Jullien 2000] JULLIEN, Bruno: Participation Constraints in Adverse Selection Models. In: *Journal of Economic Theory* 93 (2000), S. 1–47

[Juretzki 2004] JURETZKI, Tim: Merkmale und Potenziale der Anzeigenwerbung im Finanzsektor. In: *Die Bank* (2004), April, S. 230–233

[Kadiyala 2004] KADIYALA, Padma: Asset Allocation Decisions of Mutual Fund Investors. In: *Financial Services Review* 13 (2004), S. 285–302

[Kaldor 1950] KALDOR, Nicholas: The Economic Aspects of Advertising. In: *Review of Economic Studies* 18 (1950), S. 1-27

[Kaniel u. a. 2004] KANIEL, Ron; STARKS, Laura; VASUDEVAN, Vasudha: *Headlines and Bottom Lines: Media Coverage and Mutual Funds.* 2004. – Working Paper

[Kaplan und Schoar 2005] KAPLAN, Steve; SCHOAR, Antoinette: Private Equity Performance: Returns, Persistence and Capital Flows. In: *Journal of Finance* forthcoming (2005)

[Kapur und Timmermann 2005] KAPUR, Sandeep; TIMMERMANN, Allan: *Relative Performance Evaluation Contracts and Asset Market Equilibrium.* 2005. – Working Paper

[Katz und Ziderman 1990] KATZ, Eliakim; ZIDERMAN, Adrian: Investment in General Training: The Role of Information and Labour Mobility. In: *Economic Journal* 100 (1990), S. 1147–1158

[Kempf und Kreuzberg 2004] KEMPF, Alexander; KREUZBERG, Klaus: *Portfolio Disclosure, Portfolio Selection, and Mutual Fund Performance Evaluation.* 2004. – Working Paper

[Kempf und Ruenzi 2004a] KEMPF, Alexander; RUENZI, Stefan: *Family Matters - The Performance Flow Relationship in the Mutual Fund Industry.* 2004. – Working Paper

[Kempf und Ruenzi 2004b] KEMPF, Alexander; RUENZI, Stefan: Die Qual der Wahl - Eine empirische Untersuchung zum Status-Quo-Bias im Fondsmarkt. In: BANK, Matthias (Hrsg.); SCHILLER, Bettina (Hrsg.): *Finanzintermediation - Theoretische, wirtschaftspolitische und praktische Aspekte aktueller Entwicklungen im Bank- und Börsenwesen.* Stuttgart : Schäffer-Poeschel, 2004, S. 103–122

[Kempf und Ruenzi 2004c] KEMPF, Alexander; RUENZI, Stefan: *Status-Quo Bias in the Mutual Fund Market - Relevance of the Number of Alternatives.* 2004. – Working Paper

[Kempf und Ruenzi 2005] KEMPF, Alexander; RUENZI, Stefan: *Tournaments in Mutual Fund Families.* 2005. – Working Paper

[Kessler und Lülfesmann 2002] KESSLER, Anke S.; LÜLFESMANN, Christoph: *The Theory of Human Capital Revisited: On the Interaction of General and Specific Investments.* 2002. – Working Paper

[Khorana 1996] KHORANA, Ajay: Top Management Turnover: An Empirical Investigation of Mutual Fund Managers. In: *Journal of Financial Economics* 40 (1996), S. 403–426

[Khorana und Servaes 1999] KHORANA, Ajay; SERVAES, Henri: The Determinants of Mutual Fund Starts. In: *Review of Financial Studies* 12 (1999), S. 1043–1074

[Khorana und Servaes 2004] KHORANA, Ajay; SERVAES, Henri: *Conflicts of Interest and Competition in the Mutual Fund Industry.* 2004. – Working Paper

[Khorana u. a. 2005] KHORANA, Ajay; TUFANO, Peter; WEDGE, Lei: *Board Structure, Mergers and Shareholder Wealth: A Study of the Mutual Fund Industry.* 2005. – Working Paper

[Khorona 2001] KHORONA, Ajay: Performance Changes Following Top Management Turnover: Evidence from Open-End Mutual Funds. In: *Journal of Financial and Quantitative Analysis* 36 (2001), S. 371–393

[Kihlstrom und Riordan 1984] KIHLSTROM, Richard; RIORDAN, Michael: Advertising as Signal. In: *Journal of Political Economy* 92 (1984), S. 427–450

[Kluß u. a. 2003] KLUSS, Norbert; KÖNIG, Markus; CREMERS, Heinz: *Incentive Fees: Erfolgsabhängige Vergütungsmodelle Deutscher Publikumsfonds.* 2003. – Working Paper

[Ko 2005] KO, K. J.: *Leveraged Investor Disclosures and Concentrations of Risk.* 2005. – Working Paper

[Koehler u. a. 2004] KOEHLER, Jay; MERCER, Molly; STARKS, Laura: *Selection Effects in Mutual Fund Advertisements and Choices.* 2004. – Working Paper

[Kon und Jen 1979] KON, Stanley J.; JEN, Frank C.: The Investment Performance of Mutual Funds: An Empirical Investigation of Timing, Selectivity, and Market Efficiency. In: *Journal of Business* 52 (1979), S. 263–290

[Kong 2002] KONG, Sophie X.: *Investors Chase After Performance - Evidence from Mutual Fund Advertising.* 2002. – Working Paper

[Koski und Pontiff 1999] KOSKI, Jennifer L.; PONTIFF, Jeffrey: How Are Derivatives Used? Evidence from the Mutual Fund Industry. In: *Journal of Finance* 54 (1999), S. 791–816

[Krahnen u. a. 1999] KRAHNEN, Jan P.; SCHMID, Frank A.; THEISSEN, Erik: *Performance and Market Share: Evidence from the German Mutual Fund Industry.* 1999. – Working Paper

[Kritzman 1987] KRITZMAN, Mark: Incentive Fees: Some Problems and Some Solutions. In: *Financial Analysts Journal* 43 (1987), S. 21–26

[Kuhnen 2004] KUHNEN, Camelia M.: *Inefficiencies in Dynamic Contracting in the Mutual Fund Industry.* 2004. – Working Paper

[Lehmann und Modest 1987] LEHMANN, Bruce N.; MODEST, David M.: Mutual Fund Performance Evaluation: A Comparison of Benchmarks and Benchmark Comparisons. In: *Journal of Finance* 42 (1987), S. 233–265

[Lesmond u. a. 1999] LESMOND, David A.; OGDEN, Joseph P.; TRZCINKA, Charles A.: A New Estimate of Transaction Costs. In: *Review of Financial Studies* 12 (1999), S. 1113–1141

[Lin u. a. 2004] LIN, Mei-Chen; CHUNG, Huimin; LEE, Cheng-Few: *Mutual Fund Tournament Test: Do Shareholders Benefit from Fund Managers' Risk Taking Behavior?* 2004. – Working Paper

[Löffler 2003] LÖFFLER, Gunter: *Anatomy of a Performance Race.* 2003. – Working Paper

[Lunde u. a. 1999] LUNDE, Asger; TIMMERMANN, Allan; BLAKE, David: The Hazards of Mutual Fund Underperformance: A Cox Regression Approach. In: *Journal of Empirical Finance* 6 (1999), S. 121–153

[Luo 2003] LUO, Dengpan: *Asset Allocation of Mutual Fund Investors.* 2003. – Working Paper

[Luo 2002] LUO, Guo Y.: Mutual Fund Fee-Setting, Market Structure and Mark-Ups. In: *Economica* 69 (2002), S. 245–271

[Lynch und Musto 2003] LYNCH, Anthony W.; MUSTO, David K.: How Investors Interpret Past Fund Returns. In: *Journal of Finance* 58 (2003), S. 2033–2058

[Lystra 2003] LYSTRA, Tony: Ad Spending Slashed Nearly 50% in 2002. In: *Mutual Fund Market News* 11 (2003), Nr. 1, S. 1–3

[Makadok 1998] MAKADOK, Richard: Can First-Mover And Early-Mover Advantages Be Sustained in an Industry With Low Barriers to Entry/Imitation? In: *Strategic Management Journal* 19 (1998), S. 683–696

[Makarov 2005] MAKAROV, Dmitry: *A Simple Model of Mutual Fund Tournaments.* 2005. – Working Paper

[Malkiel 1995] MALKIEL, B.: Returns from Investing in Equity Mutual Funds: 1971-1991. In: *Journal of Finance* 50 (1995), S. 549–72

[Mamaysky und Spiegel 2002] MAMAYSKY, Harry; SPIEGEL, Matthew: *A Theory of Mutual Funds: Optimal Fund Objectives and Industry Organization.* 2002. – Working Paper

[Manakyan und Liano 1997] MANAKYAN, Herman; LIANO, Kartono: Performance of Mutual Funds Before and After Closing to New Investors. In: *Financial Services Review* 6 (1997), S. 257–269

[Mas-Colell u. a. 1995] MAS-COLELL, Andreu; WHINSTON, Michael D.; GREEN, Jerry R.: *Mircroeconomic Theory*. New York : Oxford University Press, 1995

[Massa 1998] MASSA, Massimo: *Why so Many Mutual Funds? Mutual Fund Families, Market Segmentation and Financial Performance*. 1998. – Working Paper

[Massa 2003] MASSA, Massimo: How Do Family Strategies Affect Mutual Fund Flows? When Performance-Maximization is Not the Only Game Played in Town. In: *Journal of Financial Economics* 67 (2003), S. 249–304

[Maurer 1998] MAURER, Raimond: Risikoanreize bei der Gestaltung erfolgsabhängiger Entlohnungssysteme für Kapitalanlagegesellschaften. In: *Zeitschrift für betriebswirtschaftliche Forschung* 50 (1998), S. 507–530

[McDonald 1974] MCDONALD, John G.: Objectives and Performance of Mutual Funds, 1960-1969. In: *Journal of Financial and Quantitative Analysis* 9 (1974), S. 311–333

[Milgrom und Roberts 1986] MILGROM, Paul; ROBERTS, John: Price and Advertising as Signals of Product Quality. In: *Journal of Political Economy* 94 (1986), S. 796–821

[Myers u. a. 2001] MYERS, Mary M.; POTERBA, James M.; SHACKELFORD, Douglas A.; SHOVEN, John B.: *Copycat Funds: Information Disclosure Regulation and the Returns to Active Management in the Mutual Fund Industry*. 2001. – Working Paper

[Nanda u. a. 2000] NANDA, Vikram; NARAYANAN, M.P.; WARTHER, Vincent P.: Liquidity, Investment Ability, and Mutual Fund Structure. In: *Journal of Financial Economics* 57 (2000), S. 417–443

[Nanda u. a. 2004] NANDA, Vikram; WANG, Z. J.; ZHENG, Lu: Family Values and the Star Phenomenon. In: *Review of Financial Studies* 17 (2004), S. 667–698

[Nanda u. a. 2005] NANDA, Vikram; WANG, Z. J.; ZHENG, Lu: *The ABC of Mutual Funds: A Natural Experiment on Fund Flows and Performance*. 2005. – Working Paper

[Navone 2002] NAVONE, Marco: *Universal versus Segmented Competition in the Mutual Fund Industry*. 2002. – Working Paper

[Nelson 1970] NELSON, Phillip: Information and Consumer Behavior. In: *Journal of Political Economy* 78 (1970), S. 311–329

[Nelson 1974] NELSON, Phillip: Advertising as Information. In: *Journal of Political Economy* 81 (1974), S. 729–754

[Olalla und Olmo 2001] OLALLA, Myriam G.; OLMO, Begona T.: *Managers' Incentives to Mutual Fund Performance: An Empirical Investigation in the Spanish Market.* 2001. – Working Paper

[O'Neal 2004] O'NEAL, Edward S.: Purchase and Redemption Patterns of US Equity Mutual Funds. In: *Financial Management* 33 (2004), Nr. 1, S. 63–90

[Orphanides 1996] ORPHANIDES, Athanasios: *Compensation Incentives and Risk Taking Behavior: Evidence from Mutual Funds.* 1996. – Board of Governors of the Federal Reserve System Finance and Economics Discussion Series 96-21

[Otten und Bams 2002] OTTEN, Roger; BAMS, Dennis: Eruopean Mutual Fund Performance. In: *European Financial Management* 8 (2002), S. 75–101

[Otten und Schweitzer 2003] OTTEN, Roger; SCHWEITZER, Mark: *The LIFE-Index: A New Approach to Rank Mutual Funds, Evidence from Germany.* 2003. – Working Paper

[Ou-Yang 2003] OU-YANG, Hui: Optimal Contracts in a Continuous-Time Delegated Portfolio-Management Problem. In: *Review of Financial Studies* 16 (2003), S. 173–208

[Palomino und Prat 2003] PALOMINO, Frederic; PRAT, Andrea: Risk Taking and Optimal Contracts for Money Managers. In: *RAND Journal of Economics* 34 (2003), S. 113–137

[Panageas und Westerfield 2004] PANAGEAS, Stavros; WESTERFIELD, Mark M.: *High Water Marks: High Risk Appetites? Hedge Fund Compensation and Portfolio Choice.* 2004. – Working Paper

[Patel u. a. 1994] PATEL, Jayendu; ZECKHAUSER, Richard J.; HENDRICKS, Darryll: Investment Flows and Performance: Evidence from Mutual Funds, Cross-Border Investments, and New Issues. In: SATO, Ryuzo (Hrsg.); LEVICH, Richard M. (Hrsg.); RAMACHANDRAN, Rama V. (Hrsg.): *Japan, Europe, and International Financial Markets: Analytical and Empirical Perspectives.* Cambridge (UK) : Cambridge University Press, 1994, S. 51–72

[Patro 2005] PATRO, Dilip K.: *International Mutual Fund Flows.* 2005. – Working Paper

[Petajisto 2004] PETAJISTO, Antti: *Why Do Demand Curves for Stocks Slope Down?* 2004. – Working Paper

[Phelps und Detzel 1997] PHELPS, Shawn; DETZEL, Larry: The Nonpersistence of Mutual Fund Performance. In: *Quarterly Journal of Business and Economics* 36 (1997), S. 55–69

[Pizzani 2004] PIZZANI, Lori: Nations Funds Boots Team-Managed Concept. In: *Money Management Executive* 12 (2004), Nr. 47, S. 8–14

[Pleschiutschnig 2000] PLESCHIUTSCHNIG, Ulf: *Die Persistenz in der Performance europäisch diversifizierter Aktieninvestmentfonds*, Universität St. Gallen, Dissertation, 2000

[Prat 2003] PRAT, Andrea: The Wrong Kind of Transparency. In: *American Economic Review* forthcoming (2003)

[Prather u. a. 2001] PRATHER, Larry J.; MIDDLETON, Karen L.; CUSACK, Antony J.: Are N+1 Heads Better Than One? The Timing and Selectivity of Australian-Managed Investment Funds. In: *Pacific-Basin Finance Journal* 9 (2001), S. 379–400

[Prather u. a. 2004] PRATHER, Laurie; BERTIN, William J.; HENKER, Thomas: Mutual Fund Characteristics, Managerial Attributes, and Fund Performance. In: *Review of Financial Economics* 13 (2004), S. 305–326

[Qiu 2003] QIU, Jiaping: Termination Risk, Multiple Managers and Mutual Fund Tournaments. In: *European Finance Review* 7 (2003), S. 161–190

[Rajan und Srivastava 2003] RAJAN, Uday; SRIVASTAVA, Sanjay: *Portfolio Delegation with Limited Liability*. 2003. – Working Paper

[Rakowski 2003] RAKOWSKI, David: *Fund Flow Volatility and Performance*. 2003. – Working Paper

[Rea u. a. 1999] REA, John D.; REID, Brian K.; MILLAR, Kimberlee W.: Operating Expense Ratios, Assets, and Economies of Scale in Equity Mutual Funds. In: *Perspective* 5 (1999), Nr. 5, S. 1–16

[Reichling 1997] REICHLING, Peter: Erfolgsfördernde Vergütungsformen bei Portfoliomanagementmandaten. In: KLEEBERG, J. M. (Hrsg.); REHKUGLER, H. (Hrsg.): *Handbuch Portfoliomanagement*. Bad Soden : Uhlenbruch, 1997, S. 1047–1074

[Reuter 2004] REUTER, Jonathan: *Are IPO Allocations For Sale? Evidence from Mutual Funds*. 2004. – Working Paper

[Reuter und Zitzewitz 2004] REUTER, Jonathan; ZITZEWITZ, Eric: *Do Ads Influence Editors? Advertising and Bias in the Financial Media.* 2004. – Working Paper

[Robinson 1933] ROBINSON, Joan: *Economics of Imperfect Competition.* London : MacMillan and Co., 1933

[Rockinger 1995] ROCKINGER, Michael: *Determinants of Capital Flows to Mutual Funds.* 1995. – Working Paper

[Ross 2004] ROSS, Stephen A.: Compensation, Incentives, and the Duality of Risk Aversion and Riskiness. In: *Journal of Finance* 59 (2004), S. 207–225

[Roston 1996] ROSTON, Marc N.: *Mutual Fund Managers and Lifecycle Risk: An Empirical Investigation*, University of Chicago, Dissertation, 1996

[Ruebeck 2002] RUEBECK, Christopher S.: Interfirm Competition, Intrafirm Cannibalisation and Product Exit in the Market for Computer Hard Disk Drives. In: *Economic and Social Review* 33 (2002), S. 119–131

[Ruenzi 2004] RUENZI, Stefan: *Visibility, Focus and Competition - Family Related Determinants of Mutual Fund Growth.* 2004. – Working Paper

[Ruenzi 2005] RUENZI, Stefan: *Mutual Fund Growth in Standard and Specialist Segments.* 2005. – Working Paper

[Samuelson und Zeckhauser 1988] SAMUELSON, W.; ZECKHAUSER, Richard: Status Quo Bias in Decision Making. In: *Journal of Risk and Uncertainty* 1 (1988), Nr. 1, S. 7–60

[Santini und Aber 1998] SANTINI, Donald L.; ABER, Jack W.: Determinants of Net New Money Flows to the Equity Mutual Fund Industry. In: *Journal of Economics and Business* 50 (1998), S. 419–429

[Sauer 1997] SAUER, David A.: Information Content of Prior Period Mutual Funds Performance Rankings. In: *Journal of Economics & Business* 49 (1997), Nr. 6, S. 549–567

[Sawicki 2000] SAWICKI, Julia: Investors' Response to the Performance of Professional Fund Managers: Evidence from the Australian Wholesale Fund Market. In: *Journal of Management* 25 (2000), S. 47–67

[Sawicki und Finn 2002] SAWICKI, Julia; FINN, Frank: Smart Money and Small Funds. In: *Journal of Business Finance and Accounting* 29 (2002), S. 825–846

[Schmalensee 1978] SCHMALENSEE, Richard: A Model of Advertising and Product Quality. In: *Journal of Political Economy* 86 (1978), S. 485–503

[Sharpe 1966] SHARPE, William F.: Mutual Fund Performance. In: *Journal of Business* 39 (1966), S. 119–138

[Shiller 1984] SHILLER, Robert J.: Stock Prices and Social Dynamics. In: *Brookings Papers on Economic Activity* (1984), S. 457–498

[Shrider 2004] SHRIDER, David G.: *How Does Past Performance Affect Load Mutual Fund Investor Behavior?* 2004. – Working Paper

[Shu u. a. 2002] SHU, Pei-Gi; YEH, Yin-Hua; YAMADA, Takeshi: *The Behavior of Taiwan Mutual Fund Investors: Performance and Fund Flows.* 2002. – Working Paper

[Shukla und Singh 1994] SHUKLA, Ravi; SINGH, Sandeep: Are CFA Charterholders Better Equity Fund Managers? In: *Financial Analysts Journal* 50 (1994), Nr. 3, S. 68–74

[Siggelkow 2003] SIGGELKOW, Nicolaj: Why Focus? A Study of Intra-Industry Focus Effects. In: *Journal of Industrial Economics* 51 (2003), S. 121–150

[Sirri und Tufano 1998] SIRRI, Erik R.; TUFANO, Peter: Costly Search and Mutual Fund Flows. In: *Journal of Finance* 53 (1998), S. 1589–1622

[Smaby und Fizel 1995] SMABY, Timothy R.; FIZEL, John L.: Fund Closings as a Signal to Investors: Investment Performance of Open-End Mutual Funds That Close to New Shareholders. In: *Financial Services Review* 4 (1995), S. 71–80

[Smith 1978] SMITH, K. V.: Is Fund Growth Related to Fund Performance? In: *Journal of Portfolio Management* 5 (1978), S. 49–54

[Spitz 1970] SPITZ, A. E.: Mutual Fund Performance and Cash Inflow. In: *Applied Economics* 2 (1970), S. 141–145

[Starks 1987] STARKS, Laura: Performance Incentive Fees - An Agency Theoretic Approach. In: *Journal of Financial and Quantitative Analysis* 22 (1987), S. 17–32

[Stehle und Grewe 2001] STEHLE, Richard; GREWE, Olaf: *The Long-Run Performance of German Stock Mutual Funds.* 2001. – Working Paper

[Stoughton 1993] STOUGHTON, Neal: Moral Hazard and the Portfolio Management Problem. In: *Journal of Finance* 48 (1993), S. 2009–2028

[Stremme 1999] STREMME, Alexander: *Optimal Compensation for Fund Managers of Uncertain Type: Informational Advantages of Bonus Schemes.* 1999. – Working Paper

[Stutzer 2003] STUTZER, Michael: Fund Manager May Cause Their Benchmarks to Be Priced 'Risks'. In: *Journal of Investment Management* 1 (2003), Nr. 3, S. 1–13

[Syriopoulos 2002] SYRIOPOULOS, Theodore: Market Mispricings and Portfolio Allocation to Mutual Fund Classes. In: *Journal of Economics and Finance* 26 (2002), S. 249–266

[Taylor 2003] TAYLOR, Jonathan D.: Risk-Taking Behavior in Mutual Fund Tournaments. In: *Journal of Economic Behavior and Organization* 50 (2003), S. 373–383

[Tiwari und Vijh 2003] TIWARI, Ashish; VIJH, Anand M.: *Sector Fund Performance: Analysis of Cash Flow Volatility and Returns.* 2003. – Working Paper

[Trzcinka und Zweig 1990] TRZCINKA, Charles; ZWEIG, Robert: *The Economic Impact of Rule 12b-1 on the Mutual Fund Industry.* 1990. – Salomon Brothers Center Monograph Series in Finance and Economics

[Varian 1989] VARIAN, Hal R.: Price Discrimination. In: SCHMALENSEE, Richard (Hrsg.); WILLIG, Robert (Hrsg.): *Handbook of Industrial Organization.* Amsterdam : North-Holland Press, 1989, S. 597–654

[Varian 1992] VARIAN, Hal R.: *Microeconomic Analysis.* 3. New York : W. W. Norton & Company, 1992

[Volkman und Wohar 1995] VOLKMAN, David; WOHAR, Mark E.: Determinants of Persistence in the Relative Performance of Mutual Funds. In: *Journal of Financial Research* 18 (1995), S. 415–430

[Warther 1995] WARTHER, V.: Aggregate Mutual Fund Flows and Security Returns. In: *Journal of Financial Economics* 39 (1995), S. 209–235

[Wellman 2003] WELLMAN, Jay: *High Fees Versus Active Trading: A Study of Load and No-Load Funds and Their Investors.* 2003. – Working Paper

[Wellman 2004] WELLMAN, Jay: *Determinants of Mutual Fund 12b1 Fees.* 2004. – Working Paper

[Wermers 1997] WERMERS, Russ: *Momentum Investment Strategies of Mutual Funds, Performance Persistence, and Survivorship Bias.* 1997. – Working Paper

[Wermers 2000] WERMERS, Russ: Mutual Fund Performance: An Empirical Decomposition Into Stock-Picking Talent, Style, Transaction Costs, and Expenses. In: *Journal of Finance* 55 (2000), S. 1655–1695

[Wermers 2001] WERMERS, Russ: The Potential Effects of More Frequent Portfolio Disclosure on Mutual Fund Performance. In: *Perspective* 7 (2001), Nr. 3, S. 1–11

[Wermers 2003] WERMERS, Russ: *Is Money Really 'Smart'? New Evidence on the Relation Between Mutual Fund Flows, Manager Behavior, and Performance Persistence.* 2003. – Working Paper

[Wilcox 2003] WILCOX, Ronald T.: Bargain Hunting or Star Gazing? Investors' Preferences for Stock Mutual Funds. In: *Journal of Business* 76 (2003), S. 645–663

[Wilcox 2005] WILCOX, Ronald T.: Developing Better Fee Structures for Mutual Funds. In: *Journal of Investment Management* 3 (2005), S. 1–12

[Wilson 1993] WILSON, Robert B.: *Nonlinear Pricing.* Oxford : Oxford University Press, 1993

[Wittrock 2000] WITTROCK, Carsten: *Messung und Analyse der Performance von Wertpapierportfolios. Eine theoretische und empirische Untersuchung.* 3. Bad Soden/Ts. : Uhlenbruch Verlag, 2000

[Woerheide 1982] WOERHEIDE, Walt: Investor Response to Suggested Criteria for the Selection of Mutual Funds. In: *Journal of Financial and Quantitative Analysis* 17 (1982), S. 129–137

[Zeckhauser u. a. 1991] ZECKHAUSER, R.; PATEL, J.; HENDRICKS, D.: Nonrational Actors and Financial Market Behavior. In: *Theory and Decision* 1 (1991), S. 257–287

[Zhao 2003a] ZHAO, Xinge: *The Determinants of Flows Into Retail International Funds.* 2003. – Working Paper

[Zhao 2003b] ZHAO, Xinge: *The Role of Brokers and Financial Advisors Behind Investments Into Load Funds.* 2003. – Working Paper

[Zhao 2004] ZHAO, Xinge: Why Are Some Mutual Funds Closed to New Investors? In: *Journal of Banking and Finance* 28 (2004), S. 1867–1887

[Zhao 2005] ZHAO, Xinge: Exit Decisions in the U.S. Mutual Fund Industry. In: *Journal of Business* forthcoming (2005)

Beiträge zur betriebswirtschaftlichen Forschung

Herausgegeben von

Prof. Dr. Dr. h.c. Sönke Albers, Kiel
Prof. Dr. Bernhard Pellens, Bochum
Prof. Dr. Dieter Sadowski, Trier
Prof. Dr. Martin Weber, Mannheim

Auswahl der erschienenen Bände:

Band 7 H. Albach
Wirtschaftlichkeitsrechnung bei unsicheren Erwartungen

Band 10 H. Hax
Vertikale Preisbindung in der Markenartikelindustrie

Band 14 D. Schneider
Die wirtschaftliche Nutzungsdauer von Anlagegütern

Band 40 B. Rudolph
Die Kreditgewährungsentscheidung der Banken

Band 43 A. Luhmer
Maschinelle Produktionsprozesse

Band 46 H. Simon
Preisstrategien für neue Produkte

Band 59 T. Hartmann-Wendels
Dividendenpolitik bei asymmetrischer Informationsverteilung

Band 61 R. Ewert
Rechnungslegung, Gläubigerschutz und Agencyprobleme

Band 65 W. Neus
Ökonomische Agency-Theorie und Kapitalgleichgewicht

Band 66 U. Backes-Gellner
Ökonomie der Hochschulforschung

Band 71 M. Steven
Produktion und Umweltschutz

Band 72 E. Terberger
Neo-institutionalistische Ansätze

Beiträge zur betriebswirtschaftlichen Forschung

Herausgegeben von

Prof. Dr. Dr. h.c. Sönke Albers, Kiel
Prof. Dr. Bernhard Pellens, Bochum
Prof. Dr. Dieter Sadowski, Trier
Prof. Dr. Martin Weber, Mannheim

Neuerscheinungen:

Band 97 S. Neubauer
Multimarket Contact and Organizational Design

Band 98 T. Ehrmann
Restrukturierungszwänge und Unternehmenskontrolle

Band 99 M. J. Klumb
Organisationale Flexibilität und Marktstrukturen

Band 100 C. Watrin
Internationale Rechnungslegung und Regulierungstheorie

Band 101 S. Valcárcel
Theorie der Unternehmung und Corporate Governance

Band 102 D. Simons
Kosten und Nutzen von Aktienoptionsprogrammen

Band 103 A. Mohnen
Performancemessung und die Steuerung von Investitionsentscheidungen

Band 104 M. Spann
Virtuelle Börsen als Instrument zur Marktforschung

Band 105 P. Grundke
Modellierung und Bewertung von Kreditrisiken

Band 106 A. Walter
Technologietransfer zwischen Wissenschaft und Wirtschaft

Band 107 S. Gensler
Heterogenität in der Präferenzanalyse

Band 108 T. Pfeiffer
Corporate-Governance-Strukturen interner Märkte

Band 109 T. Mellewigt
Management von Strategischen Kooperationen

Band 110 C. Koziol
Valuation of Convertible Bonds when Investors Act Strategically

Band 111 A. Lambrecht
Tarifwahl bei Internetzugang

Band 112 S. Ruenzi
Optimale Gestaltung von Fondsfamilien

Kolibri 360 GmbH
Ferdinand-Jühlke-Straße 7
99095 Erfurt, Deutschland
produktsicherheit@kolibri360.de